Heft 1/2

Entscheidungen des Bundesarbeitsgerichts

Herausgegeben

von den Mitgliedern des Gerichtshofes

Entscheidungen des Bundesarbeitsgerichts

7. Band

Berlin 1960

Walter de Gruyter & Co.

vormals G. J. Göschen'sche Verlagshandlung / J. Guttentag, Verlagsbuchhandlung / Georg Reimer / Karl J. Trübner / Veit & Comp.

INHALT

Fortsetzung 3. Umschlagseite

ZITIERWEISE

Für die Zitierung dieser Sammlung wird die Abkürzung BAG empfohlen, z. B. BAG 1,70 (= Band 1 Seite 70).

1

1. Schuldet der Arbeitgeber dem Arbeitnehmer eine sogenannte Bruttovergütung, so ist der Arbeitnehmer dem Arbeitgeber gegenüber verpflichtet, die auf die jeweilige Vergütung entfallenden Steuern und Abgaben allein zu tragen. Es kommt insoweit auf die dem öffentlichen Recht angehörende steuerrechtliche Regelung nicht an.

2. Die Tatsache allein, daß ein Arbeitgeber versehentlich zu wenig Steuern bei Auszahlung der Vergütung einbehält, befreit den Arbeitnehmer nicht von der Verpflichtung, gleichwohl dem Arbeitgeber gegenüber weiterhin für die zu wenig einbehaltenen Steuern aufzukommen, wenn das Finanzamt den Arbeitgeber auf Grund steuerrechtlicher Vorschriften nachträglich zur Zahlung der Steuerschuld heranzieht. Es ist Sache des Arbeitnehmers, sich in ausreichendem Maße selbst darum zu kümmern, ob der Steuerabzug vom Arbeitgeber richtig vorgenommen wird.

3. Die Fürsorgepflicht des Arbeitgebers schließt grundsätzlich auch die Pflicht ein, die Lohnsteuer richtig zu berechnen. Bei einer schuldhaft falschen Berechnung der Lohnsteuer oder anderer öffentlicher Abgaben durch den Arbeitgeber kann dieser verpflichtet sein, dem Arbeitnehmer den daraus etwa entstehenden Schaden zu ersetzen.

EStG § 38; LStDV § 46; Steueranpassungsgesetz § 7; BGB § 611.

IV. Senat. Urteil vom 24. 10. 1958 i. S. L. (Kl.) w. L. H. (Bekl.)
4 AZR 114/56.

I. Arbeitsgericht Wiesbaden. — II. Landesarbeitsgericht Frankfurt/Main.

Der Kläger ist Mitglied des Orchesters beim Landestheater in D. Durch einen am 3. Juni 1954 zugestellten Haftungsbescheid nahm das Finanzamt das beklagte Land wegen eines in den Jahren 1950 und 1951 beim Kläger nicht einbehaltenen Betrages von 199,30 DM an Lohnsteuer, Kirchensteuer und „Notopfer Berlin" in Anspruch. Das beklagte Land verlangte vom Kläger mit Schreiben vom 1. Oktober 1954 die Erstattung dieses Betrages.

Der Kläger hält das Verlangen des beklagten Landes für unberechtigt.

Er hat beantragt, festzustellen, daß das beklagte Land nicht berechtigt ist, dem Kläger Steuerbeträge aus den Jahren 1950 und 1951 vom im Jahre 1955 oder später fällig werdenden Gehalt in Abzug zu bringen.

Die Klage blieb in allen Instanzen ohne Erfolg.

Aus den Gründen:

Das beklagte Land hatte für die hier in Frage stehenden Jahre 1950 und 1951 zu Lasten des Klägers von dessen Gehalt Lohn- und Kirchensteuer sowie das „Notopfer Berlin" in der gesetzlich vorgeschriebenen Höhe jeweils einzubehalten und an das zuständige Finanzamt abzuführen (§ 38 EStG in Gesetzbl. d. Verw. d. Verein. Wirtschaftsgebietes 1949, S. 274; BGBl. 1951 I, S. 15; BGBl. 1952 I, S. 46; § 46 LStDV in Gesetzbl. d. Verw. d. Vereinigten Wirtschaftsgebietes 1949, S. 166; BGBl. 1950, S. 713; § 5 d. Ges. zur Erhebung einer Abgabe „Notopfer Berlin" i. d. F. der Bekanntmachung v. 20. Juni 1950, BGBl. S. 341; § 3 d. hessischen VO über die Erhebung von Kirchensteuern v. 20. Juli 1948, GVBl. S. 91; § 7 Abs. 2 d. hessischen Kirchensteuergesetzes v. 27. April 1950, GVBl. S. 64). Hiernach ist der eigentliche Steuerschuldner sowohl hinsichtlich der Lohn- als auch der Kirchensteuer für die Jahre 1950 und 1951 der Kläger als Arbeitnehmer (a. A. Bühler, Handkommentar zur Einkommensteuer usw., 1956, § 38 EStG Anm. 6, wonach „entgegen der Ausdrucksweise des Gesetzes" der Arbeitgeber als der eigentliche Steuerschuldner der Lohnsteuer anzusehen sei). Entsprechendes gilt für das Notopfer Berlin. Das beklagte Land als Arbeitgeber haftete aber gleichfalls für die Einbehaltung und Abführung der Steuern und Abgaben. Es haftete neben dem Kläger insbesondere für die richtige Einbehaltung. Sind nun die vorgenannten Steuern und Abgaben, wie hier, nicht richtig, d. h. nicht in der gesetzlich vorgeschriebenen Höhe von dem jeweiligen Gehalt des Klägers einbehalten worden, so daß eine Steuer- bezw. Abgabenschuld verblieb, so sind beide Parteien, Arbeitgeber und Arbeitnehmer, weil sie dieselbe Leistung schulden bezw. für sie haften, dem Finanzfiskus gegenüber Gesamtschuldner (§ 7 Steueranpassungsges. v. 16. 10. 1934 in RGBl. I S. 926, i. d. F. d. EinfGRealStG v. 1. 12. 1936 in RGBl. I S. 977). Es handelt sich um eine Gesamtschuld im Steuerrecht. Daran ändert auch nichts § 38 EStG, wo die Ausdrücke „schulden" und „haften" gebraucht werden; denn gerade auch für die dort genannte „Haftung" des Arbeitgebers normiert § 7 Steueranpassungsges. eine Gesamtschuld (vgl. Wertenbruch in Anm. zu AP Nr. 3 zu § 426 BGB). Hafteten die Parteien aber dem Finanzfiskus hinsichtlich der zu wenig gezahlten Steuern und Abgaben aus den Jahren 1950 und 1951 als Gesamtschuldner, so konnte das Finanzamt grundsätzlich jeden von ihnen ganz oder zum Teil zur Leistung heranziehen (vgl. hierzu auch BAG in AP Nr. 5 zu § 550 ZPO; Berié-Hentrich, Komm. zum Lohnsteuerrecht, 1955, S. 315). Es liegt grundsätzlich im Belieben des Finanzamts, an welchen der Gesamtschuldner es sich halten will; es hätte sich auch an den Kläger halten können, ohne gegen § 38 Abs. 3 EStG zu verstoßen, weil Ziff. 1 dortselbst gerade hier gegeben war.

Wenn aber, wie hier, der Arbeitgeber vom Finanzamt wegen nicht einbehaltener Lohn- und Kirchensteuer sowie der Abgabe „Notopfer Berlin" in Anspruch genommen worden ist, so kann er grundsätzlich von seinem Arbeitnehmer, auf dessen Lohn oder Gehalt die Steuern bezw. Abgaben entfielen, volle Erstattung der letzteren verlangen. Der erkennende Senat schließt sich hier im Ergebnis und im wesentlichen auch in der Begründung den Urteilen des Zweiten Senats vom 27. März 1958 in AP Nr. 1 u. Nr. 2 zu § 670 BGB an.

Auch unabhängig von den vom Zweiten Senat angestellten Überlegungen wurzelt der Anspruch des beklagten Landes gegen den Kläger auf Erstattung der gezahlten Steuern und Abgaben auch in dem bestehenden Arbeitsverhältnis (vgl. AP Nr. 1 zu § 670 BGB). Es ist ein allgemeiner Erfahrungssatz, daß in der Regel der Arbeitgeber dem Arbeitnehmer eine sogenannte Brutto-Vergütung schuldet. Das bedeutet, daß der Arbeitnehmer im Innenverhältnis verpflichtet ist, gegenüber seinem Arbeitgeber die auf die jeweiligen Vergütungen entfallenden Steuern und Abgaben allein zu tragen; es kommt insoweit auf die dem öffentlichen Recht angehörende steuerrechtliche Regelung gar nicht an. Das erhellt aus der Gegenprobe. Ist nämlich eine sogenannte Netto-Vergütung vereinbart, so ist, unbeschadet der steuerrechtlichen Regelung, im Innenverhältnis der Arbeitgeber verpflichtet, Steuern und Abgaben zu tragen. Der Arbeitnehmer bleibt Steuerschuldner. Die Tatsache allein, daß ein Arbeitgeber versehentlich zu wenig Steuern bei Auszahlung der Vergütung einbehält, befreit den Arbeitnehmer keineswegs von der Pflicht, gleichwohl dem Arbeitgeber gegenüber weiterhin für die zu wenig einbehaltene Steuer aufzukommen, wenn das Finanzamt den Arbeitgeber auf Grund steuerrechtlicher Vorschriften nachträglich zur Zahlung der Steuerschuld heranzieht. Es ist Sache des Arbeitnehmers, sich in ausreichendem Maße selbst darum zu kümmern, ob der Steuerabzug vom Arbeitgeber richtig vorgenommen wird. Der Arbeitnehmer kann vom Arbeitgeber eine aufgeschlüsselte Berechnung von Brutto-Vergütung, öffentlich-rechtlichen und sonstigen Abgaben und Abzügen verlangen. Der Arbeitgeber hat ihm auf Verlangen auch die für die

Berechnung maßgebenden Bestimmungen (Tabellen pp.) mitzuteilen oder ihn hiervon Kenntnis nehmen zu lassen.

Wie diese Frage bei inzwischen beendetem Arbeitsverhältnis und nachträglicher Heranziehung des Arbeitgebers für zu wenig einbehaltene Lohnsteuer durch das Finanzamt zu entscheiden wäre, kann hier unerörtert bleiben.

Die vorstehenden Ausführungen schließen nicht aus, daß der Arbeitgeber bei einer schuldhaft falschen Berechnung der Lohnsteuer oder anderer Abgaben verpflichtet ist, dem Arbeitnehmer den daraus etwa entstehenden Schaden zu ersetzen. Denn die Fürsorgepflicht des Arbeitgebers schließt grundsätzlich auch die Pflicht ein, die Lohnsteuer richtig zu berechnen. Abgesehen davon, daß dem Kläger hier kein Schaden entstanden ist, wie das angefochtene Urteil bindend festgestellt hat, ein Schaden insbesondere grundsätzlich nicht darin zu sehen ist, daß er noch nachträglich Steuern für frühere Zeiträume zahlen muß, ist mit den obengenannten Urteilen des Zweiten Senats nicht jede falsche Anwendung von Steuervorschriften bei der Kompliziertheit des gegenwärtigen Steuersystems dem Arbeitgeber als Verschulden anzurechnen; dies um so weniger, wenn sich der Arbeitnehmer um die richtige Berechnung seiner Steuerschulden, wenn er sie im Innenverhältnis allein zu tragen hat, gar nicht kümmert.

2

Die Kündigung gegenüber einem Arbeitnehmer, die unter Verletzung der Vorschriften über den Kündigungsschutz bei Massenentlassungen (§§ 15 ff. KSchG) geschieht, ist nur dann unwirksam, wenn sich der gekündigte Arbeitnehmer auf eine solche Unwirksamkeit gegenüber dem Arbeitgeber beruft.

AVAVG (a. F.) § 113; ArbGG § 2 Abs. 4; KO §§ 138 ff.; KSchG §§ 15 ff.

II. Senat. Urteil vom 6. 11. 1958 i. S. St. (Bekl.) w. B. (Kl.) 2 AZR 354/55.

I. Arbeitsgericht Berlin. — II. Landesarbeitsgericht Berlin.

In dem Unternehmen des im Verlaufe des Revisionsverfahrens verstorbenen ehemaligen Beklagten, Dipl.Ing. M., waren regelmäßig 166 Arbeitnehmer beschäftigt. Zwischen dem 9. Januar 1954 und dem 30. Januar 1954 nahm er insgesamt 29 Entlassungen vor, ohne eine Entlassungsanzeige an das Arbeitsamt zu erstatten.

Von den 29 entlassenen Arbeitnehmern meldeten sich vier Arbeitnehmer arbeitslos, die auf ihren Antrag Arbeitslosenunterstützung im Gesamtbetrag von 444,30 DM erhielten.

Mit der am 2. Dezember 1954 eingereichten Klage hat die Klägerin unter Berufung auf § 113 Abs. 2 AVAVG (a. F.) von dem ehemaligen Beklagten Erstattung dieses Betrages verlangt.

Es ist zwischen den Parteien unstreitig, daß die hier in Rede stehenden vier Arbeitnehmer zu dem ihnen gesetzten Kündigungsendtermin die Arbeit aufgegeben und dem ehemaligen Beklagten die Fortsetzung der Arbeit nicht ausdrücklich angeboten haben. Sie haben außerdem anläßlich ihres Ausscheidens in einer ihnen vorgelegten Bescheinigung unterschriftlich bestätigt, keine weiteren Ansprüche mehr gegen den ehemaligen Beklagten zu haben.

Das Arbeitsgericht hat die Klage abgewiesen, das Landesarbeitsgericht hat ihr entsprochen. Die Revision des Beklagten hatte Erfolg.

Aus den Gründen:

1. Für die Berechtigung des von der Klägerin gegen den Beklagten gerichteten Verlangens auf Erstattung der an die vier Arbeitnehmer erbrachten Leistungen ist für Berlin für den im vorliegenden Rechtsstreit in Rede stehenden Zeitraum — 1954 — von § 113 AVAVG in der Fassung vom 12. Oktober 1929 — RGBl. I, 162 [179] — auszugehen. Das ergibt sich aus folgendem:

Nach dem Zusammenbruch im Jahre 1945 bestimmte für Berlin zunächst § 19 des Gesetzes über die Regelung der Arbeitslosenunterstützung in Groß-Berlin vom 25. April 1949 — VOBl. Groß-Berlin 1949, 145 [146] —, daß die Vorschriften des AVAVG vom 16. Juli 1927 (RGBl. I, 187 [201]) sinngemäß gelten sollen, soweit sie die Arbeitslosenunterstützung betreffen und den übrigen Bestimmungen des Gesetzes vom 25. April 1949 nicht widersprechen. Das führte jedoch gerade wegen § 19 dieses Gesetzes vom 25. April 1949 zu keiner Einführung auch des § 113 AVAVG 1927. Denn § 11 Abs. 2 und Abs. 4 des Gesetzes vom 25. April 1949 enthielten eine besondere Regelung darüber, wie bei Erstattungsansprüchen zu verfahren war. Erstattungsansprüche des Arbeitsamtes waren der Stelle gegenüber geltend zu machen, die dem Arbeitslosen die Bezüge zu zahlen hatte. Im Falle der Geltendmachung hatte die Stelle die Bezüge bis zur Tilgung des Ersatzanspruches an das Arbeitsamt abzuführen, das seinerseits wegen seines Erstattungsanspruches die Bezüge pfänden konnte. Außerdem war in

§§ 15—17 dieses Gesetzes gegenüber den einschlägigen Anordnungen und Verfügungen des Arbeitsamtes ein Spruchbehördenverfahren möglich, das endgültig entschied.

Durch § 7 Ziffer 3 des Gesetzes zur vorläufigen Regelung der Arbeitslosenunterstützung in Berlin vom 28. Dezember 1950 — VOBl. Berlin 1950 I, 566 [567/568] — erhielt § 11 des Gesetzes über die Regelung der Arbeitslosenunterstützung in Groß-Berlin vom 25. April 1949 — VOBl. Groß-Berlin 1949, 145 [146] — unter Aufhebung von dessen § 19 aber folgende Fassung:

„1. Die Anrechnung der in § 10 bezeichneten Einnahmen erfolgt in sinngemäßer Anwendung der §§ 112 und 113 AVAVG vom 16. 7. 1927 in der Fassung vom 12. 10. 1929 (RGBl. I, S. 162)."

§ 8 des Gesetzes vom 28. Dezember 1950 bestimmte weiter, daß das AVAVG vom 16. Juli 1927 in der Fassung vom 12. Oktober 1929 (RGBl. I S. 162) mit Ausnahme einiger ausdrücklich genannter, hier nicht weiter interessierender Vorschriften sinngemäß gelten solle, soweit es den Vorschriften aus dem Gesetz vom 28. Dezember 1950 und aus dem Gesetz vom 25. April 1949 nicht widerspreche. Inwieweit es allein auf Grund einer sinngemäßen Anwendung des § 113 AVAVG vom 16. Juli 1927 in der Fassung vom 12. Oktober 1929 und ohne daß noch sonstige besondere Umstände vorliegen, zu einer inhaltlichen Veränderung dieser Vorschrift kommen könnte, ist nicht einzusehen. Die Frage, wie gegen etwaige Maßnahmen des Arbeitsamtes vorzugehen wäre, interessiert in diesem Zusammenhang nicht.

Bei dieser gesetzlichen Regelung ist es auch, soweit die Vorschrift des § 113 AVAVG (a. F.) in Betracht kommt, für Berlin bis zur Aufhebung der beiden genannten Berliner Gesetze vom 25. April 1949 und vom 28. Dezember 1950 durch Artikel X § 10 Ziffer 47 und 49 des Bundesänderungsgesetzes zum AVAVG vom 23. Dezember 1956 — BGBl. I, 1018 [1056], für Berlin übernommen durch Gesetz vom 10. Januar 1957 (GVBl. Berlin 1957, 93) — geblieben (vgl. auch Berndt-Dräger, AVAVG, 2. Nachtrag, Einleitung zu Teil VI C, Arbeitslosenversicherung in Berlin; ferner Arbeitslosenhilfe in Berlin", 1952, S. 38, 39, herausgegeben vom Landesarbeitsamt Berlin).

2. Das Landesarbeitsgericht hat nicht erörtert, ob für den von der Klägerin somit gemäß § 113 AVAVG 1929 verfolgten Erstattungsanspruch der Rechtsweg vor den Arbeitsgerichten gegeben ist.

a) Nach § 113 Abs. 2 Satz 3 AVAVG in den bis 1931 geltenden Fassungen vom 16. Juli 1927 / 16. Dezember 1927 / 12. Oktober

1929 — RGBl. I 1927, 187 [201], 337 [342], 1929, 153 [158] — entschieden über Erstattungsstreitigkeiten zwischen Reichsanstalt und Arbeitgeber unter Ausschluß des Rechtsweges der Verwaltungsausschuß des Arbeitsamtes, gegen dessen Entscheidung gemäß § 188 AVAVG binnen zweier Wochen eine Beschwerde an den Verwaltungsausschuß des Landesarbeitsamtes zulässig war, dessen Entscheidung grundsätzlich endgültig war, da es gegen dessen Entscheidungen, von dem Beanstandungsrecht des § 194 AVAVG abgesehen, eine Beschwerde an den Vorstand der Reichsversicherungsanstalt nur gab, wenn er in erster Instanz entschied (§ 190 AVAVG; vgl. Stier-Somlo, AVAVG, 1. Aufl., 1928, § 113 Anm. 3 und § 188 Anm. 2; Stier-Somlo, AVAVG, 2. Aufl., 1930, § 113 Anm. 3 und § 188 Anm. 2; Weigert-Berndt-Ehlert-Lehfeldt-Syrup, AVAVG, 1927, § 113 Anm. IV und Vorbem. 2 vor § 187; Fischer-Biensfeld-Blackholm-Dencker-Münch-Rieber-Weinbrenner, AVAVG, 1928, § 113 Anm. 10 S. 519; Jaeger-Neuburger-Adam, AVAVG, 1928, § 113 Anm. 20 S. 617; Spliedt-Broecker, AVAVG, 4. Aufl., 1929, § 113 Anm. 6 S. 275/276; Schmeißer, AVAVG, Bd. 1, 1931, § 113 Anm. 8; Böhm-Eichelsbacher, AVAVG, 2. Aufl., 1930, § 113 Anm. 9).

Die Zuständigkeit der Arbeitsgerichte bestand damals nur für Aufrechnungsstreitigkeiten im Sinne des damaligen § 113 Abs. 2 Satz 2 AVAVG zwischen Arbeitgeber und Arbeitnehmer (vgl. Jaeger-Neuburger-Adam, AVAVG, 1928, § 113 Anm. 20 S. 617; Spliedt-Broecker, AVAVG, 4. Aufl., 1929, § 113 Anm. 6, S. 275, 276; Schmeißer, AVAVG, Bd. 1, 1931, § 113 Anm. 8). Für sie hat das Reichsarbeitsgericht im Urteil vom 15. Dezember 1928 — RAG 490/28 — in ARS 8, 55 [59/61] = Arb-Rechts-Praxis, Monatsschrift des Allgemeinen Deutschen Gewerkschaftsbundes, Nr. 3, S. 55 — angenommen, daß, soweit die Reichsanstalt gemäß § 113 Abs. 2 Satz 1 AVAVG vom Arbeitgeber Erstattung verlangen könne, eine cessio legis vorliege, die dem Arbeitnehmer die Aktivlegitimation für die kraft Gesetzes an die Reichsanstalt zedierten Ansprüche nehme (vgl. dazu ablehnend Nörpel, Arbeitsrechtspraxis, Monatsschrift des Allgemeinen Deutschen Gewerkschaftsbundes, Nr. 3 S. 55 und Spliedt-Broecker, AVAVG, 4. Aufl., 1929, § 113 Anm. 6, S. 276 Fußnote).

Das Verhältnis zwischen Reichsanstalt und Arbeitslosen blieb insofern unberührt, als die Reichsanstalt gegen den Arbeitslosen auch unter den Voraussetzungen der §§ 177, 185 AVAVG vorgehen konnte (Fischer-Adam-Berghofer-Grams-Hastler, AVAVG, 6. Aufl., Bd. I 1937, § 113 Bem. 47; RVA GrE Nr. 4184 vom

20. Februar 1931 — IIIa Ar 359/30 — in RArbBl. 1931 IV 380 = Spruchpraxis, Entscheidungen der Spruchbehörden und Gerichte zum AVAVG, herausgegeben von Böhm, IV 1366; dazu auch RAG ARS 33, 264 [269]).

b) Nach der durch die Dritte Verordnung des Reichspräsidenten zur Sicherung von Wirtschaft und Finanzen und zur Bekämpfung von politischen Ausschreitungen vom 16. Oktober 1931 — RGBl. I S. 537 — Zweiter Teil, Art. 1, Ziff. 1 — erfolgten Streichung von Satz 3 des § 113 Abs. 2 AVAVG ist in Praxis und Lehre in der Zeit zwischen 1931 bis 1939 nie angezweifelt worden, daß für Ansprüche der Reichsanstalt gemäß § 113 Abs. 2 AVAVG (a. F.) gegen den Arbeitgeber die Zuständigkeit der Arbeitsgerichte gegeben sei. Auch nach 1945 war dies wieder die ganz überwiegende Ansicht in Praxis und Lehre. Insoweit kann zur näheren Begründung auf das Urteil des erkennenden Senats vom 20. Juni 1958 — 2 AZR 271/55 — AP Nr. 1 zu § 113 AVAVG (a. F.) — mit den darin enthaltenen eingehenden Begründungen und Nachweisen verwiesen werden.

c) Der Umstand, daß für den hier in Rede stehenden Zeitraum in Berlin § 113 AVAVG in der Fassung von 1929 galt und daß in §§ 15—17 des Gesetzes vom 25. April 1949 ein Spruchbehördenverfahren vorgesehen war, das gegen Anordnungen und Verfügungen des Arbeitsamtes angerufen werden konnte und endgültig entschied, könnte nun dahin gedeutet werden, daß damit der Rechtsweg vor den Arbeitsgerichten für Erstattungsansprüche der Bundesanstalt gegen Arbeitgeber ausgeschlossen gewesen und es wieder bei der früheren Zuständigkeit der Verwaltungsausschüsse bzw. der Spruchbehörden der §§ 15 ff. des Gesetzes vom 25. April 1949 verblieben sei.

Das ist indessen n i c h t anzunehmen.

Eine Anwendung des § 113 AVAVG 1929 in der Form, daß das Spruchbehördenverfahren der §§ 15 ff. des Gesetzes vom 25. April 1949 zuständig sei, scheitert für 1954 jedenfalls schon daran, daß es 1954 diese in §§ 15ff. des Gesetzes vom 25. April 1949 geregelten Spruchbehörden nicht mehr gab. Die §§ 15 ff. des Gesetzes vom 25. April 1949 wurden durch § 53 Abs. 2 des Bundesanstaltsgesetzes vom 10. März 1952 — BGBl. I, S. 123 [129] — in Verbindung mit dem Berliner Übernahmegesetz vom 30. April 1952 — GVBl. Berlin S. 303 — außer Kraft gesetzt und durch § 49 des Bundesanstaltsgesetzes ersetzt (vgl. auch: Berndt-Draeger, AVAVG, VI C 2 Anmerkungen 1 zu §§ 15 und 16 des Berliner Gesetzes vom 25. April 1949). Die Möglichkeit, daß § 113 AVAVG 1929 mit der Maßgabe gegolten habe, daß an die Stelle des

Spruchbehördenverfahrens der §§ 15 ff. des Berliner Gesetzes vom 25. April 1949 das Spruchbehördenverfahren nach näherer Maßgabe der §§ 48—50 des Bundesanstaltsgesetzes vom 10. März 1952 getreten sei, scheidet deswegen aus, weil ab 1. Januar 1954 auch die §§ 48—50 des Bundesanstaltsgesetzes durch § 224 Abs. 3 Ziffer 9 des Sozialgerichtsgesetzes vom 3. September 1953 — BGBl. I S. 1239 [1265] — in Verbindung mit dem Berliner Übernahmegesetz vom 20. November 1953 — GVBl. S. 1419 — aufgehoben worden sind.

d) Somit ergibt sich jedenfalls für Berlin für den hier in Betracht kommenden Zeitraum, daß die dafür gebotene Anwendung von § 113 AVAVG 1929 nicht zu einer Spruchbehördenzuständigkeit führen kann. Aus dem Umstand, daß deren positivrechtliche Beseitigung auf Grund des § 224 Abs. 3 Ziffer 9 des Sozialgerichtsgesetzes geschah, folgt aber anderseits auch nicht, daß nunmehr für Erstattungsansprüche der Bundesanstalt gegen Arbeitgeber nach Maßgabe des § 113 Abs. 2 AVAVG 1929 die Sozialgerichtsbarkeit zuständig gewesen sei. Wie der Senat in dem bereits erwähnten Urteil vom 20. Juni 1958 — 2 AZR 271/55 — AP Nr. 1 zu § 113 AVAVG (a. F.) — ausgeführt hat, sind seit 1931 Rechtsprechung und Rechtslehre übereinstimmend durchweg davon ausgegangen, daß der in § 113 AVAVG Abs. 2 (a. F.) geregelte Erstattungsanspruch auf einer cessio legis von Ansprüchen des Arbeitnehmers gegen den Arbeitgeber beruht und daß wegen des privatrechtlichen Charakters des Erstattungsanspruchs deshalb der Rechtsweg vor den Arbeitsgerichten auch nach geschehenem Rechtsübergang auf den Träger der Arbeitslosenversicherung bestehen bleibe (§ 2 Abs. 2 ArbGG 1926 bzw. § 2 Abs. 4 ArbGG 1953). An dieser Beurteilung der Rechtsnatur des Erstattungsanspruchs und seiner Zuordnung zur Zuständigkeit der Arbeitsgerichtsbarkeit hat der Bundesgesetzgeber in § 96 Abs. 2 Satz 2 des AVAVG 1956 in der Fassung der Bekanntmachung vom 3. April 1957 — BGBl. I, 321 —, der dem früheren § 113 Abs. 2 AVAVG (a. F.) entspricht, ausdrücklich festgehalten. Das kommt dadurch zum Ausdruck, daß § 96 Abs. 2 Satz 2 AVAVG 1956 ausdrücklich von einem Übergang der Forderung des Arbeitnehmers gegen den Arbeitgeber auf die Bundesanstalt spricht, woraus gemäß § 2 Abs. 4 ArbGG 1953 notwendig auch die Zuständigkeit der Arbeitsgerichte für derartige kraft Gesetzes auf die Bundesanstalt übergegangene Ansprüche gegen den Arbeitgeber folgt. Unter diesen Umständen würde es regelrecht sinnwidrig sein, aus der Tatsache, daß das Spruchbehördenverfahren durch das Sozialgerichtsgesetz 1953 abgeschafft worden ist, folgern zu wollen, daß für Berlin nunmehr die Sozialgerichtsbarkeit an dessen Stelle getreten sei. Dann würde sich nämlich ergeben, daß für Berlin Erstattungsansprüche nach § 113 Abs. 2 AVAVG (a. F.), zudem übrigens nur vorübergehend bis zum Inkrafttreten des § 96 AVAVG 1956, in die Sozialgerichtsbarkeit verwiesen worden wären, obwohl in allen anderen deutschen Ländern, wie in dem Urteil des Senates vom 20. Juni 1958 — 2 AZR 271/55 — AP Nr. 1 zu § 113 AVAVG (a. F.) — eingehend belegt ist, für Erstattungsansprüche nach § 113 Abs. 2 AVAVG (a. F.) die Arbeitsgerichte zuständig waren und nach § 96 Abs. 2 AVAVG 1956 zuständig sind. Das Sozialgerichtsgesetz 1953 wollte aber — das muß man nach dem gesamten Gesetzeswerk annehmen — vereinheitlichen und nicht in verschiedenen regionalen Bereichen verschiedene gerichtliche Zuständigkeitsbereiche sinnwidrig und zwecklos neu begründen. Das rechtfertigt die Annahme, daß mit der erörterten Abschaffung der Spruchbehörden auch in Berlin § 113 AVAVG 1929 mit dem Inhalt galt, daß für die Verfolgung der in § 113 Abs. 2 Satz 2 AVAVG 1929 geregelten Erstattungsansprüche ebenfalls die Arbeitsgerichte zuständig waren.

3. a) Durch den während des Revisionsverfahrens eingetretenen Tod des bisherigen Beklagten ist das Verfahren nicht unterbrochen gewesen, weil der bisherige Beklagte durch einen Prozeßbevollmächtigten vertreten war (§ 246 Abs. 1 ZPO). An Stelle des bisherigen Beklagten sind als Rechtsnachfolger sein Erbe oder seine Erben die beklagte Partei des vorliegenden Rechtsstreites geworden (§ 239 Abs. 1 ZPO, § 1922 Abs. 1 BGB).

b) Infolge der Eröffnung des Konkursverfahrens über den Nachlaß des bisherigen Beklagten beschränkte sich die Haftung der Erben gemäß § 1975 BGB für Nachlaßverbindlichkeiten auf den Nachlaß des ehemaligen Beklagten. Etwaige im Wege der Legalzession auf die Klägerin übergegangene Vergütungsansprüche der vier Arbeitnehmer sind Nachlaßverbindlichkeiten des ehemaligen Beklagten (§ 1967 Abs. 2 BGB). In einem Nachlaßkonkurs sind derartige Ansprüche der Klägerin einfache Konkursforderungen (§ 3 Abs. 1 KO). Die Voraussetzungen für die Annahme einer Masseschuld i. S. von § 59 Ziffer 2 KO sind nicht gegeben. Hinsichtlich des Nachlasses sind die Erben Gemeinschuldner geworden, und sie haben mit der Nachlaßkonkurseröffnung gleichzeitig die Befugnis zur Prozeßführung verloren, die auf den Nachlaßkonkursverwalter gemäß § 6 Abs. 2 KO übergegangen ist. Gleichzeitig ist damit gemäß § 240 ZPO eine Unterbrechung des Verfahrens eingetreten (vgl. Stein-Jonas, ZPO, 18. Aufl., § 240 Anm. I 1 zu Fußnote 6; KG OLG E 1, 445 [446]).

c) Ob die von beiden Parteien erklärten Verfahrensaufnahmen wirksam sind, ist von Amts wegen zu prüfen. Die Wirksamkeit der von dem

Beklagten erklärten Verfahrensaufnahme ergibt sich aus § 146 Abs. 6 und Abs. 3 KO.

Nach § 146 Abs. 6 KO ist der Widerspruch gegen die Feststellung von sogenannten titulierten Konkursforderungen zur Konkurstabelle von dem Widersprechenden zu verfolgen. In der Rolle des Widersprechenden gegen die Feststellung der bisherigen Klageforderung zur Konkurstabelle ist der Nachlaßkonkursverwalter und damit der jetzige Beklagte. Die zur Konkurstabelle angemeldete Forderung, deren Feststellung der jetzige Beklagte widersprochen hat, war auch eine titulierte Konkursforderung im Sinne von § 146 Abs. 6 KO. Als solche bezeichnet das Gesetz Konkursforderungen, für welche ein Endurteil vorliegt. Das angefochtene Urteil des Landesarbeitsgerichts hat das arbeitsgerichtliche Urteil ersetzt (vgl. auch RGZ 75, 53 [60]; OLG Stettin JW 1925, 2273 [2274]; Stein-Jonas, ZPO, 18. Aufl., § 584 Anm. III 1 zu Fußnote 2; Baumbach-Lauterbach, ZPO, 25. Aufl., § 584 Anm. 2 B; Urteile des Zweiten Senats des Bundesarbeitsgerichts vom 20. März 1958 — 2 AZR 60/55 — und vom 20. Juni 1958 — 2 AZR 231/55 — AP Nr. 3 zu § 580 ZPO und BAG 6, 95 [100]). Es ist gemäß § 300 Abs. 1 ZPO ein Endurteil. Somit mußte der jetzige Beklagte den Widerspruch gegen die titulierte Forderung verfolgen, was gemäß § 146 Abs. 3 KO durch Aufnahme des Prozesses in den Formen des § 250 ZPO geschehen konnte, die vorliegend beachtet sind.

Die §§ 138 ff. KO schreiben vor, daß die Schuldenmasse in einem bestimmten Verfahren zur Konkurstabelle festgestellt werden soll. Diesem Zweck der §§ 138 ff. muß auch die Aufnahme eines durch Konkurseröffnung gemäß § 240 ZPO unterbrochenen Verfahrens Rechnung tragen; die Vorschriften der ZPO selbst über die Aufnahme des Verfahrens sagen über die sonstige nähere Durchführung des Rechtsstreites nichts. Es ist daher unzulässig, eine Verfahrensaufnahme nach näherer Maßgabe des § 146 Abs. 3 und Abs. 6 KO mit Anträgen zu betreiben, die nicht dem Umstand Rechnung tragen, daß infolge der Konkurseröffnung es nur noch um die Frage eines Schuldenmassenstreites gehen kann, ob also die streitige Forderung zur Konkurstabelle festzustellen ist oder nicht (vgl. BGH LM Nr. 4 zu § 146 KO). Der Antrag des die Verfahrensaufnahme betreibenden Widersprechenden und damit des jetzigen Beklagten muß daher zu erkennen geben, daß er eine Klärung der Berechtigung seines Widerspruches gegen die Feststellung der titulierten Konkursforderung zur Tabelle erstrebt, während der Gegner und damit die Klägerin mit ihrem Antrag zum Ausdruck bringen muß, daß sie Feststellung ihrer titulierten Konkursforderung zur Tabelle begehrt. Wie die Anträge im einzelnen zu fassen sind, ist eine Frage der Zweckmäßigkeit und auch eine solche der Ausdeutung der Rechtsnatur des Feststellungsverfahrens im Sinne von § 146 KO überhaupt (vgl. hierzu Mentzel-Kuhn, KO, 6. Aufl., 1955, § 146 Anm. 5 mit weiteren Nachweisen; über Antragsformulierungen in einem solchen Fall vgl. RG Warn 1933 Nr. 167; Böhle-Stamschräder, KO, 4. Aufl., 1955 § 146 Anm. 3; Jaeger, KO, 6./7. Aufl., 1936, § 146 Anm. 24; vgl. auch BGH LM Nr. 4 zu § 146 KO). Die Anträge beider Parteien werden den zu beachtenden Erfordernissen nun in jedem Fall gerecht. Der Antrag der Klägerin läßt eindeutig erkennen, daß sie nach Aufnahme des Verfahrens nur noch über die Berechtigung der Feststellung der bisherigen Klageforderung als Konkursforderung zur Konkurstabelle streiten will, er ist also eindeutig auf das in Rede stehende Feststellungsverfahren abgestellt und ihm angemessen. Der demgegenüber auf Klageabweisung lautende Antrag des jetzigen Beklagten muß unter diesen Umständen ohne Bedenken dahin umgedeutet werden, daß er damit nur das Gegenteil dessen will, was der Antrag der Klägerin zum Inhalt hat, nämlich die Berechtigung seines Widerspruchs gegen die Feststellung der bisherigen Klageforderung zur Tabelle.

Diese Antragsänderung ist den Parteien auch noch im Revisionsverfahren gestattet (BGH LM Nr. 5 zu § 146 KO; RGZ 65, 132 [133]; Jaeger, LZ 1915 Sp. 1273 [1276]; Jaeger, a. a. O., § 146 Anm. 19 (S. 554); Böhle-Stamschräder, a. a. O., § 146 Anm. 2 d), sofern sie sich im Rahmen des bisherigen Parteivorbringens und damit innerhalb der Grenzen des § 561 ZPO hält, was hier der Fall ist.

4. Die materielle Begründetheit der Klage mit dem soeben erörterten, durch die Konkurseröffnung modifizierten Inhalt hängt somit davon ab, ob die Voraussetzungen gegeben sind, unter denen § 113 Abs. 2 AVAVG (a. F.) eine cessio legis Platz greifen läßt. § 113 Abs. 2 AVAVG (a. F.) setzt voraus, daß vom Arbeitsamt nach näherer Maßgabe des AVAVG Leistungen an einen „Arbeitslosen" gewährt werden, der noch Bezüge aus seinem Arbeitsverhältnis zu fordern hat und der daher gemäß § 113 Abs. 1 AVAVG (a. F.) keine Arbeitslosenunterstützung erhalten soll. Sind diese Voraussetzungen gegeben, so tritt, wie aus § 113 Abs. 2 AVAVG (a. F.) hervorgeht, die Legalzession der Ansprüche des „Arbeitslosen" gegen den Arbeitgeber auf die Bundesanstalt mit der G e w ä h r u n g der Arbeitslosenunterstützung ein, früher nicht (vgl. Urteil des Zweiten Senats des Bundesarbeitsgerichts vom 20. Juni 1958 — 2 AZR 197/56 — AP Nr. 5 zu § 113 AVAVG (a. F.)).

Leistungen an „Arbeitslose“ sind im vorliegenden Fall seitens der Klägerin erfolgt. Wie der erkennende Senat in dem Urteil vom 20. Juni 1958 — 2 AZR 197/56 — AP Nr. 5 zu § 113 AVAVG (a. F.) ausgeführt hat, ist „arbeitslos“ derjenige, der faktisch arbeitslos ist, und es greift bei gegebener faktischer Arbeitslosigkeit § 113 Abs. 2 AVAVG (a. F.) auch dann Platz, wenn die die Arbeitslosenunterstützung gewährende Behörde weiß, daß der von ihr unterstützte Arbeitnehmer im Hinblick auf § 113 Abs. 1 AVAVG (a. F.) keine Arbeitslosenunterstützung beanspruchen kann.

Somit hängt die Berechtigung des Klagebegehrens davon ab, ob die vom Arbeitsamt unterstützten Arbeitnehmer gegen den ehemaligen Beklagten Vergütungsansprüche hatten, die wegen § 113 Abs. 2 AVAVG (a. F.) auf die Klägerin übergegangen sind.

5. Als Anspruchsgrundlage für einen auf die Klägerin im Wege der Legalzession übergegangenen Vergütungsanspruch der vom Arbeitsamt unterstützten Arbeitnehmer gegen den ehemaligen Beklagten als Arbeitgeber hat das Landesarbeitsgericht zutreffend § 615 Satz 1 BGB in Betracht gezogen. Der darin nach näherer Maßgabe des § 615 Satz 2 BGB vorgesehene Vergütungsanspruch des Arbeitnehmers gegen den Arbeitgeber setzt voraus, daß der Arbeitgeber mit der Annahme der Dienste des Arbeitnehmers in Annahmeverzug geraten ist.

Ein Annahmeverzug des Arbeitgebers ist nur denkbar, wenn das Arbeitsvertragsverhältnis der vier vom Arbeitsamt unterstützten Arbeitnehmer über die vom ehemaligen Beklagten vorgenommene Entlassung hinaus fortbestand. Daß dies der Fall war, hat das Landesarbeitsgericht angenommen. Diese Annahme ist jedoch rechtsfehlerhaft.

a) Das Landesarbeitsgericht hat angenommen, die von dem ehemaligen Beklagten getätigten 29 Entlassungen erfüllten die Voraussetzungen einer anzeigepflichtigen Massenentlassung im Sinne von § 15 Abs. 1 und Abs. 2 KSchG deshalb, weil auch die 20 Entlassungen, die unter Berufung auf Art. VI Ziffer 1 der Tarifordnung für die Metallindustrie im Wirtschaftsgebiet Brandenburg vom 19. März 1936 „fristlos“ geschehen waren, bei der Berechnung der nach § 15 Abs. 1 KSchG für die Annahme einer Massenentlassung erforderlichen Zahl der Entlassungen mitzurechnen seien. Es hat weiter angenommen, daß Massenentlassungen schlechthin unwirksam seien, wenn dabei der in § 15 Abs. 1 KSchG vorgeschriebenen Anzeigepflicht seitens des Arbeitgebers nicht genügt wird, wie das hier der Fall wäre, da die 20 „fristlosen“ Entlassungen für die Annahme einer Massenentlassung mitzurechnen wären.

b) Die Frage, ob im vorliegenden Fall die in Rede stehenden 29 Entlassungen die Voraussetzungen einer Massenentlassung im Sinne von § 15 Abs. 1 und Abs. 2 KSchG erfüllten oder ob dies, wie der Beklagte annimmt, nicht der Fall ist, weil 20 Entlassungen, die unter Berufung auf Art. VI Ziffer 1 der Tarifordnung „fristlos" geschehen sind, bei der Berechnung der in § 15 Abs. 1 KSchG genannten Mindestzahlen nicht mitzurechnen sind, ist bedeutsam, wenn beim Vorliegen einer Massenentlassung und damit der Unrichtigkeit der Annahme des Beklagten die 29 vorgenommenen Kündigungen in jedem Fall wegen Nichterstattung der in § 15 Abs. 1 KSchG vorgeschriebenen Massenentlassungsanzeige unwirksam wären und die Arbeitsvertragsverhältnisse der entlassenen Arbeitnehmer und damit auch der hier in Betracht kommenden vier Arbeitnehmer fortbestanden hätten. Die dahingehende Annahme des Landesarbeitsgerichts ist aber unzutreffend. Die in § 16 Abs. 1 KSchG geregelte Unwirksamkeit einer Entlassung ist keine solche schlechthin.

Der Gesamtzweck der Bestimmungen über den Kündigungsschutz bei Massenentlassungen geht nicht dahin, einen Individualkündigungsschutz des Arbeitnehmers zu regeln. Dieser ist im Ersten Abschnitt des Kündigungsschutzgesetzes geregelt (§§ 1 ff. KSchG), und der Massenentlassungskündigungsschutz der §§ 15 ff. KSchG läßt den Individualkündigungsschutz der §§ 1 ff. KSchG unberührt (Urteil des Zweiten Senats des Bundesarbeitsgerichts vom 27. Februar 1958 — 2 AZR 445/55 — BAG 6, 1 [3] — mit weiteren Nachweisen und zustimmender Anmerkung von Herschel in AP Nr. 1 zu § 1 KSchG Betriebsbedingte Kündigung). Die Funktion der §§ 15 ff. KSchG geht vielmehr dahin, den Arbeitsmarkt zu schützen. Die in §§ 15 ff. KSchG enthaltenen Erschwerungen bei Massenentlassungen sollen es der Arbeitsverwaltung ermöglichen, rechtzeitig etwaige Maßnahmen zur Verhinderung von Massenentlassungen einzuleiten und bei nicht zu vermeidenden Massenentlassungen den davon betroffenen Arbeitnehmern rechtzeitig anderweitige Arbeitsmöglichkeiten nachzuweisen (vgl. hierzu Herschel-Steinmann, KSchG, 4. Aufl., 1958, Vorbem. 2 vor § 15 KSchG). Nur so ist die Anzeigepflicht gegenüber dem Arbeitsamt, die Zustimmung des Landesarbeitsamtes zur Entlassung sowie dessen Zulassung von Kurzarbeit verständlich. Um jene arbeitsmarktpolitischen Ziele selbst zu erreichen, hat der Gesetzgeber aber nur die Entfaltungs- und Entschließungsfreiheit des Arbeitgebers, nicht die des Arbeitnehmers eingeschränkt. Nur dem Arbeitgeber werden die in §§ 15 ff. KSchG näher geregelten Anzeigepflichten und Beschränkungen der Entlassungsmöglichkeiten auferlegt. Er allein ist der Normadressat dieser Vorschriften. Der

Arbeit n e h m e r dagegen ist in den Vorschriften über den Kündigungsschutz bei Massenentlassungen nirgends derart angesprochen, daß ihm Pflichten auferlegt werden oder daß er in seiner Entfaltungs- und Entschließungsfreiheit eingeschränkt wird. Wenn § 16 KSchG mit seinen Regeln über das Wirksamwerden der Massenentlassungen durch die Zustimmung des Landesarbeitsamtes weder den Arbeitgeber noch den von der Entlassung betroffenen Arbeitnehmer ausdrücklich nennt, so ist doch zu beachten, daß diese Vorschrift ausschließlich die seitens des Arbeitgebers anzeigepflichtigen Entlassungen und damit dem Zusammenhang nach den Bereich des Arbeitgebers anspricht. Auch spricht § 17 KSchG wieder eindeutig davon, daß dem Arbeitgeber unter bestimmten Voraussetzungen die Einführung von Kurzarbeit gestattet wird.

Diese Regelung hat ihren guten Sinn. Würde man aus den vom Gesetz aus Anlaß von Massenentlassungen verfolgten arbeitsmarktpolitischen Zielen auch den Arbeitnehmer in seiner Entfaltungs- und Entschließungsfreiheit beschränken, so würde das nämlich zu einer nach Artikel 12 Abs. 1 GG grundrechtswidrigen Erscheinungsform der Zwangsarbeit führen. Es erscheint im übrigen etwa auch arbeitsmarktpolitisch wenigstens in vielen Fällen nicht notwendig, aus Anlaß von Massenentlassungen dem davon betroffenen einzelnen Arbeitnehmer die Auswirkungen der demnächstigen etwaigen arbeitsmarktpolitischen Maßnahmen, zu deren Veranlassung §§ 15 ff. KSchG den Arbeitsverwaltungsbehörden hinreichend Gelegenheit zu geben beabsichtigen, zukommen lassen zu wollen, nämlich dann nicht, wenn er sich von ihnen für sich nichts verspricht. Ein Arbeitnehmer, dem unter Verletzung des Kündigungsschutzes bei Massenentlassungen gekündigt worden ist, kann stets wegen der zentralen Bedeutung des Arbeitsplatzes für seine Persönlichkeit und seinen gesamten Lebenszuschnitt das unbedingt anzuerkennende und damit das berechtigte und sogar dringende Anliegen haben, von einem Arbeitgeber, der Massenentlassungen vornimmt, wegzukommen, um rechtzeitig einen Arbeitsplatz bei einem anderen Arbeitgeber zu bekommen, bei dem das Arbeitsverhältnis beständiger ist. Diese Überlegungen machen es notwendig, die aus arbeitspolitischen Gründen aus Anlaß von Massenentlassungen gesetzlich vorgesehene Beschränkung der Entschließungsfreiheit des Arbeitgebers einerseits und die dabei unverändert fortbestehende Entfaltungs- und Entschließungsfreiheit des Arbeitnehmers andererseits in der richtigen Weise aufeinander abzustimmen, damit die Grundprinzipien der Gesamtregelung gewahrt bleiben und nicht verfälscht werden. Eine solche prinzipiengerechte Betrachtung führt aber dazu, daß die vom Gesetz nicht berührte Entfaltungs-

und Entschließungsfreiheit des Arbeitnehmers nur dann gewahrt und nur dann eine echte Entschließungsfreiheit ist, wenn e r bestimmt, ob er sich auf die aus Anlaß von Massenentlassungen vorgesehenen Folgen aus den Beschränkungen der Entschließungsfreiheit des Arbeitgebers berufen will oder nicht. Deshalb hat ein Verstoß des Arbeitgebers gegen die Vorschriften bei Massenentlassungen, insbesondere das Unterlassen der in § 15 Abs. 1 KSchG vorgeschriebenen Massenentlassungsanzeige, nicht die Folge, daß solche Kündigungen schlechthin nichtig sind. Wollte man das annehmen, so könnte von einer eigenen Entschließungsfreiheit des Arbeitnehmers keine Rede mehr sein. Unter Verstoß gegen §§ 15 ff. KSchG vorgenommene Kündigungen eines Arbeitgebers sind daher nur dann unwirksam, wenn sich der Arbeitnehmer auf einen solchen Verstoß beruft. Gerade weil dem Arbeitnehmer die Entfaltungs- und Entschließungsfreiheit vom Gesetz auch aus Anlaß von Massenentlassungen nicht genommen und nicht beschränkt wird, hat er es damit in der Hand, darüber zu befinden, ob er als Glied des Arbeitsmarktes an den Folgen etwaiger künftiger arbeitsmarktpolitischer Maßnahmen der Arbeitsverwaltungsbehörden teilhaben will oder ob er sich aus Anlaß der ihm gegenüber erklärten Kündigung vom Arbeitgeber trennen und von diesem am Arbeitsverhältnis nicht weiter festhalten lassen will. Deshalb muß e r entscheiden, ob er die gegen die Kündigungsschutzvorschriften bei Massenentlassungen verstoßende Kündigung seitens seines Arbeitgebers hinnimmt oder nicht. Er muß, weil er kraft seiner Entfaltungs- und Entschließungsfreiheit darüber zu entscheiden hat, ob er den Massenentlassungskündigungsschutz in Anspruch nimmt oder nicht, also irgendwie mit der Äußerung, ob er das eine oder das andere will, r e a g i e r e n. Seine Reaktionspflicht ist damit die Folge, die sich zwangsläufig daraus ergibt, daß bei ihm die Entschließungsfreiheit liegt. Reagiert er nicht mit einer Berufung auf den Massenentlassungskündigungsschutz, so nimmt er die Kündigung hin. Daß in einer Nichtreaktion als solcher bereits die Berufung auf den Verstoß des Arbeitgebers gegen die Vorschriften der §§ 15 ff. KSchG liege, kann sinnvollerweise nicht gesagt werden, vielmehr liegt seitens des Arbeitnehmers ein Hinnehmen der Entlassung vor.

Demgegenüber läßt sich auch nicht einwenden, daß dem unter Verletzung von Massenentlassungsschutzvorschriften gekündigten Arbeitnehmer eine solche Reaktionspflicht nicht zuzumuten sei, weil er die rechtliche Bedeutung der soeben erörterten Reaktionspflicht nicht kenne. In der Mitte des 20. Jahrhunderts muß einem in einer modernen hoch entwickelten Industriegesellschaft lebenden Arbeitnehmer zugemutet werden, sich die Rechtskenntnisse zu verschaffen, die er im Arbeitsleben für die Wahrnehmung seiner sozialen Sicherheit braucht. Ihm stehen hierfür sachkundige Instanzen und Organisationen, wie z. B. die Arbeitnehmervertretung in den einzelnen Betrieben und die Gewerkschaften, zur Verfügung. Eine Betrachtung, die es gestatten würde, sich in derartigen Fällen auf Rechtsunkenntnis zu berufen, ist sachfremd und unangebracht; eine solche Betrachtung würde mit dem Mitbestimmungsrecht, das die Rechtsordnung den Arbeitnehmern im Arbeitsleben einräumt, ebensowenig vereinbar sein wie mit der Achtung und Würde, auf die der Arbeitnehmer als mündiger Mensch Anspruch erheben kann.

c) Damit ergibt sich zusammengefaßt, daß Kündigungen, die seitens eines Arbeitsgebers im Rahmen von Massenentlassungen unter Verstoß gegen die ihm in §§ 15 ff. KSchG auferlegten Pflichten und Beschränkungen seiner Entschließungsfreiheit geschehen, nicht schlechthin nichtig sind. Vielmehr hängt die Wirksamkeit bzw. Unwirksamkeit derartiger Kündigungen davon ab, wie der gekündigte Arbeitnehmer kraft seiner Entschließungsfreiheit hierauf reagiert. Beruft er sich auf einen Verstoß des Arbeitgebers gegen den Massenentlassungskündigungsschutz, so ist die betreffende Kündigung unwirksam. Beruft er sich nicht darauf, so sind die Kündigungen trotz des Verstoßes gegen die Vorschriften über den Kündigungsschutz bei Massenentlassungen wirksam (so im Ergebnis ebenfalls: Hueck, KSchG, 3. Aufl., 1954, § 16 Anm. 1; Hueck-Nipperdey, Lehrbuch des Arbeitsrechts, 6. Aufl., Bd. I, § 66 V 1 S. 635 zu Fußnote 19; Herschel-Steinmann, KSchG, 4. Aufl., 1958, § 15 Anm. 8).

6. Es ergibt sich somit, daß das Arbeitsverhältnis der vier von der Klägerin unterstützten Arbeitnehmer mit dem ehemaligen Beklagten nur dann fortbestanden hat, wenn der ehemalige Beklagte nicht allein eine Massenentlassung im Sinne des § 15 Abs. 1 KSchG getätigt hat, sondern die vier Arbeitnehmer sich auch auf den dadurch für sie möglichen Kündigungsschutz berufen haben. Die Annahme, daß die den vier Arbeitnehmern gegenüber ausgesprochene Kündigung gegen § 1 KSchG verstoßen habe, scheidet deshalb aus, weil nach den von der Revision nicht gerügten tatsächlichen Feststellungen des Landesarbeitsgerichts die vier Arbeitnehmer innerhalb der ersten acht Wochen ihrer Tätigkeit bei dem ehemaligen Beklagten entlassen worden sind und demnach nicht die in § 1 Abs. 1 KSchG für einen Individualkündigungsschutz aufgestellte Voraussetzung einer mehr als sechsmonatigen ununterbrochenen Betriebszugehörigkeit erfüllten.

Die erste Frage, ob die von dem ehemaligen Beklagten getätigten 29 Entlassungen eine Massenentlassung im Sinne von § 15 Abs. 1 KSchG darstellten oder nicht, bedarf aber hier deshalb keiner Erörterung, weil die vier von der Klägerin unterstützten Arbeitnehmer auf einen etwaigen für sie sich ergebenden Kündigungsschutz aus dem Gesichtspunkt der §§ 15 ff. KSchG sich jedenfalls gegenüber dem ehemaligen Beklagten nicht berufen haben. Nach den insoweit von der Revision nicht angegriffenen tatsächlichen Feststellungen des Landesarbeitsgerichts sind die vier von der Klägerin unterstützten Arbeitnehmer auf Grund der ihnen gegenüber erklärten Kündigungen widerspruchslos ausgeschieden, wobei sie noch unterschriftlich anerkannt haben, gegen den ehemaligen Beklagten keine Ansprüche mehr aus dem Arbeitsverhältnis zu haben. Demnach ergibt sich aus dem zu 5 b und c dieser Entscheidungsgründe Ausgeführten, daß die vier von der Klägerin unterstützten Arbeitnehmer einen etwaigen für sie aus §§ 15 ff. KSchG folgenden Kündigungsschutz gegenüber dem ehemaligen Beklagten jedenfalls nicht geltend gemacht haben und die ihnen gegenüber von dem ehemaligen Beklagten ausgesprochenen Kündigungen daher in jedem Fall, auch wenn sie im Rahmen einer Massenentlassung geschehen sein sollten, wirksam geworden sind.

Soweit das Landesarbeitsgericht weiter in tatsächlicher Beziehung festgestellt hat, den vier von der Klägerin unterstützten Arbeitnehmern habe eine widersprechende Reaktion auf die ihnen gegenüber ausgesprochenen Kündigungen deshalb nutzlos erscheinen müssen, weil der ehemalige Beklagte auf dem Formular des Arbeitsamtes die Frage, ob eine Massenentlassung vorliege, nicht ausgefüllt hatte, ändert das an der getroffenen Beurteilung der Wirksamkeit der ihnen gegenüber geschehenen Kündigungen nichts. Die Klägerin hat nicht dargelegt, daß die vier von ihr unterstützten Arbeitnehmer daraus nachträglich irgendwelche Folgerungen gezogen und sich auf einen für sie aus §§ 15 ff. KSchG folgenden Kündigungsschutz gegenüber dem ehemaligen Beklagten im Rahmen ihrer Entschließungsfreiheit berufen haben. Ohne eine solche widersprechende Reaktion der vier Arbeitnehmer selbst kann aber aus §§ 15 ff. KSchG ein Kündigungsschutz nicht in Betracht kommen. Die Entschließungsfreiheit des Arbeitnehmers, ob er die Kündigungsschutzwirkungen der §§ 15 ff. KSchG in Anspruch nehmen will, verlangt nun einmal seine dementsprechende Äußerung, wenn jene Wirkung Platz greifen soll. Der Umstand allein, daß der Arbeitgeber seinerseits auf eine widersprechende Stellungnahme doch nichts im Sinne eines Fallenlassens der Kündigung vornehmen werde, läßt noch nicht zwingend den Schluß zu, der Arbeitnehmer wolle seinen Arbeitsplatz behalten. Die Klägerin selbst ist nicht befugt, für die von ihr unterstützten vier Arbeitnehmer sich auf diese vom Landesarbeitsgericht festgestellten Umstände zu berufen. Denn sie hat irgendwelche Rechte aus dem Arbeitsverhältnis der von ihr unterstützten Arbeitnehmer gegen den Arbeitgeber erst dann, wenn der Arbeitgeber gegenüber den Arbeitnehmern in Annahmeverzug geraten ist und die sich daraus gemäß § 615 BGB ergebenden Vergütungsansprüche der Arbeitnehmer gegen den Arbeitgeber auf sie im Wege der Legalzession gemäß § 113 Abs. 2 AVAVG (a. F.) auf Grund der an die Arbeitnehmer gewährten Leistungen übergegangen sind, vorher nicht. Ergibt sich aber, daß jedenfalls wegen der fehlenden widersprechenden Reaktion der vier von der Klägerin unterstützten Arbeitnehmer gegenüber den ihnen seitens des ehemaligen Beklagten ausgesprochenen Kündigungen deren Arbeitsverhältnis wirksam beendet worden ist, so ist für die Annahme eines Annahmeverzuges des ehemaligen Beklagten und damit für die Annahme von Vergütungsansprüchen der vier Arbeitnehmer, die gemäß § 615 BGB, § 113 Abs. 2 AVAVG (a. F.) auf die Klägerin übergegangen sein könnten, kein Raum.

7. Die von der Klägerin verfolgten Erstattungsansprüche ergeben sich auch nicht in anderer Hinsicht daraus, daß nach den vom Landesarbeitsgericht getroffenen Feststellungen der ehemalige Beklagte in dem Fragebogen, der dem Arbeitsamt vorgelegt worden ist, eben die Frage, ob eine Massenentlassung vorliege, nicht ausgefüllt hat. Gemäß § 218 a AVAVG (a. F.) ist zwar der Arbeitgeber, der vorsätzlich oder fahrlässig in einer Bescheinigung, zu deren Ausstellung er nach § 170 Abs. 2 AVAVG (a. F.) verpflichtet ist, falsche oder unvollständige Angaben macht, der Bundesanstalt zum Ersatz des daraus entstandenen Schadens verpflichtet. Dafür, daß diese Voraussetzungen gegeben gewesen seien, hat die Klägerin aber nichts dargelegt. Sie hat nichts darüber dargelegt, daß es sich bei den hier in Rede stehenden Bescheinigungen, die dem Arbeitsamt vorgelegt worden sind, um solche im Sinne von § 170 Abs. 2 AVAVG (a. F.) handelte. Sie hat aber vor allem auch nichts dafür dargelegt, daß eine etwaige vorsätzliche oder falsche Ausfüllung derartiger Bescheinigungen — sollten es solche im Sinne von §§ 170 Abs. 2, 218 a AVAVG (a. F.) gewesen sein — ursächlich dafür war, daß sie daraufhin Arbeitslosenunterstützung gezahlt hat (vgl. BAG Urteil des Ersten Senats vom 29. November 1957 — 1 AZR 35/56 — AP Nr. 3 zu § 4 TVG Ausschlußfristen). Ohne eine dahingehende Behauptung läßt sich die Berechtigung des Klageanspruchs daher auch nicht aus dem Gesichtspunkt des § 218 a AVAVG (a. F.) rechtfertigen.

8. Somit fehlt es an einer Anspruchsgrundlage für das Klagebegehren. Das macht die Aufhebung des angefochtenen Urteils des Landesarbeitsgerichts und die Wiederherstellung des erstinstanzlichen Urteils, durch das die Klage abgewiesen worden war, erforderlich.

3

1. Die Bestimmung des § 2 Abs. 2 der TO für Filmschaffende, nach der sich Filmschaffende bei Abschluß ihrer Filmverträge eines rechtsgeschäftlich bestellten Bevollmächtigten n i c h t bedienen dürfen, ist rechtsunwirksam.

2. Zur Auslegung eines Vertrages zwischen Produktionsfirma und Filmschaffenden, nach dem der Filmschaffende zur Dienstleistung nur unter der Mitwirkung eines namentlich bestimmten Regisseurs, dessen Mitwirkung als Vertragsgrundlage bezeichnet ist, gehalten ist. Folgen der Nichtmitwirkung dieses Regisseurs.

3. Grenzen der Lehre vom Betriebsrisiko.

Tarifordnung für Filmschaffende v. 19. 8. 1943, §§ 2 Abs. 2, 13;
BGB §§ 151, 615, 323 f.

I. Senat. Urteil vom 7. 11. 1958 i. S. CCC-F. A. B. (Bekl.) w. T. (Kl.)
1 AZR 249/58.

I. Arbeitsgericht Berlin. — II. Landesarbeitsgericht Berlin.

Am 7. Juli 1956 schloß die Beklagte mit der Klägerin einen privatschriftlichen Vertrag über die Beschäftigung der Klägerin als Hauptdarstellerin in einem von der Beklagten herzustellenden Film „Strafregisterauszug". Die Klägerin war bei dem Abschluß durch ihre Manager vertreten, sie selbst unterschrieb die Vertragsurkunde nicht.

In dem Vertrag ist bestimmt:

„1. Die Produktion verpflichtet die Filmschaffende für die weibliche Hauptrolle in dem Film „Strafregisterauszug" unter der Regie von Th.

2. Die Vertragszeit beginnt am 1. Februar 1957 und endet mit Beendigung der Rolle, jedoch nicht später als 31. März 1957 einschließlich Karenzzeit.

3. Die Filmschaffende erhält eine Pauschale in Höhe von 50 000,— DM zusätzlich einer Gewinnbeteiligung.

4. ....

5. ....

6. ....

7. Das Drehbuch ist der Filmschaffenden bis zum 31. Dezember 1956 vorzulegen, und die Produktion wird etwaige Änderungswünsche der Filmschaffenden in bezug auf ihre Rolle berücksichtigen.

8. ....

9. Grundlage des Vertragsabschlusses ist, daß für die Inszenierung des Films der Regisseur Th. verpflichtet wird."

Mit Th. hatte die Beklagte bereits am 11. Juni 1956 einen Vertrag abgeschlossen, nach dem Th. der Beklagten bis Ende 1957 für zwei Filme als Regisseur zur Verfügung stehen sollte. Die Termine für die zunächst nicht näher bezeichneten Filme sollten jeweils 3 Monate vorher mitgeteilt werden.

In einem Schreiben der Manager des Regisseurs Th., die gleichzeitig Manager der Klägerin sind, vom 3. Oktober 1956 baten diese die Beklagte, nunmehr den Zeitraum der Regieaufgabe des Herrn Th. im Rahmen der zwischen ihrer Produktion und Herrn Th. getroffenen Vereinbarung festzulegen. Es heißt in diesem Schreiben weiter:

„Da laut Ziff. 9 des Engagementsvertrages N. T. (d. i. d. Klägerin) vom 7. Juli 1956 Grundlage des Vertragsabschlusses ist, daß für die Inszenierung des Films „Strafregisterauszug" der Regisseur Th. verpflichtet wird, und dieser Vertrag für den Zeitraum vom 1. Februar 1957 bis 31. März 1957 fest terminiert ist, kommt für Herrn Th. ja auch nur dieser Zeitraum in Frage."

Für den Film „Strafregisterauszug" hatte der Autor J. H., ein Bundesfilmpreisträger, das Drehbuch ausgearbeitet. Dieses Drehbuch fand jedoch nicht den Beifall Th.'s. Die zwischen H. und Th. geführten Verhandlungen führten nicht zu einer Einigung. Nachdem zuletzt H. seine Ansichten zu den Beanstandungen Th.'s in einem Schreiben vom 13. Dezember 1956 an Th. eingehend auseinandergesetzt hatte, kam es am 18. Dezember 1956 zu einer Besprechung zwischen der Klägerin,, Th. und dem Produktionsleiter der Beklagten, B. In dieser Besprechung, von der die Beklagte am 19. Dezember 1956 die Manager der Klägerin schriftlich unterrichtete, erklärte Th., daß er das Drehbuch in der vorliegenden Form nicht inszenieren wolle. Den Beanstandungen Th.'s hinsichtlich des Drehbuchs schloß sich auch die Klägerin an. In ihrem Schreiben vom 19. Dezember 1956 an die Manager der Klägerin erklärte die Beklagte, daß sie sich entschlossen habe, Th. eine andere Regieaufgabe zu übertragen, da die Bucharbeiten an dem Stoff „Strafregisterauszug" doch noch einige Zeit in Anspruch nehmen würden und somit die Herstellung des Films vorläufig ungewiß sei. In dem Schreiben heißt es dann weiter:

„Somit tritt der Fall ein, daß Herr Th. zu der vorgesehenen Zeit den Stoff „Strafregisterauszug" nicht übernehmen kann und wir neuen Termin abstimmen müssen, was bedeutet, daß Frau T. (d. i. die Klägerin) — da Herr Th. in der vorgesehenen Drehzeit diesen Film „Strafregisterauszug" nicht inszeniert — laut Vertrag vom 7. Juli 1956 Ziff. 9 frei ist."

Th. schrieb am 2. Januar 1957 an die Beklagte und erklärte, daß die Differenzen zwischen ihm und dem Autor H. nicht bereinigt seien. In dem Schreiben heißt es:

„Das Ergebnis ist das jetzt vorliegende Drehbuch, das N. T. (d. i. die Klägerin) nicht spielen will und von dem ich nicht weiß, wohin ich es inszenieren soll."

Der Film „Strafregisterauszug" ist von der Beklagten weder in der vorgesehenen Drehzeit vom 1. Februar 1957 bis zum 31. März 1957 noch später hergestellt worden.

Die Klägerin wurde während der Zeit vom 1. Februar bis 31. März 1957 auch nicht in einer anderen Rolle von der Beklagten beschäftigt.

Die Klägerin hat von der vereinbarten Gage 5000,— DM bereits im Jahre 1956 erhalten. Sie verlangt mit der vorliegenden Klage die Zahlung der restlichen 45 000,— DM. Die Beklagte bittet um Klageabweisung.

Während das Arbeitsgericht die Klage abgewiesen hat, hat das Landesarbeitsgericht die Beklagte antragsgemäß verurteilt. Nach Erlaß des Urteils des Landesarbeitsgerichts hat die Beklagte an die Klägerin selbst auf die Urteilssumme 25 496,25 DM gezahlt. Sie hat weiter auf Anweisung der Klägerin an das Finanzamt einen Gesamtsteuerbetrag von 21 141,60 DM abgeführt. Schließlich hat die Beklagte an den Prozeßbevollmächtigten der Klägerin Prozeßkosten in Höhe von 1568,01 DM entrichtet.

Die Beklagte bittet nunmehr mit der Revision um Aufhebung des angefochtenen Urteils sowie um Klageabweisung und schließlich um Verurteilung der Klägerin zur Zahlung von 45 000,— DM nebst 4 % Zinsen für 25 496,25 DM seit dem 1. August 1958 und für 19 503,75 DM seit dem 1. Oktober 1958. Weiter bittet die Beklagte um Verurteilung der Klägerin zur Rückzahlung der Prozeßkosten in Höhe von 1568,01 DM nebst 4 % Zinsen seit dem 1. August 1958. Die Revision der Beklagten führte zur Aufhebung und Zurückverweisung.

Aus den Gründen:

I. Das Landesarbeitsgericht ist davon ausgegangen, daß der zwischen den Parteien am 7. Juli 1956 abgeschlossene Vertrag nicht deshalb rechtsunwirksam ist, weil die Klägerin sich bei dem Abschluß des Vertrages durch ihre Manager als rechtsgeschäftliche Vertreter hat vertreten lassen.

Die gegen diese Rechtsansicht des Landesarbeitsgerichts geäußerten Bedenken der Beklagten greifen nicht durch.

Zwar bestimmt § 2 Abs. 2 der Tarifordnung für Filmschaffende vom 19. August 1943 (RABl. 1943, Teil IV, S. 628), daß die Filmschaffenden die Verträge persönlich abzuschließen haben, sich jedoch hierbei beraten lassen können. Nach dieser Vorschrift der Tarifordnung ist es sonach den Filmschaffenden verwehrt, sich bei Abschluß ihrer Filmverträge rechtsgeschäftlich vertreten zu lassen. Der Senat hat bereits in der Entscheidung vom 15. November 1957 (BAG 4, 59) im Anschluß an die Entscheidung des Zweiten Senats vom 7. Juli 1955 (BAG 2, 58) ausgeführt, daß die Arbeitsverhältnisse zwischen Filmherstellungsfirmen und Filmschaffenden auch heute noch der Tarifordnung für Filmschaffende vom 19. August 1943 unterstehen. Diese Tarifordnung ist weder durch einen Tarifvertrag verdrängt (§ 9 Abs. 1 TVG) noch nach § 9 Abs. 2 des Tarifvertragsgesetzes aufgehoben worden. Trotz der grundsätzlichen Weitergeltung der Tarifordnung für Filmschaffende ist aber hinsichtlich jeder einzelnen Bestimmung dieser Tarifordnung zu prüfen, ob sie etwa deshalb rechtsunwirksam ist, weil sie typisch nationalsozialistische Gedanken enthält oder weil sie sonst mit den allgemeinen Grundsätzen des geltenden Rechts unvereinbar ist.

Gegen die Bestimmung, daß die Filmschaffenden sich bei dem Abschluß ihrer Verträge nicht durch einen rechtsgeschäftlich Bevollmächtigten vertreten lassen können, hat der Senat bereits in der Entscheidung vom 15. November 1957 erhebliche Bedenken angedeutet. Aus Anlaß des vorliegenden Rechtsstreits hat der Senat diese Bestimmung noch einmal genau und grundsätzlich geprüft. Er ist dabei zu dem Ergebnis gekommen, daß diese Bestimmung, die ganz allgemein den Filmschaffenden die Hinzuziehung eines bevollmächtigten Vertreters beim Vertragsabschluß verwehrt, rechtsunwirksam ist. Es ist ein allgemeiner Grundsatz des deutschen Zivilrechts, daß sich jeder Staatsbürger bei dem Abschluß seiner Geschäfte eines von ihm ausgewählten und bestellten Bevollmächtigten bedienen kann. Dieser Grundsatz ist im Zivilrecht selbst nur für wenige sogenannte höchstpersönliche Rechtsgeschäfte im Familienrecht (vgl. § 13 des Ehegesetzes) und im Erbrecht (vgl. §§ 2064, 2274 BGB) durchbrochen. In diesen Fällen ist im Gesetz selbst vorgeschrieben, daß die Handelnden persönlich mitwirken müssen. Im übrigen gilt dies jedoch im Privatrecht und auch im Arbeitsvertragsrecht nicht. Die Tarifordung für Filmschaffende verwehrt es nun ganz grundsätzlich und für alle Fälle dem Filmschaffenden, sich eines solchen Vertreters zu bedienen. Ein solches ganz generelles Verbot, das für alle abzuschließenden Filmverträge gelten soll, steht im Gegensatz zu dem allgemeinen privatrechtlichen Grundsatz der Zulässigkeit einer rechtsgeschäftlichen Vertretung. Dieser Grundsatz ist als eine gesetzliche Regel des BGB anzusehen, die jedenfalls durch eine Rechtsverordnung (wie es die Tarifordnung ist) oder einen Akt der Autonomie der Sozialpartner (Tarifvertrag) nicht beseitigt werden kann. Beim Abschluß von Filmverträgen durch Filmdarsteller handelt es sich keineswegs um solche höchstpersönlichen Rechtsgeschäfte, die eine Ausnahme von dem allgemeinen Grundsatz der Zulassung der Vertretung beim Rechtsgeschäft rechtfertigen könnten. Der Senat hat bereits in der Entscheidung vom 15. November 1957 (BAG 4, 59) ausgeführt, daß ein allgemeines für alle Fälle geltendes Verbot, sich bei einem solchen Rechtsgeschäft eines Vertreters zu bedienen, im einzelnen Fall dazu führen könne, daß dem Filmdarsteller der Abschluß der für ihn wichtigen Verträge unbillig erschwert werde. Der Senat ist auch entgegen den Ausführungen der Revision nicht der Überzeugung, daß die Regelung damit gerechtfertigt werden könnte und daher zulässig wäre, weil sie die Filmschaffenden vor der Gefahr schützen solle, für gleiche Zeitspannen doppelt verpflichtet zu sein. Es ist auch nicht gerechtfertigt, die Zulässigkeit einer rechtsgeschäftlichen Vertretung der Filmschaffenden durch „Manager" deshalb auszuschließen, um so die Filmschaffenden vor einer angeblichen Ausnutzung durch diese Manager zu schützen. Führen die vertraglichen Bindungen zwischen Filmschaffenden und Managern, die der Bevollmächtigung des Managers zugrunde liegen, zu einer von der Rechtsordnung nicht zu billigenden Ausnutzung der Filmschaffenden, so ist der zwischen Filmschaffenden und Managern geschlossene Vertrag nichtig. Damit erlischt auch die erteilte Vollmacht. Dieser von der Rechtsordnung gewährleistete Schutz reicht aus, es bedarf nicht eines in der Unzulässigkeit der Bevollmächtigung bestehenden besonderen Schutzes. Das Verbot widerspricht auch den Prinzipien des in der Bundesrepublik geltenden freiheitlichen Rechtsstaates und dem Recht auf freie Entfaltung der Persönlichkeit, wie es in Art. 2 Abs. 1 des Grundgesetzes zum Ausdruck kommt. Deshalb ist die genannte Bestimmung rechtsunwirksam. Daraus folgt, daß der zwischen den Parteien zustande gekommene Vertrag nicht deshalb rechtsunwirksam ist, weil sich die Klägerin bei dem Abschluß dieses Vertrages ihrer Manager als der von ihr benannten rechtsgeschäftlichen Vertreter bedient hat. Der Entscheidung des Landesarbeitsgerichts ist also insoweit in Übereinstimmung mit den Ausführungen der Revisionsbeantwortung beizutreten.

II. Die Revision rügt weiterhin, daß das Landesarbeitsgericht den Inhalt des zwischen den Parteien zustande gekommenen Vertrages rechtsirrtümlich beurteilt habe und so zur Verurteilung der Beklagten gekommen sei.

Insoweit trägt die Revision zunächst vor, der Vertrag zwischen den Parteien sei nicht rechtswirksam geworden. Er sei dadurch aufschiebend bedingt gewesen, daß der Regisseur Th. zur Übernahme von Regie und Inszenierung des fraglichen Films verpflichtet werde. Die Bedingung sei nicht eingetreten.

Diesen Darlegungen der Revision vermag der Senat nicht beizutreten. Es trifft zwar zu, daß in dem Vertrag zwischen Th. und der Beklagten vom 11. Juni 1956 bestimmte Filme, für die Th. die Regie übernehmen sollte, noch nicht genannt waren. Durch diesen Vertrag allein war also Th. noch nicht zur Regie für den Film „Strafregisterauszug" verpflichtet. Nun hat aber Th. durch seinen Manager der Beklagten am 3. Oktober 1956 ein klares Angebot dahin gemacht, daß er den Film „Strafregisterauszug" als einen der im Rahmenvertrag vom 11. Juni 1956 vorgesehenen Filme inszenieren wolle. Das Schreiben vom 3. Oktober 1956 ist Bestandteil des Schriftsatzes der Beklagten vom 31. Mai 1957 und ist damit ebenso wie dieser Schriftsatz von dem Landesarbeitsgericht in seinem Urteil in Bezug genommen. Es unterliegt damit auch der Beurteilung des Revisionsgerichts. Wenn die Manager Th.'s in diesem Schreiben auf den Film „Strafregisterauszug" und die für diesen Film vorgesehene Drehzeit Bezug nehmen und weiter ausdrücklich erklären, daß Th. ja diesen Film im Hinblick auf die von der Klägerin und der Beklagten getroffene Abrede inszenieren müsse, so kann diese Regelung nur als ein Angebot Th.'s aufgefaßt werden, daß er diesen Film „Strafregisterauszug" auch inszenieren wolle. Zwar ist vom Landesarbeitsgericht nicht festgestellt, ob dieses Angebot des Regisseurs Th., den Film „Strafregisterauszug" zu inszenieren, ausdrücklich oder stillschweigend von der Beklagten angenommen worden ist. Es kann jedoch nach dem Tatbestand und den vom Landesarbeitsgericht bezogenen Schriftsätzen der Parteien kein Zweifel darüber bestehen, daß die Beklagte, die ja unter allen Umständen die Inszenierung des Films „Strafregisterauszug" in Durchführung des mit der Klägerin geschlossenen Vertrages dem Regisseur Th. übertragen wollte, mit diesem Angebot einverstanden war. Nach § 151 BGB kommt der Vertrag durch die Annahme des Antrages zustande, ohne daß diese Annahme dem Antragenden gegenüber erklärt zu werden braucht, wenn eine solche Erklärung nach der Verkehrssitte nicht zu erwarten ist oder der Antragende auf sie verzichtet hat. Unter den hier vorliegenden Umständen — Bindung von Th. durch den Vertrag vom 11. Juni 1956, Verknüpfung des Vertrages zwischen der Klägerin und der Beklagten mit der Übernahme der Regie durch Th. und schließlich ausdrückliche Bezugnahme des Regisseurs Th. auf diesen Vertrag zwischen der Klägerin und der Beklagten in dem von seinen Managern gefertigten Schreiben vom 3. Oktober 1956 — kann es keinem Zweifel unterliegen, daß die Beklagte das Angebot von Th. vom 3. Oktober 1956 angenommen hat.

Der Vertrag ist deshalb, auch wenn er zunächst als aufschiebend bedingter Vertrag anzusehen war, voll wirksam geworden.

Aus Ziff. 1 des Vertrages zwischen der Klägerin und der Beklagten ergibt sich aber, daß die Klägerin für die weibliche Hauptrolle in dem Film „Strafregisterauszug" „unter der Regie von Th." verpflichtet war. Beide Parteien haben also mit Klarheit zum Ausdruck gebracht, daß das Drehen des Films und insbesondere die Mitwirkung der Klägerin in diesem Film mit der tatsächlichen Regieführung durch Th. stehen und fallen sollte. Es steht nun fest, daß es zum Drehen des Films in der vorgesehenen Drehzeit nicht gekommen ist, weil der Regisseur Th. die Regie des Films in der Form des von dem Drehbuchautor J. H. vorgelegten Drehbuchs, zuletzt am 18. Dezember 1956, ablehnte. Das Berufungsgericht ist trotzdem zu einer Verurteilung der Beklagten gekommen. Es hat angenommen, die Beklagte habe die Garantie übernommen, daß Th. den fraglichen Film inszeniere. Daher müsse sie dafür einstehen, daß Th. tatsächlich die Regie führe. Sie müsse im Hinblick auf diese Garantie das Honorar an die Klägerin zahlen, auch wenn es wegen der Weigerung Th.'s nicht zur Verfilmung des vorliegenden Drehbuchs gekommen sei. Dies gelte auch dann, wenn die Beklagte daran, daß Th. die Regiearbeit nicht übernommen habe, kein Verschulden treffe. Zur Begründung hat sich der Vorderrichter weiter darauf berufen, daß die Klägerin nach Ziffer 7 des von ihr mit der Beklagten geschlossenen Vertrages auch berechtigt gewesen sei, Änderungswünsche in bezug auf ihre Rolle vorzubringen, die die Beklagte als Produzent zu berücksichtigen habe. Von diesem Recht habe die Klägerin dadurch Gebrauch gemacht, daß sie sich die künstlerischen Bedenken des Regisseurs Th. gegen das Drehbuch des Autors J. H. zu eigen gemacht habe. Da die Beklagte diesen Änderungswünschen nicht entsprochen habe, müsse sie auch aus diesen Gründen die vorgesehene Vergütung an die Klägerin zahlen.

Der Senat hält diese Gründe des Berufungsgerichts für rechtsirrtümlich.

Die Übernahme einer Garantie und damit die Übernahme einer Haftung auch ohne Verschulden durch einen der beiden Vertragschließenden kann nur dann angenommen werden, wenn der Vertrag insoweit einen klaren ausdrücklichen oder jedenfalls völlig eindeutigen Wortlaut enthält. Hier ist die Mitwirkung Th.'s in der Form zum Gegenstand des Vertrages gemacht worden, daß die Klägerin nur zur Dienstleistung unter der Regie Th.'s verpflichtet war (Ziff. 1) und daß Grundlage des Vertrages war, daß Th. für die Inszenierung des Films verpflichtet wurde (Ziff. 9). Bestimmungen darüber, ob und wie die Beklagte dafür haften sollte, wenn es nicht gelingen würde, Th. zu verpflichten oder zur tatsächlichen Übernahme der Regie zu veranlassen, enthält der Vertrag nicht. Es ist nicht möglich, aus einer solchen Vertragsregelung auf die Übernahme einer Garantie durch die Beklagte und damit auf das Einstehenmüssen auch ohne Verschulden zu schließen. Diese Auslegung des Landesarbeitsgerichts trägt also seine Entscheidung nicht. Die Auslegung unterliegt vielmehr, da die vom Landesarbeitsgericht für richtig gehaltene Auslegung nicht möglich ist oder jedenfalls gegen die anerkannten Auslegungsgrundsätze der §§ 133, 157 BGB verstößt, in vollem Umfange der Nachprüfung durch das Revisionsgericht.

Soweit das Landesarbeitsgericht seine Entscheidung darauf stützt, daß die Klägerin die Änderungswünsche Th.'s zu ihren eigenen gemacht und damit von dem ihr in Ziff. 7 des Vertrages eingeräumten Recht zu Änderungswünschen, die die Beklagte zu erfüllen habe, Gebrauch gemacht habe, ist die Rechtsansicht des Landesarbeitsgerichts deshalb nicht haltbar, weil die Klägerin nach dem vom Landesarbeitsgericht in Bezug genommenen Parteivortrag keinerlei spezialisierte Änderungswünsche gerade hinsichtlich einer Änderung ihrer Rolle vorgebracht, sondern sich nur allgemein mit den Bedenken Th.'s gegen das Drehbuch als solches identifiziert hat. Es fehlt auch jede Feststellung des Landesarbeitsgerichts darüber, daß etwa in der Kritik Th.'s konkrete Änderungswünsche hinsichtlich der Rolle der Klägerin enthalten gewesen seien.

Wenn sonach die Entscheidungsgründe des Landesarbeitsgerichts rechtlich die von ihm getroffene Entscheidung nicht rechtfertigen, so mußte der Senat schon im Hinblick auf §§ 563, 565 ZPO prüfen, ob bereits jetzt eine Endentscheidung in der Sache möglich ist. Eine solche Endentscheidung kann jedoch zur Zeit noch nicht getroffen werden.

III. Der Senat hat erwogen, ob im vorliegenden Fall angesichts des Scheiterns des Films „Strafregisterauszug" die Regeln über das Betriebsrisiko, wie sie der Senat in ständiger Rechtsprechung entwickelt hat (vgl. BAG 3, 346), anzuwenden sind. Zu einer solchen Nachprüfung bestand um so mehr Anlaß, als weder der Vorderrichter noch die Parteien dieses Rechtsstreits sich mit dem § 13 der Tarifordnung für Filmschaffende hinreichend beschäftigt haben. Läge ein Fall einer Behinderung der Firma im Sinne des § 13 TO vor, so würde dann, wenn die Beklagte diese Behinderung zu vertreten, d. h. hier verschuldet hätte, die Klägerin grundsätzlich den Anspruch auf die vereinbarte Vergütung haben (§ 13 Abs. 1). Das gleiche würde gelten, wenn die Behinderung der Firma zwar von ihr nicht zu vertreten ist, es sich jedoch um eine langfristige Unterbrechung oder um eine Aufgabe des Produktionsvorhabens handelt (§ 13 Abs. 2). Ein solcher Fall einer langfristigen Unterbrechung könnte an sich hier vorliegen, zumal die Beklagte selbst in dem Schreiben vom 19. Dezember 1956 an die Manager der Klägerin und des Regisseurs erklärt hatte, die Verfilmung des Stoffes „Strafregisterauszug" werde nunmehr solange verschoben werden müssen, daß die für die Zeit vom 1. Februar 1957 bis 31. März 1957 vorgesehenen Dreharbeiten nicht stattfinden könnten. Sonach könnte auf den ersten Blick § 13 Abs. 2 der Tarifordnung angewendet werden, mit der Folge, daß die Klägerin den Anspruch auf die vereinbarte Vergütung hat, und zwar auch dann, wenn die Beklagte die Nichtgewinnung des Regisseurs Th. für die Inszenierung und damit die langfristige Unterbrechung oder gar Aufgabe des Filmvorhabens nicht verschuldet hätte.

Der Senat ist jedoch zu dem Ergebnis gekommen, daß § 13 Abs. 2 der Tarifordnung im vorliegenden Fall nicht zur Anwendung kommt. Gerade weil § 13 Abs. 2 der Tarifordnung offensichtlich das Betriebsrisiko für den Fall regeln will, daß das Scheitern der Produktion des bestimmten Films in der Sphäre, d. h. allein in dem Wirkungskreis der Produktionsfirma liegt, kann die Bestimmung, die die Anwendbarkeit der allgemeinen Grundsätze über die Tragung des Betriebsrisikos durch den Arbeitgeber gedanklich voraussetzt, hier nicht angewendet werden.

Die Parteien haben hier die Gewinnung des Regisseurs Th. für den Film und seine tatsächliche Mitwirkung in dem Film in einer Weise zum Inhalt ihrer vertraglichen Beziehungen gemacht, die es ausschließt, im Hinblick auf das Nichterreichen dieser Mitwirkung die allgemeinen Grundsätze über die Tragung des Betriebsrisikos durch den Arbeitgeber anzuwenden. Die Gewinnung von Th. als Regisseur war, gleichgültig ob seine vertraglich vorgesehene Heranziehung in erster Linie im Interesse der Klägerin oder der Beklagten angeregt worden ist, eine Angelegenheit des beiderseitigen Interesses, d. h. sowohl des Interesses der Beklagten wie des Interesses der Hauptdarstellerin, der Klägerin. Beide Parteien hielten im Interesse des Gelingens des Films, des künstlerischen Erfolges und der beiderseitigen erfolgreichen Zusammenarbeit die Mitwirkung von Th. als Regisseur für entscheidend. Die Klägerin insbesondere war nach dem mit ihr geschlossenen Vertrag nur gehalten, die Hauptrolle unter der Regie von Th. zu spielen. Sie konnte jede Mitwirkung ablehnen, wenn Th. die Regie nicht tatsächlich führte. Die Beklagte war nicht berechtigt, statt Th.'s einen anderen Regisseur einzusetzen. Scheitert in einem solchen Fall die Mitwirkung des beiderseits in Aussicht genommenen Regisseurs und soll nach dem Vertragsinhalt gerade dieser Regisseur, nicht auch bei dessen Ausfall ein anderer Regisseur die Regie übernehmen, so kann nicht davon gesprochen werden, daß ein solches Ereignis nur in der Sphäre, nur im Bereich der Produktionsfirma eingetreten ist; ebensowenig kann aber andererseits die umgekehrte Feststellung getroffen werden, daß es sich um eine Behinderung nur im Bereich der Hauptdarstellerin handele. Haben beide Parteien übereinstimmend gerade einen bestimmten Regisseur, der nicht ersetzt werden kann, vorgesehen und die Durchführung des Filmvorhabens gerade von der Mitwirkung dieses Regisseurs abhängig gemacht, so liegt, wenn dieser Regisseur nicht mitwirkt, ein Hinderungsgrund vor, der nach der Natur der Sache sowohl in der Sphäre der Produktionsfirma wie in der Sphäre der Hauptdarstellerin liegt. Die Entscheidung des Rechtsstreits kann daher nicht aus den Regeln des Betriebsrisikos und damit nicht aus § 13 Abs. 2 der Tarifordnung gewonnen werden. Auch § 13 Abs. 1 der Tarifordnung ist danach nicht anwendbar, weil es sich eben nicht nur um eine Behinderung der Firma im Sinne dieser Bestimmung handelt.

Auch die Regelung des Annahmeverzuges, insbesondere § 615 BGB, führt nicht dazu, daß die Klägerin bereits jetzt die von ihr verlangte Vergütung für den Film so verlangen kann, als hätte sie an diesem Film mitgewirkt und die ihr übertragene Hauptrolle gespielt. Die Klägerin war nur für einen Film unter der Regie von Th. engagiert. Diese Leistung, die sie nach dem mit ihr geschlossenen Vertrag schuldete, konnte von ihr infolge der Weigerung des Regisseurs, das Drehbuch in der vorliegenden Form zu verfilmen, nicht erbracht werden. Damit entfällt ein Annahmeverzug der Beklagten im Sinne des § 615 BGB.

Die Lösung des Rechtsstreits muß daher, nachdem weder die Regelungen über das Betriebsrisiko noch die über den Annahmeverzug zu einer Entscheidung führen können, aus den allgemeinen Regeln des BGB über die Unmöglichkeit der Leistung gefunden werden. Danach kommt es entscheidend darauf an, ob die Unmöglichkeit von einer der beiden

Parteien im Sinne eines Verschuldens zu vertreten ist oder ob keine der Parteien für die Unmöglichkeit haftbar gemacht werden kann.

Dabei ist vorweg entscheidend zu berücksichtigen, daß nach dem Sinn und Zweck des Vertrages beide Parteien zusammenarbeiten mußten, um die Regie von Th. zu ermöglichen. Beide Parteien mußten also insbesondere ihren Einfluß auf Th. geltend machen, damit dieser Regie und Inszenierung übernahm. Allerdings trifft dabei die Hauptverpflichtung die Beklagte. Sie mußte in erster Linie alles tun, um Th. für die Regie zu gewinnen. Sie mußte sich nach besten Kräften und mit vollem Einsatz bemühen, nicht nur Th. zu verpflichten, wie sie dies durch den Rahmenvertrag vom 11. Juni 1956 und die Annahme der Erklärung Th.'s vom 3. Oktober 1956 getan hat, sondern sie mußte auch alles ihr Mögliche tun, damit Th. tatsächlich die Regie bei dem Abdrehen des Films „Strafregisterauszug" übernahm.

Die Mitwirkung Th.'s und damit die Dreharbeiten sind unterblieben, weil Th. gegen das Drehbuch in der vorliegenden Form künstlerische Bedenken hatte und deshalb die Mitwirkung ablehnte. In dem Vertrag zwischen der Beklagten und dem Regisseur Th. ist zwar nicht ausdrücklich bestimmt, daß Th. hinsichtlich der Form des Drehbuchs Änderungswünsche geltend machen konnte und daß die Beklagte gehalten war, diesen Änderungswünschen des Regisseurs Rechnung zu tragen. Der Senat steht jedoch auf dem Standpunkt, daß bei Auslegung eines Regievertrages für einen Film nach Treu und Glauben und im Hinblick auf die notwendige Rücksichtnahme auf das künstlerische Gewissen des Regisseurs berechtigten künstlerischen Bedenken gegen das von ihm als Film zu inszenierende Drehbuch im Rahmen des Zumutbaren Rechnung getragen werden muß. Jedenfalls kann, wenn nicht eindeutig etwas anderes bestimmt ist, auch der durch einen Regievertrag bereits gebundene Regisseur nicht gezwungen werden, seinen berechtigten oder jedenfalls vertretbaren künstlerischen Bedenken zuwider die Regie tatsächlich zu führen.

Wenn aber Meinungsverschiedenheiten zwischen Drehbuchautor und Regisseur auftauchen, ist es jedenfalls in erster Linie notwendig, daß der Produzent nach besten Kräften bemüht ist, diese Meinungsverschiedenheiten auszugleichen, um so zu einer gedeihlichen Zusammenarbeit zwischen Regisseur und Drehbuchautor zu kommen.

Die Feststellungen des Berufungsurteils darüber, ob die beklagte Produktionsfirma diese von ihr zu fordernden Bemühungen in dem vollen zumutbaren Umfang durchgeführt hat, reichen nicht aus. Das Berufungsgericht brauchte allerdings von seinem Standpunkt aus diese Frage nicht zu erörtern, da es eine Garantie der Beklagten für die Gewinnung von

Th. und damit eine Haftung der Beklagten auch ohne Verschulden angenommen hat. Da diese Rechtsansicht des Berufungsgerichts nicht durchgreift und da andererseits eine abschließende Entscheidung im Hinblick auf den noch aufklärungsbedürftigen Sachverhalt nicht möglich ist, mußte das angefochtene Urteil aufgehoben und der Rechtsstreit zur erneuten Verhandlung und Entscheidung an das Landesarbeitsgericht zurückverwiesen werden.

Bei der nunmehr vorzunehmenden weiteren Aufklärung des Sachverhalts wird das Landesarbeitsgericht, notfalls unter Anwendung des § 139 ZPO, genauere Feststellungen darüber zu treffen haben, wann Th. das Drehbuch des Autors erhalten hat, ob dies insbesondere vor oder nach dem Schreiben der Manager Th.'s vom 3. Oktober 1956 gewesen ist. Auf diese Feststellungen könnte es ankommen, weil es nicht unerheblich ist, ob Th. sich in Kenntnis des ihm vorliegenden Drehbuchs des Autors zur Regieübernahme des Films „Strafregisterauszug" entschlossen hat oder ob er diesen Entschluß gefaßt hat, bevor er das Drehbuch kannte. Das Landesarbeitsgericht wird nähere Feststellungen darüber zu treffen haben, wann und wem gegenüber Th. erstmals Bedenken gegen das Drehbuch in der vorliegenden Form geäußert hat, welche Bedenken dies im einzelnen waren, ob Bedenken von ihm in einer Form geäußert sind, die eine sachliche Bearbeitung und einen Ausgleich der verschiedenen Auffassungen ermöglichten, und welches Ergebnis zwischen den Beteiligten geführte mündliche oder schriftliche Verhandlungen über aufgetretene Meinungsverschiedenheiten hatten. Weiter wird das Landesarbeitsgericht zu prüfen haben, ob die Beanstandungen Th.'s sachlich berechtigt, jedenfalls aber vertretbar erscheinen. Vor allem ist zu prüfen, was die Beklagte unternommen hat, als sie von den künstlerischen Bedenken Th.'s gegen das Drehbuch in der vorliegenden Form erfuhr, insbesondere, welche Anstrengungen die Beklagte gemacht hat, um die aufgetretenen Spannungen zwischen Th. und H. zu beseitigen. Insoweit kann es auf den vom Vorderrichter nicht berücksichtigten Beweisantrag, den die Klägerin in ihrem Schriftsatz vom 16. Mai 1957 gestellt hat, ankommen. Es muß also festgestellt werden, ob tatsächlich am 5. Dezember 1956 eine persönliche Besprechung zwischen Th. und H. für den 17. Dezember 1956 zur Bereinigung der zwischen beiden bestehenden verschiedenen Auffassungen vereinbart war und ob die Beklagte veranlaßt hat, daß diese Reise von Th. zu H. und diese Besprechung unterblieb. Es wird dabei auch der Brief H.'s an Th. vom 13. Dezember 1956 zu würdigen und zu prüfen sein, ob die Beklagte nach Kenntnis von diesem Brief etwas getan hat, um Th. zu veranlassen, sich mit H. nochmals auseinanderzusetzen. Schließlich wird das Landesarbeitsgericht festzustellen haben, welches Ergebnis die Besprechung vom 18. Dezember 1956 zwischen der Beklagten, der Klägerin und Th. gehabt hat. Auch wird zu prüfen sein, welche Erklärungen die Klägerin selbst in dieser Besprechung oder im Zusammenhang mit dieser Besprechung abgegeben hat. Schließlich wird das Landesarbeitsgericht noch aufzuklären haben, ob die Beklagte nach der Besprechung am 18. Dezember noch Schritte zu einer Umstimmung Th.'s angekündigt, unternommen oder unterlassen hat. Dabei wird es auch darauf ankommen, ob die Herstellung eines Drehbuchs unter Berücksichtigung der Anregungen von Th., soweit sie berechtigt waren, bis zum vorgesehenen Drehbeginn noch möglich war und von Th. und der Klägerin noch erwartet wurden. In diesem Zusammenhang gewinnt auch die Frage Bedeutung, wie sich die Klägerin und Th. nach der Besprechung vom 18. Dezember 1956 verhalten haben, ob die Klägerin auf den an ihre Manager gerichteten Brief der Beklagten vom 19. Dezember 1956 etwas veranlaßt hat und ob sie insbesondere zu erkennen gegeben hat, daß sie mit den Dreharbeiten in der Zeit vom 1. Februar bis 31. März 1957 noch rechnete. Das Verhalten der Klägerin insoweit ist auch deshalb zu berücksichtigen, weil auch sie — wie bereits erwähnt — verpflichtet war, ihren Einfluß dafür einzusetzen, daß Th. die Regie tatsächlich übernahm.

Die Klägerin hat im Rechtsstreit auch vorgetragen, die Beklagte habe Th. auf Grund des mit ihm zustande gekommenen Vertrages zwingen müssen, das Drehbuch zu verfilmen, sofern seine Bedenken nicht berechtigt gewesen seien. Gegen das Bestehen einer solchen Rechtspflicht hegt der Senat jedoch Bedenken. Einmal erscheint es — wie bereits erwähnt — zweifelhaft, ob ein Regisseur gerichtlich gezwungen werden kann, ein Drehbuch gegen seine künstlerische Überzeugung zu verfilmen, zum anderen wäre eine Vollstreckung eines etwa ergehenden Urteils nach § 888 Abs. 2 ZPO dahin, daß der Regisseur zur tatsächlichen Führung der Regie durch Beugestrafen anzuhalten ist, nicht möglich. Der Senat ist der Überzeugung, daß die Beklagte zwar alles tun mußte, um berechtigte Bedenken Th.'s zu berücksichtigen, daß sie aber nicht gezwungen war, Th., wenn sie seine Bedenken für unberechtigt hielt, unter Zuhilfenahme der Gerichte zur Erfüllung des mit ihm geschlossenen Vertrages zu zwingen. Das gilt um so mehr, als die Klägerin ja die künstlerischen Bedenken Th.'s teilt.

Je nach dem Ergebnis der noch vorzunehmenden Beweisaufnahme wird das Landesarbeitsgericht zu der Feststellung kommen müssen, daß entweder die Beklagte a l l e s ihr Zumutbare nach besten Kräften getan hat, um Th. für die Regie und Inszenierung des Films tatsächlich zu gewinnen, daß sie also insoweit das Äußerste ihr Zumutbare getan hat, gleichwohl aber mit ihren Bemühungen keinen Erfolg gehabt hat. In diesem Fall ist die Klage mangels jeden Verschuldens der Beklagten abzuweisen. Sollte aber das Landesarbeitsgericht zu der Feststellung kommen, daß die Beklagte nicht alles getan hat, um den Film, wie vorgesehen, drehen zu lassen, daß sie noch vorhandene und ihr zumutbare Ausgleichsmöglichkeiten zwischen Th. und H. nicht restlos ausgeschöpft, daß sie insbesondere die erwähnte, vorgesehene nochmalige Besprechung zu Unrecht abgesagt oder verhindert oder sonst etwas noch Mögliches unterlassen hat, um zum Ziele zu kommen, so würde die Beklagte unter dem Gesichtspunkt des Schadenersatzes (§ 325 BGB) haften. Dabei wird aber dann die Frage eines Mitverschuldens der Klägerin (§ 254 BGB) und eine etwa daraus folgende Minderung des Ersatzanspruchs zu prüfen sein.

4

Ist an einem gesetzlichen Wochenfeiertag schlechtes Wetter, so entfällt der Anspruch des Bauarbeiters auf Fortzahlung seines Lohnes nur dann, wenn der Arbeitgeber rechtzeitig vorher — und nicht nur für den Feiertag — den Ausfall der Arbeit wegen schlechten Wetters angeordnet hatte.

Feiertagslohnzahlungsges. Berlin § 1.

II. Senat. Urteil vom 12. 11. 1958 i. S. G. (Bekl.) w. B. u. a. (Kl.)
2 AZR 427/57.

I. Arbeitsgericht Berlin. — II. Landesarbeitsgericht Berlin.

Der Beklagte betreibt in Berlin das Baugewerbe. Bei ihm waren die Kläger in einer Maurer-Akkordkolonne tätig. In der Bußtagswoche 1956 trat Frost ein. Am Montag, dem 19. November 1956, war deshalb — jedenfalls nach der Behauptung des Beklagten — die Arbeit gehemmt. Am Dienstag, dem 20. November 1956, entließ der Beklagte die Kläger bereits gegen 14 Uhr, und zwar, wie er behauptet, wegen des Frostes, während die Kläger behaupten, daß die vorzeitige Arbeitsbeendigung vor Feiertagen üblich gewesen sei. Am Mittwoch, dem 21. November 1956, war Bußtag. Der Bußtag ist nach § 1 Nr. 7 des Berliner Gesetzes über die Feiertage vom 14. Dezember 1949 (VOBl. S. 496) gesetzlicher Feiertag. Am Bußtag herrschte nach der Behauptung des Beklagten eine Kälte von mindestens 6°. Die Kläger arbeiteten an diesem Tage nicht, der Beklagte zahlte ihnen für diesen Tag auch keinen Lohn. Am darauffolgenden

Donnerstag, dem 22. November 1956, entließ der Beklagte die Kläger, als sie zur Arbeit erschienen, so daß die Kläger in der Folgezeit Arbeitslosenunterstützung bekamen.

Die Kläger verlangen von dem Beklagten die Zahlung ihres Lohnes für den Bußtag.

Beide Vorinstanzen haben die Klage aus dem Berliner Gesetz über die Lohnzahlung an Feiertagen vom 22. Juli 1950 (VOBl. 50, 317) für unbegründet gehalten.

Das BAG hat das Urteil des LAG aufgehoben und die Sache zur anderweiten Verhandlung und Entscheidung zurückverwiesen.

Aus den Gründen:

Ist an einem Wochenfeiertag schlechtes Wetter, so schließt das weder den Anspruch des Bauarbeiters auf Bezahlung schlechthin aus, noch bleibt es schlechthin ohne Einfluß auf seinen Lohnanspruch.

Nach § 3 Ziff. 7 der — jedenfalls in Berlin noch weitergeltenden — Reichstarifordnung (RTO) für das Baugewerbe vom 1. November 1941 (Reichsarbeitsbl. IV, S. 1592) ist der Lohnanspruch des Bauarbeiters ausgeschlossen, wenn der Arbeitgeber wegen schlechter Witterung nicht arbeiten läßt. Ob ungünstiges Wetter, wie etwa starker Frost oder erheblicher Dauerregen, der Arbeit des Bauarbeiters entgegensteht, ist nicht ein für allemal von vornherein für jede betriebliche Situation zu entscheiden. Auch das Baugewerbe umfaßt Arbeiten, die trotz ungünstigen Wetters sehr wohl verrichtet werden können. Ob das im Einzelfall möglich und zweckmäßig ist, entscheidet (jedenfalls nach der hier maßgebenden RTO) der Bauunternehmer. Auf Grund seiner Leitungsbefugnis kann er seinen Bauarbeitern andere Arbeiten zuweisen, die vom Wetter unabhängig sind. Deshalb erscheinen die Bauarbeiter auch in der Regel auf der Baustelle, obgleich das Wetter ungünstig ist. So haben sie es hier auch am Dienstag, dem 20. November 1956, und am Donnerstag, dem 22. November 1956, getan. Es würde auch nicht gut angehen, wenn die Bauarbeiter es von sich aus bei schlechtem Wetter einfach unterließen, sich zur Verfügung zu halten, denn dann nähmen sie der Baubetriebsleitung die Möglichkeit des Einsatzes für Arbeiten, die vom ungünstigen Wetter nicht berührt werden. Es ergibt sich mithin: Nicht schon das schlechte Wetter allein reicht aus, den Bauarbeiter am Verdienen zu hindern. Hinzukommen muß vielmehr noch eine Entscheidung der Betriebsleitung, daß der Bauarbeiter wegen des schlechten Wetters nicht arbeiten soll. Erst diese betriebsleitende Entscheidung hat die rechtsgestaltende Wirkung, daß der

Arbeitnehmer wegen schlechten Wetters nicht zu arbeiten braucht und seinen Lohn nicht erhält.

Dieser Grundsatz muß auch gelten, wenn ungünstiges Wetter gerade auf einen Wochenfeiertag fällt. Auch dann kann das ungünstige Wetter allein nicht den Lohnanspruch des Bauarbeiters zunichte machen und dem Arbeitgeber den Vorteil bringen, die Feiertagsbezahlung zu sparen. Vielmehr muß die rechtzeitige betriebsleitende Entscheidung des Arbeitgebers, daß der Bauarbeiter wegen des ungünstigen Wetters nicht arbeiten solle, hinzukommen. Daß der Arbeitgeber sich nachträglich auf das ungünstige Wetter beruft, um sich der Feiertagsbezahlung zu entziehen, geht nicht an. Er muß sich vielmehr von vornherein für die eine oder die andere Möglichkeit entscheiden. Trifft der gesetzliche Wochenfeiertag in eine Periode ungünstigen, die Bauarbeiten behindernden Wetters, und hat der Arbeitgeber erklärt, daß seine Bauarbeiter für die Dauer dieser Witterungsperiode nicht arbeiten sollen, so trifft das natürlich auch für die Wochenfeiertage zu, die in diese Periode fallen. In einem solchen Fall unterbleibt die Arbeit dann nicht wegen des Feiertages, sondern wegen des ungünstigen Wetters und der diesem Rechnung tragenden Entscheidung des Arbeitgebers. Dann entfällt die Feiertagsbezahlung. Ist aber zufällig gerade an dem gesetzlichen Wochenfeiertag ungünstiges Wetter, und kann der Arbeitgeber daher seine Entscheidung nicht mehr rechtzeitig seinen Bauarbeitern bekanntgeben, so scheidet das ungünstige Wetter als Grund für das Unterbleiben der Arbeit aus. In diesem Fall ruht die Arbeit nur wegen des gesetzlichen Feiertages. Dann bleibt trotz schlechten Wetters der Anspruch auf Feiertagsvergütung bestehen.

Eine vernünftige Durchführung dieser Grundsätze verwehrt dem Arbeitgeber auch die Möglichkeit, das Recht der betriebsleitenden Entscheidung zu mißbrauchen. Er würde das tun, wenn die ungünstige Witterung ihm Anlaß gäbe, gerade nur an dem gesetzlichen Feiertag der Witterung wegen die Arbeit ausfallen zu lassen, an den angrenzenden Werktagen dagegen nicht. Eine solche Anordnung wäre innerlich unglaubhaft; sie würde gegen den Sinn des Gesetzes über die Lohnzahlung an Feiertagen verstoßen und daher rechtsunwirksam sein.

Die für die Auslegung dieser Rechtsgrundsätze erforderlichen tatsächlichen Feststellungen sind vom Landesarbeitsgericht nicht getroffen worden. Es mußte daher die Aufhebung des Urteils und die Zurückverweisung der Sache an das Landesarbeitsgericht erfolgen. Das Landesarbeitsgericht wird also zu prüfen haben, ob am Dienstag vor Bußtag der Beklagte den Ausfall der Arbeit für den Rest des Dienstages und die Folgezeit wegen schlechten Wetters angeordnet hat, ob gegebenenfalls, wenn er lediglich den Schlechtwetterausfall für Bußtag angeordnet haben sollte, eine solche Anordnung innerlich glaubhaft und beachtlich wäre. Weiter ist angezeigt zu prüfen, wie im Betrieb des Beklagten sich üblicherweise Schlechtwetter ausgewirkt hat und ob die Arbeiter üblicherweise trotz schlechten Wetters zur Arbeit erschienen sind. Schließlich wird das Landesarbeitsgericht auch in den Kreis seiner Ermittlung die Frage mit einzubeziehen haben, ob die Bauarbeiter des Beklagten bei Arbeitsausfall infolge schlechten Wetters aus betrieblichen oder tariflichen Einrichtungen Ausgleichszahlungen erhalten und unter welchen Voraussetzungen derartige Zahlungen zu erbringen sind, weil hieraus wieder ein Rückschluß zulässig ist, ob der Beklagte ernstlich den Arbeitsausfall infolge schlechten Wetters angeordnet hatte.

5

1. Bei der Kündigungsschutzklage mit einem Klageantrag nach näherer Maßgabe des § 3 Satz 1 KSchG ist Streitgegenstand die Frage, ob ein Arbeitsverhältnis aus Anlaß einer ganz bestimmten Kündigung zu dem von dieser Kündigung gewollten Termin aufgelöst ist oder nicht.

2. Will ein Arbeitgeber, mit dem ein Arbeitnehmer im Wege der Kündigungsschutzklage darüber streitet, ob sein Arbeitsverhältnis aus Anlaß einer ganz bestimmten Kündigung zu dem von dieser Kündigung gewollten Termin endet oder nicht, die Beendigung des Arbeitsverhältnisses zu demselben Termin aus einer späteren Kündigung herleiten, so muß er das zur Vermeidung der Präklusion geltend machen. In dem Kündigungsschutzprozeß ist im Fall der Annahme der Unwirksamkeit der ersten Kündigung darüber zu befinden, ob nicht die spätere Kündigung das Arbeitsverhältnis zu demselben Termin beendet hat.

3. Die Präklusion tritt jedoch nicht ein, wenn der Arbeitgeber die Beendigung des Arbeitsverhältnisses aus der späteren Kündigung in dem fraglichen Kündigungsschutzverfahren geltend gemacht hat, das Gericht es aber eindeutig und ausdrücklich abgelehnt hat, dieserhalb zu entscheiden.

KSchG § 3 Satz 1, §§ 1, 6; ZPO § 322; BGB § 138 Abs. 1.

II. Senat. Urteil vom 13. 11. 1958 i. S. Sch. (Kl.) w. F. H. (Bekl.)
2 AZR 573/57.

I. Arbeitsgericht Frankfurt/Main. — II. Landesarbeitsgericht Frankfurt/Main.

Der Kläger war vom 1. Mai 1935 bis zum Zusammenbruch im Jahre 1945 bei der IG angestellt. Seit dem 6. Juli 1953 war er bei der

Beklagten, einem Nachfolgeunternehmen der IG, als Mitarbeiter des Vorstandsmitgliedes für Finanz- und Rechnungswesen beschäftigt, wobei sein Eintrittsdatum bei der Beklagten auf den 1. Mai 1937 festgelegt wurde.

In einer Routinesitzung bei der Beklagten vom 16. August 1954 hatte der bei der Beklagten tätige Oberingenieur W. gegen eine Verwendung des Klägers in einer bestimmten Vertrauensstellung Bedenken geäußert. Der Kläger, dem Einzelheiten der gegen ihn geäußerten Bedenken bekannt wurden, fühlte sich dadurch in seiner Ehre angegriffen, und er verlangte deshalb von W. bestimmte Ehrenerklärungen und Auskünfte. Die ihm von W. durch Vermittlung der Beklagten angebotenen Erklärungen wies er als ungenügend zurück. Er erhob vor dem Landgericht Frankfurt gegen W. eine Klage, in der er von diesem den Widerruf bestimmter Äußerungen, ferner bestimmte Auskünfte begehrt und Feststellung dahin beantragt hat, daß W. verpflichtet ist, ihm den Schaden zu ersetzen, der ihm aus bestimmten Äußerungen W.'s entstanden ist. Mit der Begründung, daß der Kläger in dieser Angelegenheit mit der Ablehnung der Vermittlungsversuche der Beklagten eine vertrauensvolle Zusammenarbeit unmöglich gemacht habe und der Kläger durch sein Verhalten den Betriebsfrieden gefährde, kündigte die Beklagte dem Kläger mit Schreiben vom 15. Februar 1956, dem Kläger zugegangen am 18. Februar 1956, zum 30. September 1956. Vor dieser Kündigung hatte sie den Betriebsrat nicht gehört. Sie holte die Anhörung des Betriebsrates nach und richtete an den Kläger am 21. Februar 1956 folgendes Schreiben:

> „Im Nachgang zu unserem Kündigungsschreiben vom 15. Februar 1956 teilen wir mit, daß der Betriebsrat zu Ihrer Kündigung gehört worden ist.
>
> Wir wiederholen hiermit die Kündigung vom 15. Februar 1956 mit dem vollen Wortlaut des in Abschrift nochmals angefügten Schreibens."

Mit einer am 8. März 1956 beim Arbeitsgericht eingegangenen Klage hat der Kläger beantragt festzustellen, daß sein Arbeitsverhältnis bei der Beklagten durch die Kündigung vom 15. Februar 1956 nicht beendet worden ist. Er hat im einzelnen geltend gemacht, die Kündigung sei grob sozial ungerechtfertigt. Wegen Parteinahme der Beklagten zugunsten des W. sei sie sittenwidrig, verstoße sie deshalb auch gegen das Grundrecht des Art. 2 GG und sei sie daher gesetzwidrig im Sinne von § 134 BGB. Sie verstoße auch gegen § 51 BetrVG und gegen bestimmte Vorschriften der Arbeitsordnung der Beklagten.

Das Arbeitsgericht hat die Klage abgewiesen, das Landesarbeitsgericht hat durch Urteil vom 7. Dezember 1956 unter Abänderung des arbeitsgerichtlichen Urteils festgestellt, daß das Arbeitsverhältnis durch die Kündigung vom 15. Februar 1956 nicht aufgelöst ist. Zur Begründung hat es ausgeführt, die Unterlassung der gemäß § 66 Abs. 1 BetrVG gebotenen vorherigen Anhörung des Betriebsrates mache die Kündigung vom 15. Februar 1956 unwirksam. Es hat weiter ausgeführt, in dem Schreiben der Beklagten vom 21. Februar 1956 sei eine erneute Kündigung zu erblicken. Diese könne aber bei der Entscheidung außer Betracht bleiben, weil der Kläger hinsichtlich dieser Kündigung keine Anträge gestellt und die Möglichkeit habe, diese Kündigung gemäß § 11 Abs. 3 KSchG noch wegen Sittenwidrigkeit anzugreifen.

Der Kläger hat Anfang 1957 gegen die Beklagte Klage auf Zahlung seines Gehaltes für die Zeit nach dem 30. September 1956 erhoben und zuletzt Gehaltszahlung im Gesamtbetrag von 6250,— DM für die Zeit von Oktober 1956 bis Februar 1957 einschließlich nebst entsprechenden Zinsen verlangt. Er hat dazu geltend gemacht, das Schreiben der Beklagten vom 21. Februar 1956 enthalte keine Kündigung. Jedenfalls sei eine etwaige Kündigung aus den gleichen Gründen unwirksam, die er schon im Vorprozeß gegenüber der Kündigung vom 15. Februar 1956 geltend gemacht hatte.

Der Kläger ist mit seiner Klage in den beiden Vorinstanzen unterlegen. Seine Revision führte zur Aufhebung und Zurückverweisung der Sache an die Vorinstanz.

Aus den Gründen:

I. Als Anspruchsgrundlage für die Berechtigung des Gehaltszahlungsbegehrens des Klägers für die Monate Oktober 1956 bis Februar 1957 ist, was das Landesarbeitsgericht nicht ausdrücklich erörtert hat, § 615 Satz 1 BGB in Betracht zu ziehen, wonach ein Dienstverpflichteter die vereinbarte Vergütung nach näherer Maßgabe des § 615 Satz 2 BGB, § 9 KSchG verlangen kann, wenn der Dienstberechtigte mit der Annahme der Dienste in Verzug kommt. Von einem „Dienstverpflichteten" und „Dienstberechtigten" und von einem „Annahmeverzug des Dienstberechtigten" im Sinne des § 615 Satz 1 BGB kann ebenso wie von einem „Gläubiger", „Schuldner" und einer „Leistung" im Sinne der Gesamtregelung der §§ 293 ff. BGB nur gesprochen werden, wenn ein Arbeitsverhältnis in der fraglichen Zeit zwischen den Parteien bestand, dessen Erfüllung durch den Schuldner an dem Verhalten des Gläubigers scheitert. Demnach ist die Berechtigung des Klagebegehrens davon abhängig, ob für die hier in Rede stehende Zeit vom Oktober 1956 bis Februar 1957 einschließlich noch ein Arbeitsverhältnis zwischen den Parteien bestand und ob der Kläger die Beklagte nach näherer Maßgabe der §§ 293 ff. BGB in Annahmeverzug gesetzt hat.

II. 1. Das Urteil des Landesarbeitsgerichts vom 7. Dezember 1956 hat festgestellt, daß das Arbeitsverhältnis durch die Kündigung vom 15. Februar 1956 zum 30. September 1956 nicht aufgelöst ist. Gegenüber dem vorliegenden Zahlungsbegehren des Klägers beruft sich die Beklagte darauf, das Arbeitsverhältnis der Parteien sei auf Grund einer Kündigung vom 21. Februar 1956 zum 30. September 1956 doch aufgelöst worden.

2. Bei dieser Streitlage ist aus prozeßrechtlichen Gründen vorweg klarzustellen, ob zwischen den Parteien durch das Urteil des Landesarbeitsgerichts bereits rechtskräftig darüber entschieden worden ist, daß das Arbeitsverhältnis zum 30. September 1956 auch nicht durch eine Kündigung vom 21. Februar 1956 aufgelöst worden ist. Wäre das der Fall, so dürfte auch für die Frage, ob sich das jetzige Zahlungsbegehren des Klägers aus dem Gesichtspunkt des Annahmeverzuges der Beklagten rechtfertigt, nur davon ausgegangen werden, daß das Arbeitsverhältnis der Parteien am 30. September 1956 nicht aufgelöst worden ist. Wenn durch das Urteil vom 7. Dezember 1956 rechtskräftig zwischen den Parteien entschieden worden sein sollte, daß zum 30. September 1956 das Arbeitsverhältnis zwischen den Parteien auch nicht durch eine Kündigung vom 21. Februar 1956 aufgelöst worden ist, dann kann auch für das jetzige Zahlungsbegehren des Klägers diese Frage nicht anders beurteilt werden, weil es sich insoweit um die Geltendmachung von Rechtsfolgen aus einem Rechtsverhältnis handelt, über dessen Bestand zwischen den Parteien rechtskräftig entschieden worden ist. Der Sinn der Rechtskraftwirkung ist nicht nur, daß derselbe Klageanspruch nicht mehr Prozeßgegenstand sein kann, sondern darüber hinaus auch, im Interesse des Klärungs- und Friedenszweckes der gerichtlichen Entscheidung, daß die einmal zwischen den Parteien getroffene Entscheidung dann zu achten ist, wenn der dort entschiedene Punkt in einem weiteren Prozeß zwischen den Parteien nur Anspruchsgrundlage ist. Anderenfalls würde trotz der rechtskräftigen Entscheidung ein beträchtliches Moment der Unsicherheit gegeben sein (vgl. auch Stein-Jonas, ZPO, 18. Aufl., § 322 Anm. IX 2 mit Nachweisen). Somit kommt es für die Berechtigung des Zahlungsbegehrens des Klägers für die Zeit nach dem 30. September 1956 darauf an, ob durch das Urteil vom 7. Dezember 1956 rechtskräftig ent-

schieden worden ist, daß das Arbeitsverhältnis zwischen den Parteien zum 30. September 1956 auch nicht durch eine Kündigung vom 21. Februar 1956 aufgelöst worden ist.

3. Die Frage, was im Vorprozeß rechtskräftig entschieden worden ist, bestimmt sich danach, was im Vorprozeß der Streitgegenstand war.

Durch den Antrag des Klägers im Vorprozeß, festzustellen, daß sein Arbeitsverhältnis durch die Kündigung vom 15. Februar 1956 nicht aufgelöst worden ist, mit der Begründung, diese Kündigung sei sozial ungerechtfertigt und aus anderen Gründen unwirksam, ist das Klagebegehren als Kündigungsschutzklage im Sinne von § 3 Satz 1 KSchG gekennzeichnet. Der Klageantrag entspricht genau der in § 3 Satz 1 KSchG vorgesehenen Fassung, und die Klage zielt gerade auch auf die Geltendmachung der sozialen Ungerechtfertigkeit der Kündigung ab. Dann kann ihr Charakter als Kündigungsschutzklage nicht deswegen entfallen, weil auch noch andere Gründe für die Unwirksamkeit der Kündigung geltend gemacht werden. Diese anderen Gründe können auch im Kündigungsschutzprozeß mit geltend gemacht werden.

Darüber, was im Kündigungsschutzprozeß bei einem solchen Antrag als Streitgegenstand anzusehen ist, gehen in Rechtsprechung und Schrifttum die Meinungen auseinander. Die überwiegende Meinung nimmt an, bei einer Kündigungsschutzklage mit einem Klageantrag nach näherer Maßgabe des § 3 Satz 1 KSchG sei Streitgegenstand die Feststellung der Nichtauflösung eines Arbeitsverhältnisses wegen der Rechtsunwirksamkeit der konkreten mit der Kündigungsschutzklage bekämpften Kündigung (vgl. BAG 2, 87 [90]; Hueck, Nipperdey-Festschrift, 1955, S. 99 ff. [106/107]; Hueck-Nipperdey, Lehrbuch des Arbeitsrechts, 6. Aufl., Bd. I, § 64 VII 1 S. 591 zu Fußnote 74; Hueck, KSchG, 3. Aufl., 1954, § 3 Anm. 4; Herschel-Steinmann, KSchG, 4. Aufl., 1958, § 7 Anm. 4; Habscheid, RdA 1958, S. 46 ff., 95 ff. [97], jeweils mit weiteren Nachweisen). Bötticher (Herschel-Festschrift, 1955, S. 181 ff. [186/187]) und ihm weitgehend folgend Zeuner (MdR 1956, 257 ff.) vertreten den Standpunkt, Streitgegenstand einer Kündigungsschutzklage sei der Bestand des Arbeitsverhältnisses überhaupt, bezogen auf den Zeitpunkt der letzten mündlichen Verhandlung (Bötticher, a. a. O., S. 185).

Die Ansicht von Bötticher und Zeuner trifft für den vom Gesetz im Kündigungsschutzprozeß vorgesehenen, nach näherer Maßgabe des § 3 Satz 1 KSchG gekennzeichneten Antrag, wie er hier vom Kläger im Kündigungsschutzprozeß verfolgt wurde, nicht zu. Wenn § 3 Satz 1 KSchG einen Feststellungsantrag des Inhaltes zuläßt, „daß das Arbeitsverhältnis durch die Kündigung nicht aufgelöst ist", so ergibt sich daraus, daß nicht schlechthin wie im Normalfall einer Feststellungsklage nach § 256 ZPO darüber gestritten werden soll, ob im Zeitpunkt der letzten mündlichen Verhandlung das Arbeitsverhältnis aufgelöst ist, sondern nur gleichsam punktuell darüber, ob durch eine ganz bestimmte Kündigung — „die" Kündigung —, die der Arbeitnehmer zur Vermeidung ihres Wirksamwerdens (§ 6 KSchG) gemäß § 3 Satz 1 KSchG fristgerecht angreifen muß, das Arbeitsverhältnis aufgelöst ist oder — bei entsprechender Kündigungsfrist — demnächst aufgelöst wird oder nicht. Damit läßt § 3 Satz 1 KSchG einen punktuellen Streit über die Berechtigung eines Einwandes, nämlich darüber zu, ob aus Anlaß einer ganz bestimmten Kündigung dem Arbeitgeber der rechtsvernichtende Einwand erwachsen ist, das Arbeitsverhältnis habe durch die Kündigung sein Ende gefunden bzw. es werde nach Ablauf der Kündigungsfrist enden. Der mit einer Kündigungsschutzklage nach näherer Maßgabe des § 3 Satz 1 KSchG vorgehende Kläger negiert die rechtsvernichtende Wirkung eines solchen aus einer ganz bestimmten Kündigung drohenden Einwandes des Arbeitgebers und begehrt deshalb die negative Feststellung, daß damit das Arbeitsverhältnis wegen der Unbegründetheit dieses Einwandes aus Anlaß einer ganz bestimmten Kündigung nicht erloschen ist. Damit ergibt sich schon aus dem Wortlaut des Gesetzes, daß im Falle eines Kündigungsschutzantrages nach näherer Maßgabe des § 3 Satz 1 KSchG Streitgegenstand ist, ob ein vom Kläger als demjenigen, der die beantragte Feststellung begehrt, darzulegendes Arbeitsverhältnis aus Anlaß einer ganz bestimmten, von ihm ebenfalls darzulegenden Kündigung zu dem von dieser Kündigung gewollten Endtermin aufgelöst ist.

Diese vom Gesetz anerkannte punktuelle und lokalisierte Streitmöglichkeit und dieser Streitgegenstand haben auch ihren guten und praktischen Sinn. Sie dient einmal dazu, den Streit auf eine Streitfrage zu konzentrieren, die häufig die einzige Streitfrage zwischen den Parteien ist und von der die Parteien wissen, welche Weiterungen sich daraus ergeben, wenn die Kündigung als unwirksam bzw. als wirksam festgestellt wird. Diese Streitfrage ist, ob aus einem bestimmten Anlaß zu einem bestimmten Termin ein Arbeitsverhältnis aufgelöst ist, ob also mit diesem Zeitpunkt der Arbeitnehmer seinen Arbeitsplatz verliert oder nicht. Es besteht häufig einerseits wohl ein Rechtsschutzbedürfnis, gerichtlich klären zu lassen, ob eine ganz bestimmte Kündigung zu einem von dieser gewollten Termin das Arbeitsverhältnis aufgelöst hat oder nicht, während es andererseits an einem Bedürfnis fehlen kann, gerichtlich klären zu lassen, ob ein Arbeitsverhältnis noch im Zeitpunkt der letzten mündlichen Verhandlung besteht. Wenn z. B. ein Arbeitgeber eine sozialungerechtfertigte Kündigung ausspricht, kann ein Arbeitnehmer sich dagegen im Wege der Kündigungsschutzklage wehren. Das hindert ihn nicht, im Laufe des Rechtsstreites eine spätere zweite Kündigung zu einem anderen Kündigungstermin hinzunehmen oder von sich aus zu einem späteren Kündigungstermin zu kündigen oder sich mit dem Arbeitgeber vertraglich über eine Aufhebung des Arbeitsverhältnisses zu einem späteren Termin zu einigen und trotzdem — namentlich im Hinblick auf die Folgen aus § 615 BGB, § 9 KSchG — auch dann noch die Unwirksamkeit der früheren Kündigung feststellen zu lassen, wenn im Zeitpunkt der letzten mündlichen Verhandlung das Arbeitsverhältnis nicht mehr besteht. Wenn ein Arbeitgeber sowohl fristlos aus wichtigem Grunde wie fristgerecht im Wege der ordentlichen Kündigung ein Arbeitsverhältnis zu lösen unternimmt, kann ein Arbeitnehmer sich gegen die fristlose außerordentliche Kündigung wehren, wobei deren Rechtsunwirksamkeit in derselben Weise wie bei einem Angriff wegen angeblich sozial ungerechtfertigter ordentlicher Kündigung, also gemäß § 3 KSchG, geltend zu machen ist, und andererseits die fristgerechte ordentliche Kündigung hinnehmen und ein Interesse — z. B. wegen der Folgen aus § 615 BGB oder weil ihm an der Ausräumung eines in der außerordentlichen fristlosen Kündigung liegenden Vorwurfs gelegen ist — daran haben, festgestellt zu wissen, daß die außerordentliche fristlose Kündigung das Arbeitsverhältnis nicht aufgelöst hat, und zwar auch dann, wenn das Arbeitsverhältnis im Zeitpunkt der letzten mündlichen Verhandlung über diesen Kündigungsschutzstreit aus einem anderen Grunde schon aufgelöst ist.

Somit ergibt sich zusammengefaßt, daß bei einem Kündigungsschutzprozeß dann, wenn, wie das hier der Fall ist, der Klageantrag nach näherer Maßgabe des § 3 Satz 1 KSchG gefaßt ist, Streitgegenstand die Frage ist, ob ein Arbeitsverhältnis aus Anlaß einer bestimmten Kündigung zu dem von der Kündigung gewollten Endtermin aufgelöst ist oder nicht. Die Feststellung zur Auflösung oder Nichtauflösung des Arbeitsverhältnisses ist dabei, unbeschadet der Beziehung der Kündigungsschutzklage zu der vom Arbeitgeber ausgesprochenen Kündigung, allerdings schon deswegen bedeutsam, weil das bei einer Kündigungsschutzklage besonders wichtig ist; es geht insofern um den Bestand des Arbeitsverhältnisses. Dieser Gesichtspunkt ist von der Sache her für die Parteien wesentlich, er darf bei der Bestimmung des Streitgegenstandes der Kündigungsschutzklage nicht außer acht gelassen werden. Gerade aus diesem Grunde können im Kündigungsschutzprozeß neben einer sozialen Ungerechtigkeit der Kündigung auch noch sonstige Gründe für die Unwirksamkeit der Kündigung geltend gemacht werden. (Zu den ganzen Ausführungen vgl. auch das zur Veröffentlichung in der Amtlichen Sammlung des Bundesarbeitsgerichts vorgesehene Urteil des erkennenden Senates vom 17. November 1958 — 2 AZR 277/58 — BAG 7, 51 ff.)

Eine ganz andere Frage ist die, ob im Kündigungsschutzstreit der Antrag weiter gehen kann, z. B. neben dem Antrag aus § 3 Satz 1 KSchG den weiteren Antrag enthalten darf, festzustellen, daß das Arbeitsverhältnis fortbesteht (so Hueck, Nipperdey-Festschrift, S. 110/111). Diese Frage braucht indessen hier nicht entschieden zu werden, weil ein solcher Antrag und eine Beurteilung solchen Inhaltes vorliegendenfalls nicht in Betracht kommt.

4. Demnach hat das Urteil des Landesarbeitsgerichts vom 7. Dezember 1956 festgestellt, daß aus Anlaß der Kündigung vom 15. Februar 1956 das Arbeitsverhältnis zu dem mit ihr gewollten Kündigungsendtermin vom 30. September 1956 nicht aufgelöst worden ist. Da im vorliegenden Rechtsstreit Vergütung für die Monate Oktober 1956 bis Februar 1957 verlangt wird, ist auch nicht rechtskräftig entschieden worden, ob in diesem Zeitraum das Arbeitsverhältnis der beiden Parteien bestanden hat.

III. Soweit die Beklagte sich für ihren Einwand, das Arbeitsverhältnis des Klägers mit ihr sei mit Wirkung vom 30. September 1956 beendet, auf eine Kündigung vom 21. Februar 1956 beruft, erhebt sich aber die weitere Frage, ob sie sich hierauf noch berufen kann oder ob die Berufung hierauf durch das Urteil des Landesarbeitsgerichts vom 7. Dezember 1956 ausgeschlossen — präkludiert — ist.

1. Würde man der Beklagten gestatten, sich gegenüber der jetzigen Zahlungsklage darauf zu berufen, daß sie am 21. Februar 1956 zum 30. September 1956 erneut und wirksam gekündigt habe, so würde das bedeuten, daß im Rahmen der Zahlungsklage unter Umständen davon auszugehen wäre, daß entgegen der in dem Urteil des Landesarbeitsgerichts vom 7. Dezember 1956 getroffenen Feststellung das Arbeitsverhältnis zum 30. September 1956 doch aufgelöst worden ist, zwar nicht auf Grund der Kündigung vom 15. Februar 1956, sondern auf Grund einer Kündigung vom 21. Februar 1956. Dem steht aber grundsätzlich das Präklusionsprinzip entgegen.

2) Sinn und Inhalt des Präklusionsprinzips stehen im engsten Zusammenhang mit dem Wesen der Rechtskraft. Sinn der Rechtskraft ist

es, mit ihrem Eintritt den Streitgegenstand endgültig erledigt sein zu lassen in der Erwägung, daß der Staat für einen Streitgegenstand seine Gerichte vernünftigerweise nur einmal zur Verfügung stellen kann. Dann bedeutet das Präklusionsprinzip als notwendige Folge der Rechtskraftwirkung, daß bei einem Streit über einen Streitgegenstand die Parteien gehalten sind, in dem Rechtsstreit alles das vorzubringen, was erforderlich ist, um mit ihrem Standpunkt durchzudringen. Hat ein Rechtsstreit rechtskräftig sein Ende gefunden, so soll — von Fällen des Wiederaufnahmeverfahrens abgesehen — die entschiedene Streitfrage nicht dadurch wieder aufgerollt werden können, daß der unterlegene Teil neue Tatsachen beibringt (vgl. statt aller Stein-Jonas, ZPO, § 322 VIII 3 mit Nachweisen).

3. Streitgegenstand beim Kündigungsschutzprozeß, jedenfalls bei einem Klangeantrag nach näherer Maßgabe des § 3 Satz 1 KSchG, ist, wie dargelegt, die Frage, ob ein Arbeitsverhältnis aus Anlaß einer bestimmten Kündigung zu dem von der Kündigung gewollten Endtermin aufgelöst ist oder nicht, wobei die Feststellung über die Auflösung oder Nichtauflösung zu dem fraglichen Zeitpunkt selbst von maßgeblicher Bedeutung ist. Dem damit gegebenen Präklusionsprinzip muß ein Arbeitnehmer Rechnung tragen, der eine ihm gegenüber ausgesprochene Kündigung im Wege der Kündigungsschutzklage nach näherer Maßgabe des § 3 Satz 1 KSchG angreift. Er darf sich also nicht darauf beschränken, im Wege der Kündigungsschutzklage nur die Sozialunwirksamkeit der von ihm angegriffenen Kündigung im Sinne von § 1 Abs. 2 KSchG geltend zu machen. Er muß auch sonstige Unwirksamkeitsgründe vorbringen (Bundesarbeitsgericht, Urteil vom 7. Februar 1958 — 1 AZR 576/56 — AP Nr. 1 zu § 70 PersVG Kündigung; Hueck-Nipperdey, Lehrbuch des Arbeitsrechts, 6. Aufl., Bd. I, § 64 VII 3 S. 592 zu Fußnote 82 und Fußnote 83; Hueck, KSchG, 3. Aufl., 1954, § 3 Anm. 4 und in RdA 1951, 281 [284]; Bötticher, RdA 1951, 81 [85]; Bötticher in Herschel-Festschrift, 1955, S. 181 [186/187]; Staudinger-Nipperdey-Neumann, 11. Aufl., Vorbem. 137 vor § 620 BGB; auch Bundesarbeitsgericht, Zweiter Senat, Urteil vom 12. April 1956 — 2 AZR 247/54 — AP Nr. 11 zu § 626 BGB mit Anm. von Bötticher).

Dem Präklusionsprinzip des Kündigungsschutzprozesses muß aber auch ein Arbeitgeber Rechnung tragen. Er kann und muß zur Vermeidung der Präklusionswirkung z. B. geltend machen, daß das, was der Arbeitnehmer als Kündigung im Wege der Kündigungsschutzklage angreift, gar keine Kündigung darstellt, weil z. B. das Arbeitsverhältnis überhaupt nicht bestanden hat oder daß es nicht mit dem betreffenden

Arbeitgeber bestanden hat oder daß es längst beendet ist (vgl. insoweit auch das bereits erwähnte Urteil des Zweiten Senates des Bundesarbeitsgerichts vom 17. November 1958 — 2 AZR 277/58 — BAG 7, 51 ff.). Denn wenn in der Endfrage darüber gestritten wird, ob zu einem bestimmten Termin ein Arbeitsverhältnis aufgelöst worden ist oder nicht, gehört dazu gegebenenfalls auch ein etwaiger Streit darüber, ob überhaupt ein Arbeitsverhältnis vorlag, auf das sich eine Kündigung erstrecken konnte. Der Arbeitgeber muß aber auch, wenn er die Beendigung eines Arbeitsverhältnisses zu einem bestimmten Zeitpunkt nicht nur aus einer dem Arbeitnehmer gegenüber ausgesprochenen Kündigung, sondern im Falle deren Unwirksamkeit aus anderen Gründen annimmt, auch diese anderen Gründe zur Vermeidung der Präklusionsfolgen geltend machen. Er kann sich nicht darauf beschränken, in einem ersten Kündigungsschutzprozeß Tatsachen für die soziale Rechtfertigung der vom Arbeitnehmer bekämpften Kündigung darzulegen, um im Fall, daß sich die Kündigung als sozial ungerechtfertigt erweist, in einem neuen Rechtsstreit nunmehr geltend zu machen, das Arbeitsverhältnis sei zu demselben Termin, den die vom Arbeitnehmer mit Erfolg bekämpfte Kündigung im Auge hatte, aus anderen Gründen beendet gewesen. Denn er muß immer dem Umstand Rechnung tragen, daß im Endergebnis, wenn auch veranlaßt durch eine bestimmte Kündigung, darüber gestritten wird, ob zu einem bestimmten Termin ein Arbeitsverhältnis sein Ende gefunden hat oder nicht. Darüber aber, ob zu ein und demselben Zeitpunkt ein Arbeitsverhältnis sein Ende gefunden hat oder nicht, kann nicht in verschiedenen Prozessen entschieden werden. Es kann also nicht in der Weise gestritten werden, daß in einem ersten Prozeß entschieden wird, der Endigungsgrund Nr. 1 habe das Arbeitsverhältnis A zum Zeitpunkt X nicht beendet, während in einem zweiten Prozeß entschieden wird, der Endigungsgrund Nr. 2 oder die Endigungsgründe Nr. 2 bis 5 hätten dasselbe Arbeitsverhältnis A zu demselben Zeitpunkt X doch aufgelöst. Eine solche Verfahrensweise führt zu einer unökonomischen mehrfachen Inanspruchnahme der Gerichte, zu der unerwünschten Möglichkeit von sich in ihrem Ergebnis widersprechenden Urteilen und damit zur Rechtsunsicherheit, zum Hintanhalten von Tatsachenstoff, mit einem Wort, zu Sinnwidrigkeiten in jeder Form. Will daher ein Arbeitgeber, mit dem ein Arbeitnehmer im Weg der Kündigungsschutzklage darüber streitet, ob sein Arbeitsverhältnis aus Anlaß einer bestimmten Kündigung zu dem von der Kündigung vorgesehenen Termin endet oder nicht, die Beendigung zu demselben Termin z. B. daraus herleiten, daß er erneut zu dem gleichen Termin wirksam — ordentlich oder außerordentlich —

gekündigt habe oder weil er zu einem früheren Termin bereits wirksam fristlos außerordentlich gekündigt habe oder weil er sich mit dem Arbeitnehmer über eine Aufhebung des Arbeitsverhältnisses zu demselben Termin inzwischen vertraglich geeinigt habe, so muß der Arbeitgeber das bei Vermeidung der Präklusionswirkung geltend machen.

4. Im vorliegenden Fall hatte die Beklagte sich im Vorprozeß gegenüber der Kündigungsschutzklage, die gegen die Kündigung vom 15. Februar 1956 gerichtet war und Feststellung begehrte, daß damit das Arbeitsverhältnis nicht zum 30. September 1956 aufgelöst ist, im Verlaufe der Berufungsinstanz darauf berufen, das Arbeitsverhältnis sei jedenfalls zum 30. September 1956 auf Grund einer wiederholten Kündigung vom 21. Februar 1956 beendet. Das Landesarbeitsgericht hat zu dieser Frage einer wiederholten Kündigung vom 21. Februar 1956 ausgeführt, darüber habe es nicht zu befinden, sondern nur über die soziale Rechtfertigung der Kündigung vom 15. Februar 1956. Richtigerweise hätte es nach dem oben Dargelegten die von der Beklagten geltend gemachte wiederholte Kündigung vom 21. Februar 1956 in seine Entscheidung einbeziehen und darüber befinden müssen, ob die von ihm getroffene Feststellung, das Arbeitsverhältnis sei durch die Kündigung vom 15. Februar 1956 zum 30. September 1956 nicht aufgelöst worden, sich nicht deshalb verbot, weil die Beendigung des Arbeitsverhältnisses zum 30. September 1956 sich jedenfalls auf Grund einer wiederholten Kündigung von 21. Februar 1956 ergab.

Da das Landesarbeitsgericht so aber nicht verfahren ist, erhebt sich die Frage, ob das Urteil des Landesarbeitsgerichts auch unter diesen Umständen die Präklusionswirkung hat, daß die Beklagte sich für eine Beendigung des Arbeitsverhältnisses zum 30. September 1956 nicht mehr auf eine wiederholte Kündigung vom 21. Februar 1956 berufen kann. Das ist zu verneinen. Das Landesarbeitsgericht hat über den Streitgegenstand, ob das Arbeitsverhältnis zum 30. September 1956 aufgelöst ist, nach seinen Gründen erkennbar nicht abschließend entschieden, sondern ist von der irrigen Auffassung ausgegangen, daß diese Entscheidung ihre Korrektur finden könne, wenn eine wiederholte Kündigung vom 21. Februar 1956 wirksam sei, wobei es angenommen hat, eine vom Kläger geltend gemachte Sittenwidrigkeit und Gesetzwidrigkeit der Kündigung vom 21. Februar 1956 sei in einem gesonderten Prozeß auszutragen. Damit hat es, wenn auch unbewußt, eine nach § 303 ZPO unzulässige Entscheidung über ein einzelnes Entscheidungselement getroffen, anstatt einheitlich darüber zu entscheiden, ob das Arbeitsverhältnis der Parteien unter Berücksichtigung der Kündigung vom 15. Februar 1956 und einer wiederholten Kündigung vom 21. Februar 1956 und des dagegen vom Kläger erhobenen Einwandes der Sittenwidrigkeit und der Gesetzwidrigkeit aufgelöst ist oder nicht.

5. Da einerseits das Urteil des Landesarbeitsgerichts vom 7. Dezember 1956 als Hoheitsakt nun einmal besteht, auch keinesfalls solche Umstände vorliegen, die die Annahme eines sogenannten „Nichturteils" rechtfertigen (vgl. hierzu statt aller: Stein-Jonas, ZPO, Vorbem. I vor § 578), jenes Urteil sich aber andererseits nach Tenor und Entscheidungsgründen, ausdrücklich — wenn auch nach dem Dargelegten fehlerhaft — einer Entscheidung über die Bedeutung einer wiederholten Kündigung vom 21. Februar 1956 enthalten hat, kann insoweit keine Präklusionswirkung des Urteils vom 7. Dezember 1956 angenommen werden. Denn wenn der prozeßökonomisch ausgerichtete Sinn der Präklusion dahin geht, die Parteien eines Rechtsstreites bei Vermeidung von Rechtsnachteilen zu zwingen, alles das vorzutragen, was erforderlich ist, um mit ihrem Rechtsstandpunkt durchzudringen, so kann diese Sinngebung dann nicht durchgreifen, wenn, wie das hier geschehen ist, die Beklagte sich in dem Vorprozeß gerade ausdrücklich auf eine Kündigung vom 21. Februar 1956 berufen hat, das Gericht es aber seinerseits ausdrücklich und eindeutig ablehnt, sich hiermit zu befassen und den Wirkungen der Präklusion Rechnung zu tragen. Es ist ganz allgemein zu beachten, daß das Landesarbeitsgericht den erschöpfend vorgetragenen Streitgegenstand eindeutig nicht erschöpfend hat entscheiden wollen. Das kann aber dann nur dazu führen, daß der Beklagten es in diesem vorliegenden Zahlungsrechtsstreit nicht kraft Präklusion durch das Urteil vom 7. Dezember 1956 verwehrt sein kann, sich darauf zu berufen, daß die vom Kläger verfolgten Zahlungsansprüche deshalb entfallen, weil das Arbeitsverhältnis zum 30. September 1956 auf Grund einer wiederholten Kündigung vom 21. Februar 1956 beendet worden ist.

6. Abschließend folgt, daß für das in dem vorliegenden Rechtsstreit vom Kläger verfolgte Zahlungsbegehren das Landesarbeitsgericht für die aus § 615 Satz 1 BGB sich ergebende Frage, ob nach dem 30. September 1956 noch ein Arbeitsverhältnis bestanden hat, materiell noch prüfen durfte, ob das Arbeitsverhältnis der Parteien auf Grund des Schreibens der Beklagten vom 21. Februar 1956 zum 30. September 1956 beendet worden ist oder nicht. Soweit das Landesarbeitsgericht sich mit dieser Frage somit zulässig materiell-rechtlich befaßt hat, unterliegt das, wie jede andere materiell-rechtliche Erörterung eines Landesarbeitsgerichts, im Revisionsverfahren der Überprüfung durch das Revisionsgericht nach den allgemein für das Revisionsverfahren geltenden Normen und Regeln.

IV. 1. Das Landesarbeitsgericht hat angenommen, das Schreiben der Beklagten vom 21. Februar 1956 enthalte den Ausspruch einer erneuten Kündigung. Damit hat es das Schreiben der Beklagten vom 21. Februar 1956 und damit ein tatsächliches Verhalten der Beklagten, das auch der Kläger als Geschehnis nicht in Zweifel gezogen hat und das als unstreitig in dem Tatbestand des angefochtenen Urteils festgestellt ist, als Willenserklärung der Beklagten ausgelegt. An diese vom Landesarbeitsgericht vorgenommene Auslegung ist das Revisionsgericht gebunden, sofern die vom Landesarbeitsgericht getroffene Annahme, es liege eine Willenserklärung vor, nicht gegen Denkgesetze, Erfahrungssätze oder gegen gesetzliche oder allgemein anerkannte Auslegungsregeln verstößt (vgl. Bundesarbeitsgericht, Zweiter Senat, Urteil vom 19. Januar 1956 — 2 ARZ 80/54 — AP Nr. 1 zu § 620 BGB Kündigungserklärung; Erster Senat, Urteil vom 12. Juli 1957 — 1 AZR 418/55 — AP Nr. 6 zu § 550 ZPO). Ein Verstoß gegen Denkgesetze und gegen Erfahrungssätze ist nicht ersichtlich. Aber auch eine Verletzung von Auslegungsregeln liegt nicht vor. Wenn Worte einen Sinn haben und die Sprache ein Verständigungsmittel unter den Rechtsgenossen ist, muß das Schreiben der Beklagten vom 21. Februar 1956 dahin verstanden werden, daß damit die frühere Kündigung vom 15. Februar 1956 „wiederholt", das heißt eindeutig „noch einmal" ausgesprochen worden ist. Wollte man der Auffassung der Revision folgen, das Schreiben der Beklagten vom 21. Februar 1956 habe nur die „Mitteilung" darüber enthalten, daß zu der Kündigung vom 15. Februar 1956 nachträglich der Betriebsrat angehört worden ist, dann hätte sich die Beklagte auf den ersten Absatz ihres Schreibens beschränkt und wäre die „Wiederholung", d. h. die Neuvornahme der Kündigung mit dem vollen Wortlaut des in Abschrift nochmals beigefügten Schreibens der Beklagten vom 15. Februar 1956 überflüssig und regelrecht sinnwidrig gewesen.

2. Ist somit für die Revisionsinstanz davon auszugehen, daß das Schreiben der Beklagten vom 21. Februar 1956 eine Kündigung zum 30. September 1956 enthält, so kann der Kläger sich für eine Unwirksamkeit dieser Kündigung nicht mehr darauf berufen, sie sei sozial ungerechtfertigt im Sinne von § 1 KSchG gewesen. Denn gemäß § 3 Satz 1 KSchG war der Kläger gehalten, die Rechtsunwirksamkeit der Kündigung der Beklagten vom 21. Februar 1956 wegen Sozialwidrigkeit im Sinne von § 1 KSchG innerhalb der in § 3 Satz 1 KSchG vorgesehenen Frist klageweise nach näherer Maßgabe des § 3 KSchG geltend zu machen. Das ist nicht geschehen, so daß die Kündigung vom 21. Februar 1956

gemäß § 6 KSchG als von Anfang an wirksam gilt, wenn sie nicht aus einem anderen Grunde unwirksam ist.

3. a) Was die von der Versäumung der Klagefrist des § 3 Satz 1 KSchG nicht berührte weitere Frage angeht, ob die Kündigung vom 21. Februar 1956 aus einem anderen Grunde als dem der Sozialwidrigkeit unwirksam ist (§ 11 Abs. 4 KSchG), hat der Kläger gerügt, insoweit sei die angefochtene Entscheidung nicht mit Gründen versehen, so daß ein absoluter Revisionsgrund im Sinne des § 551 Ziffer 7 ZPO gegeben sei. Diese Rüge der Revision ist unbegründet. Das angefochtene Urteil hat sich mit der Frage, ob die Kündigung der Beklagten vom 21. Februar 1956 aus einem anderen Grunde als dem der Sozialwidrigkeit unwirksam sei, insbesondere ob sie sittenwidrig, gesetzeswidrig oder grundrechtswidrig sei, ausdrücklich befaßt und hat diese Frage verneint. Zur Begründung hat es ausgeführt, eine Sittenwidrigkeit der Kündigung könne nicht angenommen werden, da die Kündigung auf sachlichen Gründen, zumindest auf einer Störung des Vertrauensverhältnisses der Parteien als Faktum, beruhe und daher weder verwerflich noch willkürlich sei. Auch ein Verstoß gegen ein Gesetz sei nicht erkennbar; die Beklagte habe den Kläger nicht an der Ausübung seiner verfassungsmäßigen Grundrechte gehindert. Diese vom Landesarbeitsgericht gegebene Begründung läßt erkennen, daß es die im Tatbestand dieses Urteils näher mitgeteilten Gründe, die der Kläger jenseits der Sozialwidrigkeit gegen die Gültigkeit der Kündigung angeführt hatte, gewürdigt hat. Das genügt, um das angefochtene Urteil von dem in § 551 Ziffer 7 ZPO vom Gesetzgeber unter formalen Gesichtspunkten geregelten Vorwurf, nicht mit Gründen versehen zu sein, zu entheben. Denn § 551 Ziffer 7 ZPO greift nur in den Fällen durch, in denen Gründe entweder völlig fehlen oder so inhaltlos, unvollständig oder lückenhaft sind, daß nicht erkennbar ist, welches die Erwägungen des Gerichts überhaupt waren (vgl. Stein-Jonas, ZPO, § 551 Anm. II 7). Von einem solchen Mangel kann aber hier keine Rede sein. Die Begründung des Landesarbeitsgerichts lautet in bündiger Kürze dahin, angesichts der Erschütterung des Vertrauensverhältnisses zwischen den Parteien griffen die vom Kläger geltend gemachten Unwirksamkeitsgründe nicht durch.

b) Mit Recht rügt jedoch die Revision insoweit eine Verletzung von § 138 Abs. 1 BGB.

Die Frage, ob die Kündigung vom 21. Februar 1956 sittenwidrig ist oder nicht, läßt sich vom Revisionsgericht nur beurteilen, wenn aus dem vom Berufungsgericht festgestellten Sachverhalt genügend klar hervorgeht, wie und in welchem Ausmaß es die in den Prozeß eingeführten tatsächlichen Umstände, die zur Kündigung führten, erwogen hat. Nur dann kann nämlich das Revisionsgericht nachprüfen, ob das Berufungsgericht den Rechtsbegriff der Sittenwidrigkeit im Sinne des § 138 Abs. 1 BGB richtig erkannt und richtig angewandt hat, insbesondere ob es die gesamten Umstände des einzelnen Falles gewürdigt hat (BAG 1, 110 [113]; 1, 117 [120]). In dieser Beziehung hat es aber das angefochtene Urteil fehlen lassen. Seine Begründung für die Verneinung der Sittenwidrigkeit der Kündigung vom 21. Februar 1956 erschöpft sich in der Ausführung, weil das Vertrauensverhältnis zwischen den Parteien gestört sei, sei die Kündigung weder verwerflich noch sittenwidrig. Diese Begründung läßt aber völlig außer acht, daß der Kläger im einzelnen behauptet hatte, ihm sei Unrecht geschehen und die Beklagte habe unsachlich zugunsten seines Gegners W. Partei ergriffen. Würde das zutreffen, so ließe sich die vom Landesarbeitsgericht angenommene Verneinung der Sittenwidrigkeit nicht mit der Begründung halten, das Verhalten der Beklagten sei weder verwerflich noch willkürlich.

Unter diesen Umständen muß es als möglich erscheinen, daß das Landesarbeitsgericht den Begriff der Sittenwidrigkeit im Sinne des § 138 Abs. 1 BGB nicht richtig erkannt und nicht richtig angewendet hat. Diese Möglichkeit genügt für die Annahme einer Rechtsverletzung im Sinne des § 549 Abs. 1 ZPO, auf der das angefochtene Urteil deshalb beruhen kann, weil im Falle der Bejahung der Sittenwidrigkeit der Kündigung vom 21. Februar 1956 die Zahlungsansprüche des Klägers nicht mit der bisher vom Landesarbeitsgericht angenommenen Begründung verneint werden könnten, das Arbeitsverhältnis der Parteien habe am 30. September 1956 geendet. Das führt gemäß §§ 564 Abs. 1, 565 Abs. 1, Abs. 3 Ziffer 1 ZPO zur Aufhebung des angefochtenen Urteils und zur Zurückverweisung der Sache zur anderweiten Verhandlung und Entscheidung an das Landesarbeitsgericht. Seine Aufgabe wird es sein, näher aufzuklären und nach näherer Maßgabe des oben Ausgeführten zu entscheiden, ob die Kündigung vom 21. Februar 1956 sittenwidrig ist oder nicht. Zu weiteren Hinweisen sieht sich der Senat nicht in der Lage, weil es in dem angefochtenen Urteil insoweit an den erforderlichen tatsächlichen Feststellungen fehlt, um genügend bestimmte Hinweise im übrigen geben zu können.

6

1. Der Arbeitgeber, der mit seinem Arbeitnehmer eine Umsatzvergütung vereinbart, verpflichtet sich jedenfalls regelmäßig damit auch, dem Arbeitnehmer diejenigen Auskünfte zu erteilen, die dieser zur Realisierung seines diesbezüglichen Anspruchs benötigt.

2. Bei der Kündigungsschutzklage mit dem vom Gesetz vorgesehenen Klageantrag gemäß § 3 Satz 1 KSchG ist Streitgegenstand die Frage, ob ein Arbeitsverhältnis durch und aus Anlaß einer ganz bestimmten, mit der Kündigungsschutzklage angegriffenen Kündigung zu dem von dieser Kündigung gewollten Endtermin aufgelöst ist. Dabei ist für die Bestimmung des Streitgegenstandes aber auch zu beachten, daß im Rahmen der Kündigungsschutzklage die Parteien darüber streiten können, ob ein Arbeitsverhältnis überhaupt bestand und ob ein bestimmtes Handeln des Arbeitgebers überhaupt als Kündigung in Betracht kommt.

3. Liegt der Beweiswürdigung des Berufungsgerichts gemäß § 526 Abs. 1 ZPO das erstinstanzliche Beweisergebnis zu Grunde, stellt es einen Verstoß gegen § 286 Abs. 1 ZPO dar, wenn das Berufungsgericht zur Beweiswürdigung nur sagt, es folge den zutreffenden Ausführungen des vordergerichtlichen Urteils.

4. Ist eine in das Wissen eines Zeugen gestellte Tatsache erheblich, so ist der Zeuge zu hören. Die Vernehmung darf nicht mit der Begründung unterbleiben, das Gericht sei bereits von dem Gegenteil dessen, was der Zeuge aussagen soll, überzeugt. Darin liegt eine unzulässige antezipierte Beweiswürdigung, durch die § 286 Abs. 1 ZPO verletzt wird.

BGB §§ 157, 242; KSchG §§ 1, 3; ZPO § 286.

II. Senat. Urteil vom 17. 11. 1958 i. S. R. (Bekl.) w. G. (Kl.)
2 AZR 277/58.

I. Arbeitsgericht Solingen. — II. Landesarbeitsgericht Düsseldorf.

Der Kläger wurde von der Beklagten am 15. Februar 1956 als Verkaufsleiter für H.-Waschmaschinen und sonstige Geräte angestellt. Er übernahm das Verkaufsbüro der Beklagten für das gesamte Bundesgebiet in D. und erhielt Handlungsvollmacht. Als Vergütung waren vereinbart ein Bruttogehalt von 550,— DM monatlich zuzüglich 200,— DM Kilometergeld wöchentlich, 90,— DM Tagesspesen wöchentlich, 80,— DM Wagenzuschuß monatlich sowie ein „Umsatzbonus" von 1 % für alle von dem Verkaufsbüro getätigten Aufträge.

Mit Schreiben vom 28. August 1956 teilte die Beklagte dem Kläger mit, sie sei wegen der fehlenden Rentabilität des D-Büros gezwungen, die mit dem Kläger getroffenen Vereinbarungen zu kündigen. Im Anschluß hieran verhandelten die Parteien mehrfach mündlich und schriftlich über eine anderweitige Ausgestaltung der Vertragsbeziehungen, ohne zu einer Einigung zu kommen. Der Kläger setzte in dieser Zeit seine Tätigkeit für die Beklagte fort. Am 11. Februar 1957 schrieb die Beklagte dem Kläger unter Bezugnahme auf die am 28. August 1956 ausgesprochene Kündigung, infolge des Scheiterns der bisher gepflogenen Verhandlungen sehe sie sich veranlaßt, sich anderweitig zu orientieren, und sie werde das D-Büro vorab selbst übernehmen. Sie forderte den Kläger auf, sofort seinen Urlaub anzutreten und die ihm gegebene Vollmachtsurkunde an die Beklagte zurückzugeben. Daraufhin stellte der Kläger am 11. Februar 1957 seine Tätigkeit für die Beklagte ein. Mit Schreiben der Beklagten vom 15. Februar 1957 erhielt er von der Beklagten Lohnsteuer- und Versicherungskarte zurück. Sein Gehalt erhielt er bis zum 28. Februar 1957.

Unter Berufung darauf, daß das Schreiben der Beklagten vom 15. Februar 1957 eine Kündigung zum 28. Februar 1957 enthalte, hat der Kläger mit einer am 5. März 1957 beim Arbeitsgericht eingereichten Klage beantragt festzustellen, daß das Arbeitsverhältnis durch die Kündigung vom 15. Februar 1957 nicht aufgelöst ist. Er hat weiter Auflösung des Arbeitsverhältnisses und Zahlung einer Abfindung begehrt. In der mündlichen Verhandlung vom 25. Juni 1957 hat er erklärt, damit solle ebenfalls festgestellt werden, daß das Arbeitsverhältnis auch nicht durch die Kündigung vom 11. Februar 1957 aufgelöst sei. Er hat hilfsweise beantragt, die sich gegen die Kündigung vom 11. Februar 1957 richtende Klage nachträglich zuzulassen. Neben anderem, was die Revisionsinstanz nicht betrifft, hat er weiter beantragt, die Beklagte zu verurteilen, an ihn 1890,— DM Gehalt für März 1957 zu bezahlen. Ferner hat er beantragt, die Beklagte zu verurteilen, ihm zwecks Berechnung seines Umsatzbonus Auskunft darüber zu erteilen, welche Umsätze die von ihm engagierte Vertretergruppe Gr. über das D.-Verkaufsbüro in der Zeit vom 1. November 1956 bis zum 31. März 1957 getätigt hat.

Die Beklagte hat zu ihrem Klageabweisungsantrag geltend gemacht, nach ihrer Ansicht sei das Arbeitsverhältnis durch das Schreiben vom 28. August 1956 mit Wirkung zum 31. Dezember 1956 beendet worden. Die Weiterbeschäftigung des Klägers über diesen Zeitpunkt hinaus habe daran nichts geändert, und das Schreiben vom 11. Februar 1957 sei nur eine vorsorgliche Wiederholung der Kündigung gewesen. Daraus hat sie hergeleitet, daß der Kläger für März 1957 kein Gehalt fordern könne. Zum Verlangen des Klägers auf Auskunft über die Umsätze der Vertretergruppe Gr. hat die Beklagte behauptet, der Kläger habe sich mehrfach damit einverstanden erklärt, daß ihm für die von der Gruppe Gr. getätigten Umsätze kein Umsatzbonus zustehe.

Das Arbeitsgericht hat durch Teilurteil vom 25. Juni 1957 die Klage insoweit abgewiesen, als der Kläger Feststellung begehrt hat, daß das Arbeitsverhältnis durch die Kündigungen vom 11. Februar 1957 bzw. 15. Februar 1957 nicht aufgelöst ist, sowie soweit er Auflösung des Arbeitsverhältnisses und Zahlung einer Abfindung verlangt hat. Eine gegen dieses Teilurteil eingelegte Berufung hat der Kläger zurückgenommen.

Durch ein weiteres Teilurteil vom 8. Oktober 1957 hat das Arbeitsgericht die Klage auf Zahlung des Märzgehaltes abgewiesen und der Auskunftsklage unter Abweisung im übrigen insoweit entsprochen, als der Kläger Auskünfte über die Umsätze der Gruppe Gr. für die Zeit vom 1. November 1956 bis zum 28. Februar 1957 verlangt hat.

Mit der hiergegen erhobenen Berufung hat die Beklagte die Abweisung der Auskunftsklage in vollem Umfang begehrt. Mit der Anschlußberufung hat der Kläger seine durch das Teilurteil vom 8. Oktober 1957 abgewiesenen Klageteile weiter verfolgt. Das Landesarbeitsgericht hat die beiden Berufungen zurückgewiesen. Die Revision des Klägers ist zurückgewiesen worden, die Revision der Beklagten hatte Erfolg.

Aus den Gründen:

A. 1. Der von der Revision des Klägers verfolgte Gehaltsanspruch für den Monat März 1957 in Höhe von 1890,— DM sowie sein Auskunftsverlangen über die Umsätze der Gruppe Gr. im Monat März 1957 setzen voraus, daß die Beklagte in diesem Monat mit der Annahme der Dienste des Klägers in Verzug geraten ist. Denn nur bei Annahmeverzug der Beklagten kann der Kläger, der im Monat März 1957 nicht mehr für die Beklagte gearbeitet hat, gemäß § 615 Satz 1 BGB trotz seiner Untätigkeit und ohne Verpflichtung zur Nachleistung seiner Dienste die vereinbarte Vergütung, somit Gehalt und Umsatzbonus, nach näherer Maßgabe des § 615 Satz 2 BGB verlangen.

Solchenfalls steht ihm zur Realisierung seines Umsatzbonusanspruchs auch ein Auskunftsanspruch zu; denn der Arbeitgeber, der mit seinem Arbeitnehmer einen Umsatzbonus vereinbart, muß unter Berücksichtigung der Auslegungs- und Leistungsmaßstäbe der §§ 157, 242 BGB eine solche Abrede mit dem Inhalt gegen sich gelten lassen, daß er sich mit der Vereinbarung einer solchen besonderen Entlohnungsform jedenfalls regelmäßig auch verpflichtet, dem Arbeitnehmer die Auskünfte zu erteilen, die der Arbeitnehmer zur Realisierung seines Umsatzbonusanspruches benötigt. Voraussetzung ist dabei allerdings, daß der Arbeitnehmer den Umsatzbonus überhaupt beanspruchen kann.

2. Voraussetzung eines Annahmeverzuges der Beklagten im Sinne des § 615 Satz 1 BGB ist, daß im Monat März 1957 zwischen den Parteien noch ein Arbeitsverhältnis bestanden hat. Denn nur in einem solchen Fall kommt das Institut des Annahmeverzuges überhaupt begrifflich in Betracht, weil es ausweislich der Gesamtregelung in §§ 293 ff. BGB und der darin geschehenen Verwendung der Begriffe „Gläubiger", „Schuldner" und „Leistung" davon ausgeht, daß ein Schuldverhältnis besteht, dessen Erfüllung durch den Schuldner an dem Verhalten des Gläubigers scheitert.

3. Das Landesarbeitsgericht hat angenommen, auf Grund des rechtskräftig gewordenen Teilurteils des Arbeitsgerichts vom 25. Juni 1957 stehe zwischen den Parteien rechtskräftig fest, daß zwischen ihnen ab 1. März 1957 kein Arbeitsverhältnis mehr bestanden habe, und diese rechtskräftige Feststellung verbiete es, für das auf den Gesichtspunkt des Annahmeverzuges gestützte Zahlungs- und Auskunftsbegehren des Klägers für den Monat März 1957 die Vorfrage des Bestehens oder Nichtbestehens eines Arbeitsverhältnisses anders zu beurteilen.

a) Im rechtlichen Ausgangspunkt ist diese Annahme des Landesarbeitsgerichts nicht zu beanstanden. Nach § 322 Abs. 1 ZPO erstreckt sich die Rechtskraft eines Urteils auf den Anspruch, über den entschieden worden ist. Wenn durch das Teilurteil vom 25. Juni 1957 rechtskräftig zwischen den Parteien entschieden worden sein sollte, daß zwischen ihnen im März 1957 kein Arbeitsverhältnis mehr bestand, dann kann auch für das jetzige Zahlungs- und Auskunftsbegehren für den Monat März 1957 diese Frage nicht anders beurteilt werden, weil es sich insoweit um die Geltendmachung von Rechtsfolgen aus einem Rechtsverhältnis handelt, über dessen Bestand zwischen den Parteien rechtskräftig im negativen Sinn entschieden worden ist. Der Sinn der Rechtskraftwirkung ist nicht nur, daß derselbe Klageanspruch nicht mehr Prozeßgegenstand sein kann, sondern darüber hinaus auch, im Interesse des Klärungs- und Friedenszweckes der gerichtlichen Entscheidung, daß die einmal zwischen den Parteien getroffene Entscheidung dann zu achten ist, wenn der dort entschiedene Punkt in einem weiteren Prozeß zwischen den Parteien nur Anspruchsgrundlage ist. Anderenfalls würde ein erhebliches, letztlich eben mit der Rechtskraft der früheren Entscheidung nicht zu vereinbarendes

Moment der Unsicherheit gegeben sein (vgl. auch Stein-Jonas, ZPO, 18. Aufl., § 322 Anm. IX 2 mit Nachweisen). Somit kommt es für die Berechtigung des Zahlungs- und Auskunftsbegehrens des Klägers für den Monat März 1957 darauf an, ob durch das Teilurteil vom 25. Juni 1957 rechtskräftig entschieden worden ist, daß zwischen den Parteien im Monat März 1957 kein Arbeitsverhältnis bestand.

b) Die Frage, worüber durch das Teilurteil vom 25. Juni 1957 rechtskräftig entschieden worden ist, bestimmt sich danach, was in diesem Teil des Rechtsstreits der Streitgegenstand war. Durch den Antrag des Klägers festzustellen, daß sein Arbeitsverhältnis durch die Kündigung vom 11. Februar 1957 bzw. 15. Februar 1957 nicht aufgelöst worden ist, mit der Begründung, diese Kündigungen seien sozial ungerechtfertigt, ist das Klagebegehren eindeutig als Kündigungsschutzklage im Sinne von § 3 Satz 1 KSchG gekennzeichnet. Darüber, was im Kündigungsschutzprozeß bei einem solchen Antrag als Streitgegenstand anzusehen ist, gehen in Rechtsprechung und Schrifttum die Meinungen auseinander. Die überwiegende Meinung nimmt an, bei einer Kündigungsschutzklage mit einem Klageantrag nach näherer Maßgabe des § 3 Satz 1 KSchG sei Streitgegenstand die Feststellung der Nichtauflösung eines Arbeitsverhältnisses wegen der Rechtsunwirksamkeit der konkreten mit der Kündigungsschutzklage bekämpften Kündigung (vgl. BAG 2, 87 [90]; Hueck, Nipperdey-Festschrift, 1955, S. 99 ff. [106/107]; Hueck-Nipperdey, Lehrbuch des Arbeitsrechts, 6. Aufl., Bd. I, § 64 VII 1 S. 591 zu Fußnote 74; Hueck, KSchG, 3. Aufl., 1954, § 3 Anm. 4; Herschel-Steinmann, KSchG, 4. Aufl., 1958, § 7 Anm. 4; Habscheid, RdA 1958, S. 46 ff., 95 ff. [97], jeweils mit weiteren Nachweisen). Bötticher (Herschel-Festschrift, 1955, S. 181 ff. [186/187]) und ihm weitgehend folgend Zeuner (MdR 1956, 257 ff.) vertreten dagegen den Standpunkt, Streitgegenstand einer Kündigungsschutzklage sei der Bestand des Arbeitsverhältnisses überhaupt, bezogen auf den Zeitpunkt der letzten mündlichen Verhandlung (Bötticher, a. a. O., S. 185).

Die Ansicht von Bötticher und Zeuner trifft für den vom Gesetz im Kündigungsschutzprozeß vorgesehenen, nach näherer Maßgabe des § 3 Satz 1 KSchG gekennzeichneten Antrag nicht zu. Wenn § 3 Satz 1 KSchG einen Feststellungsantrag des Inhaltes vorsieht, „daß das Arbeitsverhältnis durch die Kündigung nicht aufgelöst ist“, so ergibt sich daraus, daß nicht schlechthin wie im Normalfall einer Feststellungsklage nach § 256 ZPO darüber gestritten werden soll, ob im Zeitpunkt der letzten mündlichen Verhandlung das Arbeitsverhältnis aufgelöst ist, sondern gleichsam punktuell darüber, ob durch eine ganz bestimmte Kündigung

— „die" Kündigung —, die der Arbeitnehmer zur Vermeidung ihres Wirksamwerdens (§ 6 KSchG) gemäß § 3 Satz 1 KSchG fristgerecht angreifen muß, das Arbeitsverhältnis aufgelöst ist bzw. — bei entsprechender Kündigungsfrist — demnächst aufgelöst wird oder nicht. Damit läßt § 3 Satz 1 KSchG anders als die allgemeine Regel des § 256 ZPO einen punktuellen Rechtsstreit über, prozessual gesehen, die Berechtigung eines Einwandes, nämlich darüber zu, ob aus Anlaß einer ganz bestimmten Kündigung dem Arbeitgeber der rechtsvernichtende Einwand erwachsen ist, das Arbeitsverhältnis habe durch die Kündigung sein Ende gefunden bzw. es werde nach Ablauf der Kündigungsfrist enden. Der Arbeitgeber muß nach § 1 Abs. 2 Satz 2 KSchG die Tatsachen beweisen und demgemäß auch vortragen, die in der Person oder dem Verhalten des Arbeitnehmers oder in den betrieblichen Verhältnissen vorliegen und die Kündigung bedingen (Herschel-Steinmann, KSchG, § 1 Anm. 52; Hueck, KSchG, § 1 Anm. 42); der Gegeneinwand des Arbeitnehmers, bei der Auswahl des zu Entlassenden seien soziale Gesichtspunkte nicht oder nicht genügend berücksichtigt worden und der sich hiergegen wieder richtende Einwand des Arbeitgebers, betriebliche Bedürfnisse stünden der Auswahl nach sozialen Gesichtspunkten entgegen, interessieren in diesem Zusammenhang nicht, eben weil sie Gegeneinwände sind. Der mit einer Kündigungsschutzklage nach näherer Maßgabe des § 3 Satz 1 KSchG vorgehende Kläger negiert die rechtsvernichtende Wirkung eines solchen aus einer ganz bestimmten Kündigung drohenden Einwandes des Arbeitgebers und begehrt die negative Feststellung, daß das Arbeitsverhältnis wegen der Unbegründetheit dieses Einwandes aus Anlaß einer ganz bestimmten Kündigung nicht erloschen ist. Die Entscheidung zur Auflösung oder Nichtauflösung des Arbeitsverhältnisses ist, unbeschadet der Beziehung der Kündigungsschutzklage zu der vom Arbeitgeber ausgesprochenen Kündigung, schon deswegen wichtig, weil das bei einer Kündigungsschutzklage besonders grundlegend ist; es geht insofern um den Bestand des Arbeitsverhältnisses. Es ergibt sich schon aus dem jedenfalls insoweit eindeutigen Wortlaut des Gesetzes, daß im Falle eines Kündigungsschutzantrages nach näherer Maßgabe des § 3 Satz 1 KSchG Streitgegenstand ist, ob ein vom Kläger als demjenigen, der den Anspruch stellt, darzulegendes Arbeitsverhältnis aus Anlaß einer ganz bestimmten, von ihm ebenfalls darzulegenden Kündigung zu dem von dieser Kündigung gewollten Endtermin aufgelöst ist. Die Regelung des Gesetzes dient einmal dazu, den Streit auf eine Streitfrage zu konzentrieren, die überaus häufig die einzige Streitfrage zwischen den Parteien ist, und von der die Parteien wissen, welche Weiterungen sich daraus ergeben, wenn die Kündigung als unwirksam oder aber als wirksam festgestellt wird. Diese Streitfrage ist, ob aus einem bestimmten Anlaß zu einem bestimmten Termin ein Arbeitsverhältnis aufgelöst ist, ob also mit diesem Zeitpunkt der Arbeitnehmer seinen Arbeitsplatz verliert oder nicht. Es besteht ferner häufig einerseits ein Rechtsschutzbedürfnis, gerichtlich klären zu lassen, ob eine ganz bestimmte Kündigung zu einem von dieser gewollten Termin das Arbeitsverhältnis aufgelöst hat oder nicht, während es andererseits an einem Bedürfnis fehlen kann, gerichtlich klären zu lassen, ob ein Arbeitsverhältnis noch im Zeitpunkt der letzten mündlichen Verhandlung besteht. Wenn z. B. ein Arbeitgeber eine sozial ungerechtfertigte Kündigung ausspricht, kann ein Arbeitnehmer sich dagegen im Wege der Kündigungsschutzklage wehren. Das hindert ihn nicht, im Laufe des Rechtsstreites eine spätere zweite Kündigung zu einem anderen Kündigungstermin hinzunehmen oder von sich aus zu einem späteren Kündigungstermin zu kündigen oder sich mit dem Arbeitgeber vertraglich über eine Aufhebung des Arbeitsverhältnisses zu einem späteren Termin zu einigen und trotzdem — namentlich im Hinblick auf die Folgen aus § 615 BGB — auch dann noch die Unwirksamkeit der früheren Kündigung feststellen zu lassen, wenn im Zeitpunkt der letzten mündlichen Verhandlung das Arbeitsverhältnis nicht mehr besteht. Wenn ein Arbeitgeber sowohl fristlos aus wichtigem Grunde wie fristgerecht im Wege der ordentlichen Kündigung ein Arbeitsverhältnis zu lösen unternimmt, kann ein Arbeitnehmer sich gegen die fristlose außerordentliche Kündigung wehren, wobei deren Rechtsunwirksamkeit in derselben Weise wie bei einem Angriff wegen angeblich sozial ungerechtfertigter Kündigung, also gemäß § 3 KSchG, geltend zu machen ist, und andererseits die fristgerechte ordentliche Kündigung hinnehmen und ein Interesse — z. B. wegen der Folgen aus § 615 BGB oder weil ihm an der Ausräumung eines in der außerordentlichen fristlosen Kündigung liegenden Vorwurfs gelegen ist — daran haben, festgestellt zu wissen, daß die außerordentliche fristlose Kündigung das Arbeitsverhältnis nicht aufgelöst hat, und zwar auch dann, wenn das Arbeitsverhältnis im Zeitpunkt der letzten mündlichen Verhandlung über diesen Kündigungsschutzstreit aus einem anderen Grunde schon aufgelöst ist.

Somit ergibt sich zusammengefaßt, daß im Kündigungsschutzprozeß bei einem Klageantrag, wie er nach näherer Maßgabe des § 3 Satz 1 KSchG vorgesehen ist, Streitgegenstand die Frage ist, ob ein Arbeitsverhältnis aus Anlaß einer bestimmten Kündigung zu dem von der Kündigung gewollten Endtermin aufgelöst ist. Diese Rechtsauffassung dürfte auch schon der Entscheidung des Senats in Sachen 2 AZR 34/53 vom

14. Oktober 1954 (BAG 1, 152ff.) zugrunde liegen, wenn es dort heißt, bei der Zielrichtung der Kündigungsschutzklage, nämlich der Feststellung, das Arbeitsverhältnis sei durch die Kündigung nicht aufgelöst worden, sei zunächst zu prüfen, inwieweit die Kündigung überhaupt zulässig war.

c) Bei einem solchen Streitgegenstand des Kündigungsschutzprozesses bedeutet die Klageabweisung der Kündigungsschutzklage die Feststellung, daß das Arbeitsverhältnis zu dem Endtermin, dessen Gültigkeit die Kündigungsschutzklage leugnet, aufgelöst ist. Denn die Klageabweisung bedeutet eine negative Bescheidung des Anspruchsbegehrens, das darauf gerichtet war, daß — aus Anlaß und durch eine ganz bestimmte Kündigung — das Arbeitsverhältnis über den von der Kündigung in Frage gestellten Endtermin hinaus nicht aufgelöst ist (vgl. Stein-Jonas, ZPO, 18. Aufl., § 256 Anm. V 1 zu Fußnote 150; Hueck in Nipperdey-Festschrift, S. 109 zu Fußnote 1, beide mit zahlreichen Nachweisen).

d) Diese Rechtskraftwirkung gilt nicht nur dann, wenn das die Kündigungsschutzklage abweisende Urteil zu dem Ergebnis kommt, ein Arbeitsverhältnis habe zwischen den Parteien bestanden, aber die von der Kündigungsschutzklage negierte Kündigung habe es wirksam aufgelöst. In einem solchen Fall streiten die Parteien nur darüber, ob ein, bisher von beiden Parteien als gegeben angenommenes, Arbeitsverhältnis aus Anlaß einer bestimmten Kündigung aufgelöst worden ist. Im Rahmen einer Kündigungsschutzklage können die Parteien aber auch mit einer vorverlegten Front streiten, nämlich darüber, ob ein Arbeitsverhältnis überhaupt bestand und ob ein bestimmtes Handeln des Arbeitgebers überhaupt als Kündigung in Betracht kommt oder ob die Annahme einer Kündigung seitens des Arbeitgebers bereits daran scheitert, daß es überhaupt an einem kündigungsfähigen Arbeitsverhältnis fehlte. Daß ein solcher Streit im Rahmen einer Kündigungsschutzklage möglich sein muß, ergibt schon die Überlegung, daß andernfalls ein Arbeitgeber gegen die vom Kläger geltend gemachte Annahme, er habe zu der Beklagten in einem Arbeitsverhältnis gestanden, schutzlos wäre und sich gegen eine solche Annahme nur mit der Berufung auf eine rechtswirksame Kündigung verteidigen könnte. In einem Kündigungsschutzstreit muß eben der Kläger als derjenige, der die Aufrechterhaltung seines Arbeitsverhältnisses begehrt, und zwar gerade gegenüber dem Ausspruch einer Kündigung, darlegen und im Streitfalle beweisen, daß er zu dem Beklagten bis zu dem streitigen Endtermin in einem Arbeitsverhältnis gestanden hat und daß der Arbeitgeber den Fortbestand dieses Arbeitsverhältnisses durch eine als Kündigung gewollte Willenserklärung in Frage stellt. Er macht dann unter Berufung auf die von ihm in ihrer Rechtswirksamkeit negierte Kündigung des Arbeitgebers das nach näherer Maßgabe des § 3 Satz 1 KSchG angegebene Rechtsschutzinteresse geltend. Es ist dann Sache des Beklagten, die Berechtigung seines rechtsvernichtenden Einwandes der Kündigung darzulegen und erforderlichenfalls zu beweisen. Aus dieser Verteilung der beiderseitigen Darlegungs- und Beweislast ergibt sich aber auch, daß der Beklagte nicht gehindert ist, aus Rechtsgründen zu leugnen und aus tatsächlichen Gründen zu bestreiten, daß überhaupt ein Arbeitsverhältnis bestanden hat oder daß er überhaupt eine Kündigung ausgesprochen habe. Sonst würde gerade die Schutzlosigkeit des Arbeitgebers gegenüber einem wesentlichen Begehren des Klägers gegeben sein. Wenn Fragen dieser Art in Rede stehen, kann über die Endfrage, ob ein Arbeitsverhältnis aus Anlaß eines bestimmten Handelns des Arbeitgebers in Form einer Kündigung zu einem bestimmten Endtermin aufgelöst worden ist, erst entschieden werden, wenn die Anspruchsvoraussetzungen der Kündigungsschutzklage, nämlich das Bestehen des Arbeitsverhältnisses bis dahin und das Vorliegen einer Kündigungserklärung, positiv geklärt sind. Die mit der Kündigungsschutzklage nach dem unter A 3 Gesagten u. a. gestellte Frage nach dem Bestand des Arbeitsverhältnisses wird hier besonders akut. Wenn bei einer solchen Streitfrage, wie das im vorliegenden Fall durch das Teilurteil vom 25. Juni 1957 geschehen ist, die Kündigungsschutzklage mit der Begründung abgewiesen wird, nach dem 31. Dezember 1956 habe kein Arbeitsverhältnis mehr zwischen den Parteien bestanden und das vom Kläger bekämpfte Handeln des Arbeitgebers sei überhaupt keine Kündigung, weil zu seinem Zeitpunkt schon kein kündigungsfähiges Arbeitsverhältnis mehr bestanden habe, so steht mit dieser Abweisung ebenfalls das Gegenteil dessen fest, was der Kläger begehrt hatte. Im Gegensatz zu der von ihm begehrten Feststellung, sein Arbeitsverhältnis sei durch ein bestimmtes Kündigungshandeln des Arbeitgebers zu einem bestimmten Endtermin nicht aufgelöst, wird festgestellt, daß es aufgelöst *ist*, zwar nicht deswegen, weil eine Kündigung sozial gerechtfertigt und daher wirksam ist, sondern deshalb, weil ein Arbeitsverhältnis zu dem streitigen Endtermin aus anderem Grunde schon nicht mehr bestand und eine Kündigung nicht mehr in Frage kam (vgl. auch Hueck, Nipperdey-Festschrift, S. 109).

e) Somit hat das Landesarbeitsgericht zu Recht angenommen, durch das Teilurteil vom 25. Juni 1957 sei rechtskräftig festgestellt, daß ein Arbeitsverhältnis nicht mehr besteht. Fehlerhaft ist lediglich seine Annahme, hierdurch sei auch rechtskräftig festgestellt, daß ein Arbeitsverhältnis seit dem 1. Januar 1957 nicht mehr bestehe. Diese Annahme des Landesarbeitsgerichts wird von der Rechtskraftwirkung des Teilurteils vom 25. Juni 1957 nicht gedeckt. Streitgegenstand war die Auflösung des Arbeitsverhältnisses zum Ende des Monates Februar 1957 durch die vom Kläger als Kündigung bekämpften Schreiben der Beklagten vom 11. Februar bzw. 15. Februar 1957. Insoweit ist das Klagebegehren mit der Angabe der Beendigung der Tätigkeit des Klägers bei der Beklagten eindeutig fixiert. Durch die Zurückweisung seines dahingehenden Feststellungsbegehrens steht nur das Gegenteil fest, nämlich, daß zu diesem Zeitpunkt das Arbeitsverhältnis aufgelöst war. Daß die Auflösung des Arbeitsverhältnisses ab 1. Januar 1957 datiert, ist Entscheidungsgrund, nicht Streitgegenstand und nimmt an der Rechtskraft nicht teil.

Auf diesem soeben erörterten Rechtsfehler des Landesarbeitsgerichts beruht aber das angefochtene Urteil hinsichtlich der vom Kläger für den Monat März 1957 verfolgten Ansprüche nicht. Denn wenn rechtskräftig zwischen den Parteien feststeht, daß jedenfalls ab Ende Februar 1957 zwischen den Parteien kein Arbeitsverhältnis mehr bestand, konnte der Kläger nicht mehr mit der Zahlungs- und Auskunftsklage für den März 1957 mit der Begründung durchdringen, die Beklagte habe sich in Annahmeverzug befunden. Denn damit leitet er aus einem Rechtsverhältnis Rechte her, dessen Bestehen rechtskräftig verneint worden ist (vgl. Stein-Jonas, a. a. O., § 322 IX 2). Diese Rechtskraft hat zur Folge, daß für die vom Kläger aus dem Gesichtspunkt des Annahmeverzuges erhobenen Ansprüche das Bestehen eines Arbeitsverhältnisses in Übereinstimmung mit der rechtskräftigen Feststellung des Teilurteils verneint werden muß, womit die Möglichkeit entfällt, einen Annahmeverzug der Beklagten anzunehmen.

B. Was die Revision der Beklagten angeht, handelt es sich bei ihr darum, ob das Landesarbeitsgericht zu Recht angenommen hat, der Kläger habe einen Auskunftsanspruch über die Umsätze der Gruppe Gr. für die Zeit vom 1. November 1956 bis 28. Februar 1957.

1. Das Landesarbeitsgericht ist in rechtlicher Beziehung zutreffend davon ausgegangen, die Berechtigung des Auskunftsbegehrens des Klägers hänge davon ab, ob die Vereinbarung bezüglich des Umsatzbonus auch die Gruppe Gr. ergreife. Im übrigen gilt für die Grundlage des Auskunftsanspruches das unter A 1 dieser Entscheidungsgründe bereits Ausgeführte.

2. Aus der vom Kläger am 15. Februar 1956 ausgestellten Vollmacht hat das Landesarbeitsgericht entnommen, die dem Kläger unter-

stellte D.-Verkaufsdirektion der Beklagten sei der Sitz der zentralen Verkaufsleitung der Beklagten gewesen. Daraus sowie aus der Bezeichnung des Klägers als „Verkaufsdirektor" oder „Verkaufsleiter" der von der Beklagten eingerichteten H.-Vertriebsorganisation hat es als erwiesen angesehen, zwischen den Parteien sei vereinbart gewesen, daß dem Kläger der versprochene Bonus für alle im Bundesgebiet verkauften H.-Waschmaschinen zustehe, soweit diese durch seinem Verkaufsbüro unterstellte Vertriebsorganisationen verkauft worden sind. Es hat weiter als erwiesen angesehen, daß die Verkaufsgruppe Gr. in die Vertriebsorganisation des Verkaufsbüros des Klägers eingebaut gewesen sei.

Mit dieser Begründung ließ sich der Auskunftsanspruch des Klägers aber nur für die Zeit vom 1. November 1956 bis zum 31. Dezember 1956 rechtfertigen. Denn das Landesarbeitsgericht geht davon aus, am 31. Dezember 1956 sei das Arbeitsverhältnis zwischen den Parteien beendet gewesen. Wie die Rechtsbeziehungen der Parteien nach dem 1. Januar 1957 waren, hat es nicht näher festgestellt. Ohne eine solche Prüfung konnte es jedoch einen Bonusanspruch des Klägers für die Zeit ab 1. Januar 1957 und damit einen Auskunftsanspruch des Klägers nicht in Betracht ziehen. Dieser Rechtsfehler zwingt zur Aufhebung des angefochtenen Urteils, soweit das Landesarbeitsgericht einen Auskunftsanspruch für die Zeit ab 1. Januar 1957 bis 28. Februar 1957 bejaht hat. Ob in dieser Zeit zwischen den Parteien Rechtsbeziehungen bestanden und welchen Inhalt diese hatten, kann das Revisionsgericht in Ermangelung entsprechender vollständiger tatsächlicher Feststellungen durch das Landesarbeitsgericht nicht von sich aus feststellen. Das Fehlen von Vertragsbeziehungen läßt sich insbesondere nicht, wie oben zu Ziffer A 3 d und e dieser Entscheidungsgründe erörtert, schon aus den Rechtskraftwirkungen des Teilurteils vom 25. Juni 1956 herleiten. Deshalb ist auch die Zurückverweisung des Rechtsstreites an die Vorinstanz zur anderweiten Verhandlung und Entscheidung notwendig.

3. Soweit ein Auskunftsanspruch des Klägers für die Zeit vom 1. November 1956 bis zum 31. Dezember 1956 in Rede steht, ergibt sich folgendes:

a) Aus dem angefochtenen Urteil ergibt sich, daß die Gruppe Gr. für die Beklagte erst tätig geworden ist, nachdem der Kläger den Vertrag vom 15. Februar 1956 abgeschlossen hatte.

Unter diesen Umständen ist es nicht zu beanstanden, wenn das Landesarbeitsgericht den Vertrag vom 15. Februar 1956 lediglich auf Grund des Inhaltes der Vollmachtsurkunde vom 15. April 1956 und unter Berücksichtigung der Gesamtumstände, unter denen das Verkaufsbüro der Beklagten in D. betrieben wurde, dahin auslegt, dem Kläger habe danach ein Umsatzbonus für alle im Bundesgebiet verkauften H.-Waschmaschinen zugestanden, soweit sie durch die seinem Verkaufsbüro unterstellten Vertriebsorganisationen verkauft worden sind. Insoweit ist weder ein Denkverstoß noch ein Verstoß gegen Erfahrungssätze oder gegen Auslegungsregeln zu erkennen.

b) Demnach hing die Berechtigung des Auskunftsbegehrens des Klägers für die hier nur noch in Rede stehende Zeit vom 1. November 1956 bis 31. Dezember 1956 davon ab, ob die Gruppe Gr. in die vom Kläger geleitete Vertriebsorganisation eingebaut war und ob es zutraf, wie die Beklagte behauptet hatte, daß der Kläger anläßlich der Aufnahme der Tätigkeit der Gruppe Gr. oder danach sich damit einverstanden erklärt hatte, daß ihm ein Umsatzbonus aus deren Tätigkeit nicht zustehe.

Ersteres hat das Landesarbeitsgericht auf Grund der Aussage des Zeugen Gr. als erwiesen angesehen. Gegen diese tatsächlichen Feststellungen sind prozessuale Rügen im Sinne des § 554 Abs. 3 Ziffer 2 b ZPO von der Beklagten nicht erhoben worden.

Soweit das Landesarbeitsgericht angenommen hat, es sei nicht bewiesen, daß der Kläger sich mit der Herausnahme der Gruppe Gr. aus der Umsatzbonuspflicht einverstanden erklärt habe, rügt die Revision der Beklagten mit Recht die Verletzung des § 286 Abs. 1 ZPO. Diese Vorschrift gebietet dem Tatrichter, seine Überzeugung darüber, ob eine streitige Behauptung wahr ist oder nicht, unter Berücksichtigung des gesamten Inhaltes der Verhandlungen und des Ergebnisses einer etwaigen Beweisaufnahme zu bilden. Daraus folgt die Pflicht des Tatrichters, sich in seinen Entscheidungsgründen mit einem Beweisergebnis in Form einer Beweiswürdigung auseinanderzusetzen, weil sich nur so ergibt, ob § 286 Abs. 1 ZPO Genüge getan ist. Diesem Gebot wird die vom Landesarbeitsgericht angestellte Beweiswürdigung darüber, ob der Kläger einer nachträglichen Änderung des Vertragsverhältnisses vom 15. Februar 1956 zugestimmt habe, jedoch nicht gerecht. Zu dem streitigen Beweisthema waren in erster Instanz die Zeugin Sch. und die Ehefrau des Inhabers der Beklagten vernommen worden. Wenn das Landesarbeitsgericht auch gemäß § 526 Abs. 1 ZPO das erstinstanzliche Beweisergebnis seiner Beweiswürdigung zugrundelegen konnte und angesichts des unsubstantiierten Beweisantritts der Beklagten in der Berufungsinstanz, die Ehefrau des Inhabers der Beklagten habe in erster Instanz unvollständig ausgesagt, von einer erneuten Vernehmung der Ehefrau in der Berufungsinstanz absehen durfte, so entband das es jedoch nicht von der Pflicht, sich mit dem diesbezüglichen Ergebnis der erstinstanzlichen Beweisaufnahme auseinanderzusetzen. Daran aber hat es das Landesarbeitsgericht fehlen lassen. Der von ihm angebrachte Satz „insoweit folge es den zutreffenden Ausführungen des angefochtenen Urteils" enthält keine sachliche Auseinandersetzung mit dem Beweisergebnis der ersten Instanz, sondern ist eine inhaltlose Floskel. Wollte man sich mit ihr begnügen, würden Erwägungen Tür und Tor geöffnet, die selbst nicht nachprüfbar wären. Soweit das Landesarbeitsgericht dazu noch ausgeführt hat, die erneute Vernehmung der Ehefrau des Inhabers der Beklagten sei unangebracht, weil sie am Ausgang des Rechtsstreites ihres Ehemannes interessiert und ihre Aussage zur Beweisführung daher ungeeignet sei, gab das erstinstanzliche Beweisergebnis für eine solche Annahme dem Landesarbeitsgericht keinen Anhalt. Es liegt darin eine sogenannte „antezipierte Beweiswürdigung", die unzulässig ist und gegen § 286 ZPO verstößt. Ist eine in das Wissen eines Zeugen gestellte Tatsache erheblich, so ist dieser Zeuge zu hören, weil andernfalls das Gericht selbst die durch § 286 ZPO gebotene Berücksichtigung des gesamten Inhalts der Verhandlungen verhindert. Die Vernehmung darf nicht deshalb unterbleiben, weil die Behauptung durch das Ergebnis der bisherigen Beweisaufnahme widerlegt sei, sondern nur dann, wenn jede Möglichkeit, daß die Beweisaufnahme Sachdienliches ergeben werde, ausgeschlossen ist. Mit dieser aus § 286 ZPO sich ergebenden Pflicht der erschöpfenden Beweisaufnahme ist es unvereinbar, einem Zeugen zu glauben, ohne einen für das Gegenteil benannten Zeugen zu hören. Denn das Gericht kann nicht wissen, was der Zeuge, den es nicht hört, aussagen wird und inwieweit seine Darstellung, insbesondere nach den ganzen Umständen seiner Vernehmung und seiner Aussage, glaubwürdiger ist als die des gehörten Zeugen. Ohne eine solche Kenntnis kann es daher der ihm nach § 286 ZPO auferlegten Pflicht zur umfassenden Beweisaufnahme und -würdigung nicht genügen (vgl. BGH NJW 1951, 481 [482]). Besondere Umstände, die ausnahmsweise eine andere Handhabung rechtfertigen, mögen denkbar sein, sind aber im vorliegenden Fall jedenfalls nicht gegeben. Bei dieser unzulässigen antezipierten Beweiswürdigung liegt auch nahe, daß sie Anlaß für eine stillschweigend negative Bewertung der erstinstanzlichen Aussage der Zeugin durch das Landesarbeitsgericht war. Da es nach all dem somit möglich erscheinen muß, daß bei ordnungsmäßiger Beweiswürdigung das Landesarbeitsgericht zur Frage der nachträglichen Abänderung des ursprünglichen Vertrages vom 15. Februar

1956 zu einem anderen Ergebnis gekommen wäre als es gekommen ist, erweist sich dieser Verfahrensverstoß als rechtskausal im Sinne von § 549 Abs. 1 ZPO. Das führt gemäß § 564 Abs. 1 ZPO zur Aufhebung des angefochtenen Urteils und, da das Revisionsgericht insoweit ebenfalls keine eigenen tatsächlichen Feststellungen treffen kann, zur Zurückverweisung der Sache an die Vorinstanz auch insoweit, als der Auskunftsanspruch des Klägers für die Zeit vom 1. November bis 31. Dezember 1956 in Rede steht, ohne daß es dabei noch darauf ankommt, inwieweit die weitere Rüge der Beklagten, das Landesarbeitsgericht habe anläßlich der Vernehmung des Zeugen Gr. noch § 139 ZPO verletzt, zutrifft.

7

1. Die Angestellten der VergGr. IV TO.A, erste Fallgruppe, müssen sich durch eine besonders verantwortliche Stellung aus den entsprechenden Tätigkeitsmerkmalen der VergGr. V b TO.A herausheben.

Die Tätigkeit nach VergGr. IV TO.A unterscheidet sich von der nach VergGr. V b TO.A insofern nur dem Grade, nicht der Art nach. Ob dies der Fall ist, liegt im wesentlichen im Beurteilungsspielraum der Tatsacheninstanz.

2. Für die Einreihung eines Angestellten in eine Vergütungsgruppe der Anlage 1 zur TO.A kommt es allein auf die Tätigkeit, die der Angestellte ausübt, an.

3. Wird ein Angestellter auf einem Dienstposten beschäftigt, der in der Regel mit einem Beamten besetzt wird, so kann aus einem Vergleich der Besoldung dieses Beamten mit den Gehältern der Angestellten nach Anlage 1 zur TO.A kein Schluß auf die richtige, d. h. der Tätigkeit des Angestellten entsprechende, Vergütungsgruppe gezogen werden.

TO.A Anlage 1 (VergGr. IV, erste Fallgruppe).

IV. Senat. Urteil vom 22. 11. 1958 i. S. F. B. (Bekl.) w. A. (Kl.) 4 AZR 388/56.

I. Arbeitsgericht Weiden (Zweigstelle Schwandorf).
II. Landesarbeitsgericht Bayern (Nürnberg).

Der Kläger war vom 1. Juni 1953 bis zum 4. Februar 1955 im Angestelltenverhältnis als Dienststellenleiter eines Lastenausgleichsamts beschäftigt. Er erhielt die Bezüge nach der VergGr. V b TO.A. Der räumliche Bereich seiner Dienststelle umfaßte 32 000 Einwohner. Im Jahre 1953 sind durch dieses Ausgleichsamt aus Mitteln des Lastenausgleichs für Unterhalts- und Hausratshilfe, Erziehungsbeihilfen und Aufbaudarlehen rund 2 Millionen DM ausgezahlt worden. Dem Kläger unterstanden 8 Angestellte. Zu seinen dienstlichen Aufgaben gehörten die Leitung des Ausgleichsamts, die Geschäftsverteilung und Organisation, der Vorsitz im Ausgleichsausschuß, der Entwurf der Berichte an die vorgesetzte Dienststelle, die Vorbereitung und Abwicklung der Beschwerdeverfahren, die Überwachung der Rechtsprechung und deren Auswertung für die Dienststelle, das Sachgebiet der Erziehungsbeihilfe, die Leitung des Aufgabengebietes der Kriegsschadenrente.

Der Kläger ist der Ansicht, seine Tätigkeit habe den Merkmalen der VergGr. IV TO.A entsprochen. Mit der Klage verlangt er die Feststellung, daß er nach der VergGr. IV TO.A zu entlohnen sei, sowie Zahlung des Gehaltsunterschiedes zwischen den VergGr. IV und V b TO.A für die Monate Juni bis August 1953.

Der Beklagte hat Klageabweisung beantragt. Er ist der Auffassung, die VergGr. IV TO.A komme nur für die Leitung größerer Ausgleichsämter als das vom Kläger geleitete in Betracht. Er hat behauptet, daß der Kläger überwiegend nicht mit leitenden oder sonst besonders verantwortlichen Aufgaben, sondern mit der Tätigkeit eines Sachbearbeiters befaßt gewesen sei. Auch sei er weder bei seiner Einstellung in sein Aufgabengebiet eingearbeitet gewesen, noch habe er sich bewährt.

Arbeitsgericht und Landesarbeitsgericht haben der Klage stattgegeben. Die Revision des Beklagten blieb ohne Erfolg.

Aus den Gründen:

I. Unbegründet ist die Rüge der Revision, das Landesarbeitsgericht habe gegen die Vorschriften der Zivilprozeßordnung über die Beweisaufnahme verstoßen, weil es die Entscheidung einer Rechtsfrage, nämlich darüber, ob der Kläger in einer besonders verantwortlichen Stellung tätig gewesen sei, einem Sachverständigen überlassen habe.

Allerdings enthält das in der Vergütungsordnung der TO.A für die Büroangestellten der VergGr. IV aufgestellte Tätigkeitsmerkmal der „besonders verantwortlichen Stellung" einen allgemeinen oder sog. unbestimmten Rechtsbegriff. Die Entscheidung darüber, ob dieses Tätigkeitsmerkmal erfüllt ist, erfordert daher nicht nur tatsächliche Feststellungen, sondern auch deren Unterordnung unter diesen Rechtsbegriff. Die Entscheidung dieser Rechtsfrage darf das Gericht nicht einem Sachverständigen überlassen. Das Landesarbeitsgericht hat das indessen auch nicht getan. Es hat zwar in seinem Beweisbeschluß dem bestellten Sachverständigen aufgegeben, sich gutachtlich darüber zu äußern, ob die im Beschluß im einzelnen bezeichnete Tätigkeit des Klägers zumindest im überwiegenden Maße eine solche sei, die als eine Tätigkeit in besonders verantwortlicher Stellung im Sinne der Tätigkeitsmerkmale der VergGr. IV TO.A zu beurteilen sei. Das Berufungsgericht hat aber das eingeholte Gutachten nicht etwa in der Weise verwertet, daß es die Bewertung der Tätigkeit des Klägers dem Sachverständigen überlassen hätte. Es hat vielmehr selbst geprüft, ob die vom Sachverständigen hervorgehobenen Umstände, namentlich die für die Tätigkeit des Klägers vorausgesetzten Kenntnisse, der Umfang seiner Entscheidungsbefugnis und die daraus sich ergebenden Auswirkungen auf die Betroffenen und die verwalteten öffentlichen Mittel sowie die Stellung des Klägers innerhalb des Behördenaufbaus geeignet sind, die Annahme einer besonders verantwortlichen Stellung zu rechtfertigen. Wenn es sich hierbei neben eigenen Argumenten weitgehend den Ausführungen des Sachverständigen, weil es diese für rechtlich zutreffend erachtete, angeschlossen hat, so läßt das einen Verstoß gegen verfahrensrechtliche Vorschriften nicht erkennen.

II. Die vom Kläger begehrte VergGr. IV TO.A erfordert bei Angestellten im Bürodienst eine Tätigkeit „in besonders verantwortlicher Stellung", während die dem Kläger vom Beklagten zugebilligte VergGr. V b eine selbständige Tätigkeit in einer Stelle von besonderer Bedeutung voraussetzt. Zutreffend geht das Berufungsgericht davon aus, daß die vom Dienstherrn vorgenommene Einreihung des Angestellten in eine Vergütungsgruppe der Anlage 1 zur TO.A nicht konstitutiv wirkt und von den Tatsacheninstanzen in vollem Umfange nachzuprüfen ist. Das Revisionsgericht hat dagegen die Anwendung der in den Tätigkeitsmerkmalen der TO.A enthaltenen allgemeinen (unbestimmten) Rechtsbegriffe, zu denen auch die bei der VergGr. IV genannte „besonders verantwortliche Stellung" gehört, nur daraufhin nachzuprüfen, ob das angefochtene Urteil den Rechtsbegriff selbst verkannt hat, oder ob bei der Unterordnung des Sachverhalts unter die Rechtsnorm Denkgesetze oder allgemeine Erfahrungssätze verletzt sind oder die Bewertung, insbesondere wegen Außerachtlassung wesentlicher Umstände, offensichtlich fehlerhaft ist; im übrigen liegt die Bewertung im Beurteilungsspielraum der Tatsacheninstanz (vgl. BAG 4, 152).

Auf einer Rechtsverletzung der bezeichneten Art beruht das angefochtene Urteil nicht. Bedenklich sind allerdings die Ausführungen des Berufungsgerichts, soweit es den Dienstposten des Klägers mit bestimmten Beamtenbesoldungsgruppen vergleicht. Es schließt sich dabei einer als Ansicht der beteiligten Fachkreise bezeichneten Auffassung an, daß die Spitzenkräfte der Ausgleichsämter, weil sie die Voraussetzungen für den gehobenen Verwaltungsdienst erfüllen müßten, in die VergGr. Vb bzw. IV TO.A einzustufen seien, da diese Gruppen den Besoldungsgruppen A 4 c 2 (Inspektor) bzw. A 4 b 1 (Oberinspektor) entsprächen; wenn aber bei dem Dienststellenleiter und seinem Stellvertreter wegen ihrer unterschiedlichen Verantwortung eine verschiedene Eingruppierung gerechtfertigt sei, so müsse für den Dienststellenleiter die VergGr. IV TO.A die richtige Gruppe sein.

Dem ist zunächst entgegenzuhalten, daß § 308 Abs. 3 des Lastenausgleichsgesetzes (LAG) vom 14. August 1952 (BGBl. I, S. 446) die Bestellung des Dienststellenleiters und seines Stellvertreters nicht von der Befähigung zum gehobenen Verwaltungsdienst abhängig macht. Es heißt dort, daß zum Dienststellenleiter und zu dessen Stellvertreter nur Personen zu bestellen sind, die die erforderliche persönliche und fachliche Eignung für ein solches Amt besitzen; die erforderliche fachliche Eignung ist bei Befähigung zum gehobenen Verwaltungsdienst in der Regel anzunehmen. Die Befähigung zum gehobenen Verwaltungsdienst ist also weder notwendige Voraussetzung für die Bestellung zum Dienststellenleiter oder Stellvertreter, noch gewährleistet sie in jedem Falle die dafür erforderliche fachliche Eignung. Immerhin gibt die Bestimmung des § 308 Abs. 3 LAG einen Hinweis auf die Bedeutung, die der Gesetzgeber den Aufgaben des Dienststellenleiters eines Ausgleichsamts und seines Stellvertreters beimißt. Aus ihr können aber noch keine Schlüsse darauf gezogen werden, ob der Dienststellenleiter, wenn er als Angestellter beschäftigt wird, über die „Stelle von besonderer Bedeutung" (VergGr. Vb) hinaus eine besonders verantwortliche Stellung innehat und deshalb in die VergGr. IV TO.A einzustufen ist, so wenig etwa ein Angestellter, der den für einen Oberinspektor vorgesehenen Dienstposten versieht, schon daraus den Anspruch auf eine bestimmte Vergütungsgruppe der TO.A herleiten kann. Zwischen der Regelung der Beamtenbesoldung und der Vergütung der Angestellten besteht nämlich, ganz abgesehen von der verschiedenen Berechnung der Bezüge nach dem Dienstbzw. Lebensalter und der andersartigen Gestaltung der Versorgung, ein wesentlicher Unterschied. Die Bezüge des Beamten richten sich nach dem ihm übertragenen Amt und sind von der ausgeübten Tätigkeit unabhängig; es kann also beispielsweise die gleiche Tätigkeit bei unterschiedlicher Besoldung einem Inspektor oder einem Oberinspektor übertragen sein. Für die Einreihung des Angestellten in eine Vergütungsgruppe der TO.A ist dagegen allein die Art der übertragenen Tätigkeit, nämlich die Erfüllung der in der Vergütungsordnung aufgestellten Tätigkeitsmerkmale maßgebend. Es kann daher, wenn ein Angestellter einen für einen

Beamten vorgesehenen Dienstposten versieht, aus einem Vergleich der Besoldung eines solchen Beamten mit den Angestelltengehältern kein Schluß auf die richtige, d. h. der Tätigkeit entsprechende, Vergütungsgruppe der TO.A gezogen werden (vgl. hierzu BAG AP Nr. 19 zu § 3 TO.A am Schluß mit Anmerkung von Jesch). Soweit vom Bund, von den Ländern und früher vom Zentral-Haushalts-Amt für die britische Zone und dem Personalamt des Vereinigten Wirtschaftsgebiets vergleichende Gegenüberstellungen der Beamtenbesoldungsgruppen und der Vergütungsgruppen herausgegeben worden sind, dienten diese Erlasse lediglich dem Zweck, zur Vermeidung von Härten die Bestimmung des § 5 Abs. 5 TO.A über die Berechnung der Grundvergütung auf ehemalige Beamte, die als Angestellte wiedereingestellt wurden, zu ermöglichen und eine gleichmäßige Handhabung zu erleichtern (vgl. hierzu Böhm-Jund, Recht für Angestellte, S. 82, 97 f.; Ambrosius zu § 5 Abs. 5 TO.A, lfd. Nr. 37). Diese Gegenüberstellungen bedeuten daher keine Bewertung von Dienstposten im Sinne des Tarifrechts. Das zeigt sich z. B. deutlich darin, daß in diesen Gegenüberstellungen die Besoldungsgruppe des Regierungsamtmanns (A 3 b), der auch zum gehobenen Verwaltungsdienst rechnet, mit der VergGr. III TO.A verglichen wird, was den Tätigkeitsmerkmalen der ersten Fallgruppe dortselbst (Angestellte mit abgeschlossener Hochschulbildung oder gleichwertige Angestellte) nicht entspricht.

Wohl kann daraus, daß eine Verwaltung regelmäßig eine Tätigkeit von einer bestimmten Beamtenkategorie wahrnehmen läßt, ein Schluß darauf gezogen werden, welche Bedeutung die Verwaltung selbst dieser Tätigkeit beimißt, und dies kann wiederum als „Anschauung der beteiligten Berufskreise" (vgl. BAG 1, 247; 5, 38) für die Auslegung der in den Tätigkeitsmerkmalen der TO.A enthaltenen unbestimmten Rechtsbegriffe als Erkenntnisquelle von Bedeutung sein. Entsprechendes gilt, wenn ein Gesetz für einen Dienstposten eine bestimmte Befähigung verlangt. Es ist aber, wie sich aus den obigen Ausführungen ergibt, irrig, wenn das Berufungsgericht die VergGr. V b TO.A hinsichtlich der Bewertung der Tätigkeit schlechthin als unterste mit dem gehobenen Verwaltungsdienst vergleichbare Vergütungsgruppe ansieht.

Diese von Rechtsirrtum beeinflußten Ausführungen des angefochtenen Urteils sind aber im Ergebnis unschädlich. Denn das Berufungsgericht hat auch unabhängig von ihnen die Tätigkeit des Klägers einer eingehenden Prüfung unterzogen, ohne daß die Bewertung einen revisiblen Verstoß erkennen läßt.

Das Berufungsgericht untersucht die Bedeutung der Dienststellung des Klägers nach den ihr vom Lastenausgleichsgesetz zugewiesenen Aufgaben und würdigt die Tätigkeit des Klägers sowohl nach ihrer Schwierigkeit wie nach ihren Auswirkungen auf den Staat und die betroffenen Außenstehenden. Es berücksichtigt, in welcher Größenordnung den Lastenausgleichsämtern die Verteilung öffentlicher Mittel übertragen ist und welche Verantwortung mit ihrer richtigen Verteilung verbunden ist: einerseits bedürfe es einer sorgfältigen Prüfung der Erfolgsaussichten und der Förderungswürdigkeit der Antragsteller, andererseits müsse auch das Vertrauen der Vertriebenen und Kriegsgeschädigten zum Staat geweckt und gestärkt werden. Das Berufungsgericht verweist auf die dem Dienststellenleiter des Lastenausgleichsamts im Lastenausgleichsgesetz (§§ 335 Abs. 2, 343 Abs. 1, 345 Abs. 1, 347) und in weiteren Spezialvorschriften übertragene Entscheidungsbefugnis, die bei der Gewährung von Aufbaudarlehen für die gewerbliche Wirtschaft und die freien Berufe bis zum Betrage von 10 000 DM gehen. Weiter stellt das angefochtene Urteil fest, daß der Dienststellenleiter eine kaum übersehbare Fülle von Gesetzesmaterial und sonstigen Vorschriften beherrschen muß, insbesondere bei der ihm übertragenen Leitung der Ausschüsse und der fachlichen Aufsicht über alle Angestellten des Amtes. Daneben muß er die Entwicklung von Rechtsprechung und Lehre verfolgen und sie zumindest in den grundsätzlichen Fragen überblicken.

Wenn das Berufungsgericht unter Berücksichtigung aller dieser Umstände zu dem Ergebnis gelangt, daß der Kläger in einer besonders verantwortlichen Stellung im Sinne der Merkmale der VergGr. IV TO.A tätig gewesen ist, so kann darin eine Rechtsverletzung der oben bezeichneten Art nicht gefunden werden. Das Landesarbeitsgericht geht zutreffend davon aus, daß der Büroangestellte der VergGr. IV TO.A sich durch eine besonders verantwortliche Stellung aus den Tätigkeitsmerkmalen der VergGr. V b herausheben muß. Die VergGr. V b erfordert bereits eine „Stelle von besonderer Bedeutung". Diese besondere Bedeutung kann, wie der erkennende Senat bereits in einer früheren Entscheidung (BAG 5, 38) ausgeführt hat, im Aufbau der Verwaltung selbst in Erscheinung treten, beispielsweise durch Zuweisung von Aufsichtsfunktionen oder besonders schwierigen Aufgaben, oder auch nach außen, nämlich in der besonderen Einwirkung der Tätigkeit auf die Lebensverhältnisse Dritter; je nach den Umständen kann das eine oder das andere Moment genügen, es kann aber auch im Einzelfalle eine besondere Bedeutung der Stelle erst beim Zusammentreffen beider Momente anzuerkennen sein. Daraus ergibt sich, daß sich die Tätigkeit nach der VergGr. IV von derjenigen nach der VergGr. V b TO.A nur dem Grade nach, nicht aber — wie z. B. die selbständige von einer routinemäßigen

Tätigkeit — auch der Art nach unterscheidet. Denn durch eine größere Verantwortung zeichnen sich in aller Regel die Tätigkeiten der höheren Vergütungsgruppen vor denen der niedrigeren Gruppen aus, weil regelmäßig mit der schwierigeren Tätigkeit auch eine größere Verantwortung verbunden ist. Im einzelnen kann sich die Verantwortung auf den Behördenapparat als solchen erstrecken, wie bei der Wahrnehmung von Aufsichtsfunktionen, oder auf ideelle oder materielle Belange des Dienstherrn oder schließlich auch auf die Lebensverhältnisse Dritter. Ähnlich wie bei der „besonderen Bedeutung" einer Stelle der VergGr. V b kann sich die besondere Verantwortlichkeit der Stellung im Sinne der Tätigkeitsmerkmale der VergGr. IV TO.A schon aus einem dieser Momente oder auch erst aus dem Zusammentreffen mehrerer ergeben. Die Entscheidung hierüber, insbesondere die Abgrenzung von der „Stelle von besonderer Bedeutung" der VergGr. V b liegt im wesentlichen im Beurteilungsspielraum der Tatsacheninstanz.

Eine offensichtlich fehlerhafte Bewertung liegt auch nicht darin, daß das Landesarbeitsgericht eine besonders verantwortliche Stellung bereits bei dem Dienststellenleiter eines kleinen Ausgleichsamts als gegeben ansieht, während der Beklagte das erst für die Dienststellenleiter großer Ausgleichsämter anerkennen will. Zwar wäre es fehlerhaft zu sagen, es könne für das Maß der Verantwortung eines Dienststellenleiters grundsätzlich auf die Größe der Dienststelle nicht ankommen. Es kann im Einzelfalle durchaus so liegen, daß erst durch eine größere Zahl der unterstellten Kräfte oder durch den Umfang der tatsächlich ausgeübten Entscheidungsbefugnis die Aufgaben eines Dienststellenleiters als besonders verantwortlich erscheinen. Andererseits kann aber die besondere Verantwortlichkeit je nach den Umständen auch schon bei dem Leiter einer kleineren Dienststelle anzunehmen sein. Das angefochtene Urteil bejaht das bei dem Kläger, weil er die weitverzweigte Materie des Lastenausgleichs ebenso beherrschen müsse und ebenso verantwortungsvolle Entscheidungen zu treffen habe wie der Dienststellenleiter eines großen Amtes. Das ist aus Rechtsgründen nicht zu beanstanden.

Unbegründet ist der Angriff der Revision, das Landesarbeitsgericht habe nicht beachtet, ob der Kläger überwiegend eine besonders verantwortliche Tätigkeit ausgeübt habe; tatsächlich sei der Kläger überwiegend nicht mit leitenden Aufgaben, sondern mit der Tätigkeit eines Sachbearbeiters befaßt gewesen. Irrig ist zunächst die Meinung der Revision, es könne, soweit der Kläger besonders verantwortliche Entscheidungen getroffen habe, nur die Entscheidung selbst, nicht aber deren Vorbereitung als besonders verantwortlich angesehen werden; in solcher Weise darf eine einheitliche Tätigkeit nicht zerlegt und unterschiedlich bewertet werden. Im übrigen hat das angefochtene Urteil festgestellt, daß die Sachbearbeitung in Angelegenheiten der Erziehungsbeihilfe den Kläger nicht überwiegend in Anspruch genommen hat. Es führt weiter aus, daß die dem Kläger ferner übertragene L e i t u n g des Aufgabengebietes der Kriegsschadenrente nicht als Sachbearbeitertätigkeit anzusehen sei. Diese Auffassung entspricht der Regelung des § 335 LAG, wonach über die Anträge auf Kriegsschadenrente der Leiter des Ausgleichsamts oder der Ausgleichsausschuß entscheidet, dessen Vorsitzender der Kläger war. Schließlich hat es das Landesarbeitsgericht bei der Feststellung der überwiegenden Tätigkeit des Klägers zu Recht sinngemäß darauf abgestellt, was der Gesamttätigkeit des Klägers das besondere Gepräge gab (vgl. BAG 1, 92; Clemens-Görner-Opalke, Vergütungsrecht der Angestellten des öffentlichen Dienstes, S. 38). Hiernach kann es dahingestellt bleiben, ob die Sachbearbeitertätigkeit des Klägers bei der Bewertung seiner Stellung auch deshalb nicht zu berücksichtigen ist, weil sein Dienstvertrag ausdrücklich die Tätigkeit eines Dienststellenleiters und nicht die eines Sachbearbeiters zum Inhalt hat.

Entgegen der Meinung der Revision durfte das Landesarbeitsgericht bei der Bewertung der Tätigkeit des Klägers die Behauptung des Beklagten unberücksichtigt lassen, der Kläger habe sich erst einarbeiten müssen und habe sich nicht bewährt. Die besondere Verantwortlichkeit einer Stellung ergibt sich aus der dem Angestellten übertragenen Tätigkeit. Dem Kläger war von Anfang an die volle Verantwortung des Dienststellenleiters eines Ausgleichsamts übertragen. Falls er den an ihn gestellten Anforderungen nicht voll entsprochen hat, konnte das eine Kündigung mit oder ohne Angebot einer geringerwertigen Weiterbeschäftigung, nicht aber eine niedrigere Einstufung rechtfertigen.

8

1. Die Bestimmung in Nr. 8 Abs. b DO. RAM, daß Einwendungen gegen die vom Arbeitgeber vorgenommene Einreihung eines Angestellten in einer Vergütungsgruppe der TO.A innerhalb von zwei Monaten nach der Mitteilung geltend zu machen sind, ist für tarifliche Vergütungsansprüche ohne Bedeutung.

2. Dasselbe gilt von der Bestimmung in ADO Nr. 5 Abs. 2 zu § 5 TO.A.

3. Die Verjährungseinrede kann durch den Einwand der unzulässigen Rechtsausübung entkräftet werden, wenn der Gläubiger von der rechtzeitigen Klageerhebung durch das Verhalten des Schuldners, wenn auch unabsichtlich, abgehalten worden ist.

Der Einwand der unzulässigen Rechtsausübung entfällt, wenn der Gläubiger nach dem Wegfall der den Einwand begründenden Umstände die Klage nicht binnen einer nach Treu und Glauben zu bestimmenden, regelmäßig nur kurz zu bemessenden Frist erhoben hat.

DO. RAM vom 7. März 1942 Nr. 8 Abs. b; ADO Nr. 5 Abs. 2 zu § 5 TO.A; BGB § 242.

IV. Senat. Urteil vom 24. November 1958 i. S. B. f. A. (Bekl.) w. H. (Kl.) 4 AZR 228/56.

I. Arbeitsgericht Berlin. — II. Landesarbeitsgericht Berlin.

Der Kläger war beim Arbeitsamt B.-N. beschäftigt. Nachdem er zunächst eine Vergütung nach der VergGr. VI b TO.A erhalten hatte, stufte ihn die Beklagte am 19. Juni 1953 mit Wirkung vom 1. Februar 1953 in die VergGr. V b TO.A ein. Mit Schreiben vom 13. Oktober 1953 bat der Kläger die Beklagte, seine Einstufung zu überprüfen und ihm die Vergütung der VergGr. V b TO.A bereits vom 15. Februar 1952 ab zu bewilligen. Die zuständige untergeordnete Dienststelle der Beklagten lehnte das mit Bescheid vom 23. Januar 1954 unter Hinweis auf die ADO Nr. 5 Abs. 2 zu § 5 TO.A ab. Sie teilte dem Kläger jedoch gleichzeitig mit, sie habe dem Präsidenten der Beklagten berichtet und um Entscheidung gebeten, ob die vom Kläger gestellte Forderung außergerichtlich befriedigt werden könne. Auf seine Erinnerung wurde der Kläger unter dem 27. Juli 1954 dahin beschieden, daß die Entscheidung der Hauptstelle der Beklagten noch ausstehe, daß diese aber bemüht sei, über die Anwendung der Nr. 5 Abs. 2 ADO zu § 5 TO.A eine höchstrichterliche Entscheidung herbeizuführen. Durch Schreiben vom 6. August 1955 teilte die Beklagte dem Kläger schließlich mit, die Entscheidung ihres Präsidenten laute dahin, daß der Forderung des Klägers nur im Rahmen der Verjährungsfrist entsprochen werden könne. Demgemäß wurde dem Kläger der Unterschiedsbetrag zwischen der Vergütung nach den Vergütungsgruppen VI b und V b TO.A lediglich für den Monat Januar 1953 nachgezahlt.

Mit seiner am 1. Oktober 1955 bei Gericht eingegangenen Klage verlangt der Kläger den Unterschiedsbetrag zwischen den beiden genannten Vergütungsgruppen für die Zeit vom 1. Mai bis zum 31. Dezember 1952. Die Beklagte räumt ein, daß die Tätigkeit des Klägers seit dem

15. Februar 1952 die Merkmale der VergGr. V b erfüllt hat, beruft sich aber darauf, daß der Kläger die in Nr. 8 der Besonderen Dienstordnung für die Verwaltungen und Betriebe des Reichs und des Landes Preußen im Geschäftsbereich des Reichsarbeitsministeriums vom 7. März 1942 (DO. RAM) bestimmte zweimonatige Frist für Einwendungen gegen die vom Dienstherrn vorgenommene Eingruppierung nicht gewahrt habe; ferner erhebt sie die Einrede der Verjährung.

Beide Vorinstanzen haben der Klage stattgegeben. Die Revision der Beklagten wurde zurückgewiesen.

Aus den Gründen:

I. Nr. 8 Abs. b DO. RAM bestimmt, daß dem Angestellten die Vergütungsgruppe, in die er eingereiht wird, alsbald schriftlich mitzuteilen ist, und daß Einwendungen hiergegen spätestens innerhalb von 2 Monaten nach Empfang der schriftlichen Mitteilung auf dem Dienstwege geltend zu machen sind.

Das Landesarbeitsgericht ist der Ansicht, daß diese Bestimmung der DO. RAM weitergelte und auf das Arbeitsverhältnis des Klägers anzuwenden sei. Der Ablauf der für die Geltendmachung von Einwendungen bestimmten Frist bewirke aber nicht das Erlöschen der Gehaltsansprüche des Klägers, sondern habe nur zur Folge, daß die Beklagte dem Gehaltsanspruch des Klägers den Ablauf der Frist wie bei der Verjährung einredeweise entgegenhalten könne. Dieses Recht habe aber die Beklagte hier verwirkt, da sie in dem fast zwei Jahre andauernden Schriftwechsel sich niemals auf den Ablauf der Ausschlußfrist berufen, sondern den Kläger fortlaufend auf die noch ausstehende Klärung der Tragweite der ADO Nr. 5 Abs. 2 zu § 5 TO.A und die Möglichkeit einer außergerichtlichen Befriedigung seiner Ansprüche hingewiesen und schließlich in ihrem letzten Bescheid lediglich Verjährung geltend gemacht habe. Wenn die Beklagte sich nunmehr auf die in Nr. 8 DO. RAM bestimmte Ausschlußfrist stütze, stelle sie sich damit treuwidrig in Gegensatz zu ihrem gesamten früheren Verhalten.

Dem ist entgegenzuhalten, daß die Beklagte nach den Feststellungen des Berufungsgerichts dem Kläger keinen Anlaß gegeben hat, gegen die ihm mit dem Schreiben der Beklagten vom 19. Juni 1953 mitgeteilte Eingruppierung erst nach mehr als zwei Monaten, nämlich erst mit seinem Schreiben vom 13. Oktober 1953, Einwendungen zu erheben. Denn erst mit diesem Schreiben beginnt der Schriftwechsel der Parteien über die vom Kläger begehrte Eingruppierung.

Indessen kann es hier überhaupt dahingestellt bleiben, ob es sich bei der Frist der Nr. 8 Abs. b DO.RAM um eine echte Ausschlußfrist für die Geltendmachung von Rechten bzw. Ansprüchen handelt oder nur um eine sogenannte Nachprüfungsfrist. Es kann hier ferner unerörtert bleiben, ob die DO.RAM, wenn auch nicht unmittelbar, so doch gemäß §§ 1, 6 des Bundespersonalgesetzes vom 17. Mai 1950 (BGBl. I S. 207) sinngemäß auf das Arbeitsverhältnis des Klägers anzuwenden ist. Denn jedenfalls hat die Bestimmung der Nr. 8 Abs. b DO.RAM, daß Einwendungen des Angestellten gegen die ihm vom Dienstherrn mitgeteilte Einreihung in eine Vergütungsgruppe der TO.A spätestens binnen zwei Monaten nach Empfang der schriftlichen Mitteilung auf dem Dienstwege geltend zu machen sind, für den Klageanspruch keine Bedeutung. Diese Bestimmung beruht ersichtlich auf der zur Zeit des Erlasses der Dienstordnung herrschenden Rechtsauffassung, daß die vom Dienstherrn gemäß § 3 TO.A vorgenommene Einreihung des Angestellten in eine Vergütungsgruppe konstitutiv wirke, d. h. daß erst die Einreihung oder Einstufung in eine bestimmte Vergütungsgruppe den Anspruch auf entsprechende Vergütung zur Entstehung bringe, und daß diese vom Dienstherrn vorgenommene Einreihung bis zu einer Vertragsänderung auch maßgebend bleibe. Nach der vom Bundesarbeitsgericht in ständiger Rechtsprechung (vgl. BAG 1, 85; AP Nr. 8 zu § 3 TO.A) vertretenen Ansicht kommt aber der Einstufung des Angestellten durch den Behördenleiter eine konstitutive Bedeutung nicht zu. Vielmehr stehen dem Angestellten die Ansprüche nach der seiner Tätigkeit entsprechenden Vergütungsgruppe unmittelbar aus der Tarifordnung zu, so daß eine zu niedrige und deshalb tarifordnungswidrige Einstufung seitens des Arbeitgebers bedeutungslos ist. Kann aber der Arbeitgeber dem Angestellten das Recht auf tarifgerechte Eingruppierung durch eine unrichtige Einstufung nicht schmälern, und können die Vertragsparteien wegen der Unabdingbarkeit der Tarifordnung eine schlechtere als die richtige Vergütungsgruppe auch nicht vereinbaren, so ist die Bestimmung einer Dienstordnung, die für die Geltendmachung von Einwendungen des Angestellten gegen seine vom Arbeitgeber vorgenommene Einreihung eine Frist setzt, gegenstandslos.

Dasselbe gilt für die Bestimmung des § 5 Abs. 2 der ADO zu § 5 TO.A. Danach kann die oberste Dienstbehörde, wenn der Angestellte schon vor der Entscheidung über seine Ansprüche überwiegend Tätigkeiten einer höheren Vergütungsgruppe ausgeübt hat, die Zahlung der Dienstbezüge nach dieser Gruppe rückwirkend bis zu drei Monaten anordnen. Auch diese Bestimmung beruht auf der vom Bundesarbeitsgericht in ständiger Rechtsprechung abgelehnten Vorstellung, daß erst die Einreihung des Angestellten in die höhere Vergütungsgruppe seitens des Dienstherrn die tariflichen Ansprüche des Angestellten nach dieser Vergütungsgruppe begründe. Diese Ansprüche beruhen aber unmittelbar auf der Tarifordnung und ergeben sich aus der dem Angestellten übertragenen und von ihm ausgeübten Tätigkeit.

II. Die von der Beklagten erhobene Einrede der Verjährung will das Berufungsgericht nicht durchgreifen lassen, weil die Beklagte sich mit deren Geltendmachung in Widerspruch zu ihrem eigenen früheren Verhalten setze. Dem ist im Ergebnis beizutreten.

Die mit der Klage geltend gemachten Gehaltsforderungen des Klägers für das Jahr 1952 sind zwar gemäß §§ 196 Abs. 1 Ziffer 8, 201 BGB mit dem Ablauf des Jahres 1954, also vor Klageerhebung, verjährt. Der Kläger hatte seinen Anspruch aber bereits im Jahre 1953 gegenüber der Beklagten geltend gemacht. Die zuständige, untergeordnete Dienststelle der Beklagten hatte den Anspruch zwar abgelehnt. Sie hatte aber den Kläger zugleich wiederholt darauf hingewiesen, daß die endgültige Entscheidung des Präsidenten der Beklagten noch ausstehe. Damit hatte die Beklagte zum Ausdruck gebracht, daß sie ihre endgültige Entschließung darüber, ob sie den Anspruch des Klägers erfüllen wolle, erst noch treffen werde. Der Kläger konnte daher als Angestellter einer mehrstufigen Körperschaft des öffentlichen Rechts verständigerweise davon absehen, die Verjährung durch Klageerhebung zu unterbrechen, solange ihm der endgültige Bescheid der Beklagten noch nicht mitgeteilt war. Denn er durfte auf Grund des Verhaltens der Beklagten darauf vertrauen, daß diese entweder seinen Anspruch befriedigen oder aber, im Falle der endgültigen Ablehnung, sich auf die inzwischen eingetretene Verjährung nicht berufen werde. Hat aber der Schuldner durch sein Verhalten, wenn auch unabsichtlich, den Gläubiger von der rechtzeitigen Klageerhebung abgehalten, so wird die Verjährungseinrede durch den Gegeneinwand der unzulässigen Rechtsausübung entkräftet; denn die Berufung auf die Verjährung verstößt gegen Treu und Glauben, weil sie mit dem früheren Verhalten des Schuldners unvereinbar ist (RGZ 144, 381; Enneccerus-Nipperdey, Allgem. Teil des bürgerlichen Rechts, 2. Halbband, 1955, S. 1019 f.).

Das bedeutet jedoch nicht, daß mit dem Wegfall der den Arglisteinwand begründenden Umstände die Verjährungsfrist von neuem zu laufen beginne. Es findet auch keine Hemmung der Verjährung mit der in § 205 BGB bestimmten Wirkung statt. Vielmehr darf sich der Schuldner nur so lange nicht auf den durch sein Verhalten wesentlich mitverursachten Eintritt der Verjährung berufen, als ihre Geltendmachung mit eben diesem Verhalten des Schuldners in Widerspruch steht und daher gegen Treu und Glauben verstößt. Daher muß der Gläubiger nach dem Wegfall der den Einwand der unzulässigen Rechtsausübung begründenden Verhältnisse binnen einer wiederum nach Treu und Glauben unter Berücksichtigung der Umstände des Einzelfalles zu bestimmenden angemessenen Frist Klage erheben. Tut er das nicht, so kann sich nunmehr der Schuldner auf die Verjährung berufen, ohne daß ihm der Arglisteinwand erfolgreich entgegengesetzt werden kann (vgl. RGZ 143, 253 f.; 153, 111; BGHZ 9, 5 f.; H. Lehmann in Anm. zu RG JW 37, 2299; vgl. auch Enneccerus-Nipperdey, a. a. O., S. 1020).

Die dem Gläubiger nach dem Wegfall der Hindernisse für die Klageerhebung zuzubilligende Frist kann immer nur verhältnismäßig kurz sein (vgl. BGH NJW 1955, 1834). Hier sind zwischen der endgültigen Ablehnung der Beklagten und der Einreichung der Klage weniger als 8 Wochen verstrichen. Diese Zeitspanne ist hier noch als angemessen anzusehen.

9

1. Der Tarifvertrag kann ein Landesgesetz grundsätzlich nicht abändern.

2. Einem Anspruch auf Urlaubsabgeltung gegenüber einem früheren Arbeitgeber geht der Anspruch vor, den der Arbeitnehmer gegenüber einem späteren Arbeitgeber auf Gewährung von Urlaub in natura erwirbt.

3. Günstigskeitsvergleich zwischen einer gesetzlichen und einer tariflichen Urlaubsregelung.

TVG § 4; UrlG Hamburg § 10; Rahmentarifvertrag für den Groß- und Außenhandel Hamburg vom 1. 4. 1951.

II. Senat. Urteil vom 25. 11. 1958 i. S. Fa. E. (Bekl.) w. S. (Kl.). 2 AZR 259/58.

I. Arbeitsgericht Hamburg. — II. Landesarbeitsgericht Hamburg.

Der Kläger war seit Mitte Juli 1948 bei der Beklagten, einem der Wirtschaftsvereinigung Groß- und Außenhandel Hamburg angehörigen Unternehmen, als Kraftfahrzeugschlosser beschäftigt. Am 21. Januar 1953 kündigte ihm die Beklagte zum 11. Februar 1953. Der Kläger erhielt von der Beklagten für das Urlaubsjahr 1953 drei Tage Urlaub. Der Kläger forderte jedoch eine Urlaubsabgeltung für weitere zwölf Urlaubstage. Nach dem für das Arbeitsverhältnis der Parteien maßgebenden Rahmentarifvertrag (RTV) der Wirtschaftsvereinigung Groß- und Außenhandel Hamburg vom 1. April 1951 steht einem Arbeitnehmer, der — wie der Kläger — sich im fünften Beschäftigungsjahr beim gleichen Arbeitgeber befindet, ein Jahresurlaub von 15 Tagen zu (§ 9 Ziff. 4 RTV). Auf diese Bestimmung des RTV bezieht sich der Kläger hinsichtlich der Höhe der von ihm geforderten Urlaubsabgeltung. Die Beklagte hingegen stützt sich auf § 9 Ziff. 3 RTV, der wie folgt lautet:

> „Scheidet ein Arbeitnehmer vor dem 1. Mai aus, so besteht anteilmäßiger Urlaubsanspruch; ist der Urlaub bereits gewährt, so kann das für die Urlaubszeit gezahlte Endgelt nicht zurückgefordert werden. Der Urlaubsanspruch bleibt jedoch für Arbeitnehmer bestehen, die seit ihrer Einstellung noch keinen Urlaub gehabt und die Wartezeit erfüllt haben ..."

Diese Bestimmung will der Kläger unter Hinweis auf das Hamburger Urlaubsgesetz (HUG) vom 27. Januar 1951 (GVBl. 51, 11) nicht gelten lassen. Er verweist auf § 5 HUG, der nur für das Eintrittsjahr, aber nicht — nach Erfüllung der Wartefristen — im Austrittsjahr eine Verkürzung des Urlaubs nach Maßgabe der im Austrittsjahr für den Arbeitgeber geleisteten Arbeit vorsieht. Er verweist ferner auf § 10 HUG, der wie folgt lautet:

> „Soweit in gesetzlichen Bestimmungen, Tarifverträgen, Gesamtvereinbarungen oder Arbeitsverträgen eine für den Arbeitnehmer günstigere Regelung getroffen ist, bleibt diese unberührt."

Bei Zugrundelegung des Hamburger Urlaubsgesetzes würde dem Kläger für das Urlaubsjahr 1953 ein Urlaubsanspruch von zwölf Tagen zugestanden haben (§ 3 HUG).

Das Arbeitsgericht hat dem Kläger eine Urlaubsabgeltung für neun Tage zu- und für drei Tage aberkannt. Es hat die Urlaubsregelung des Hamburger Urlaubsgesetzes als die dem Kläger günstigere angesehen und hat aus diesem die Urlaubsdauer in Höhe der dort vorgesehenen zwölf Tage entnommen und nicht — wie der Kläger begehrte — aus dem RTV in Höhe der dort vorgesehenen 15 Tage. Hiervon hat es die drei Urlaubstage abgezogen, die der Kläger bereits erhalten hatte.

Gegen das Urteil des Arbeitsgerichts hat lediglich die Beklagte Berufung eingelegt. Ihre Berufung hat das Landesarbeitsgericht zurückgewiesen, jedoch die Revision zugelassen.

Die Revision der Beklagten führte zur Klageabweisung.

Aus den Gründen:

I. Die Revision hat zunächst die Frage zur Entscheidung gestellt, ob durch § 10 HUG, der den Tarifpartnern nur eine dem Arbeitnehmer günstigere Urlaubsregelung gestattet, in die bundesrechtlich verankerte Tarifhoheit unzulässigerweise eingegriffen werde. Diese Frage war zu verneinen. Wie sich aus den Bestimmungen des Grundgesetzes (GG) über die Gesetzgebung (Art. 70—82) und dem Begriff der im Tarifvertragsgesetz (TVG) vom 9. April 1949 anerkannten Tarifhoheit ergibt, stehen Tarifnormen unter dem Range eines Landesgesetzes. Für das zum Arbeitsrecht gehörende Urlaubsrecht haben nach Art. 74 Ziff. 12 GG die Länder die Befugnis zur Gesetzgebung, ohne daß ihnen das Grundgesetz die Auflage gemacht hätte, nicht in die Tarifhoheit einzugreifen. Die Ländergesetze und die Befugnis der Länder zur Gesetzgebung enden, wenn und soweit der Bundesgesetzgeber von der ihm auf diesem Gebiet zustehenden konkurrierenden Gesetzgebung Gebrauch macht (Art. 72 GG). Dadurch, daß in Art. 9 Abs. 3 GG die Koalitionsfreiheit anerkannt und der Bundesgesetzgeber im TVG den Tarifpartnern die Normsetzungsbefugnis überlassen hat, ist der Landesgesetzgeber in der Fassung eines Landesurlaubsgesetzes nicht beschränkt worden.

Gegen die Gültigkeit des § 10 HUG, der tarifliche Urlaubsregelungen nur zuläßt, soweit sie dem Arbeitnehmer günstiger sind als die Urlaubsregelung des HUG selbst, bestehen also keine Bedenken.

II. Der Senat mußte daher in eine Prüfung eintreten, ob die Urlaubsregelung des HUG oder des RTV die günstigere ist.

Bei dem hiernach anzustellenden Günstigkeitsvergleich ist von der Fassung des § 10 HUG auszugehen. Diese ist nicht inhaltsgleich mit Art. 11 des Bayerischen Urlaubsgesetzes vom 11. Mai 1950 (GVBl. S. 81), der den Vierten Senat im Urteil vom 8. Oktober 1958 — 4 AZR 34/55 — (BAG 6, 297 ff.) beschäftigt hatte. Deshalb ist auch dieses, das Bayerische Urlaubsgesetz anwendende Urteil des Vierten Senats für den erkennenden Senat nicht im Sinne des § 45 Abs. 2 ArbGG bindend.

Der erkennende Senat ist jedoch im wesentlichen zu den gleichen rechtlichen Ergebnissen gelangt. Bei dem Günstigkeitsvergleich, der hier gemäß § 10 HUG zwischen der tariflichen Regelung des RTV und dem HUG anzustellen war, scheidet ein abstrakter Gesamtvergleich, der alle Urlaubsbestimmungen des RTV für alle Arbeitnehmer allen Bestimmungen des HUG gegenüberstellt, als praktisch unmöglich aus. Abzulehnen ist aber auch ein Vergleich einzelner für sich betrachteter Bestimmungen des Gesetzes und des RTV, da eine solche Betrachtung dazu führen würde, daß der einzelne Arbeitnehmer sich jeweils die ihm günstigere Einzelbestimmung aus der tariflichen und der gesetzlichen Regelung zusammensuchen könnte (sogenannte „Rosinentheorie") und somit zu einer Urlaubsregelung käme, die weder von den Tarifpartnern noch vom Hamburger Gesetzgeber gewollt war. Es würde dabei ganz übersehen werden, daß die einzelnen tariflichen Bestimmungen in engem inneren Zusammenhang zu anderen tariflichen Bestimmungen stehen und deshalb auch als Einheit von den Tarifpartnern ausgehandelt worden sind. Es kann also die Günstigkeitsabwägung nur in der Weise erfolgen, daß die in einem offensichtlich inneren Zusammenhang stehenden tariflichen Bestimmungen und die entsprechenden des HUG im Hinblick auf die Lage des Klägers verglichen werden.

Wie unter dieser Leitlinie im Urteil des Vierten Senats die den Komplex „Urlaub und fristlose Entlassung" betreffenden tariflichen und gesetzlichen Bestimmungen miteinander verglichen worden sind, so müssen hier die Bestimmungen des RTV und des HUG, die sich mit Urlaubsdauer, Fälligkeit und Wartefristen befassen, im Hinblick auf die Lage des Klägers als eines im fünften Urlaubsjahr stehenden Arbeitnehmers miteinander vergleichen werden.

Dabei ergibt sich: Nach dem RTV hat der im fünften Urlaubsjahr stehende Arbeitnehmer einen Urlaubsanspruch von 15 Tagen, nach dem HUG nur einen solchen von zwölf Tagen. Andererseits entsteht für einen solchen Arbeitnehmer der gesetzliche Urlaubsanspruch bereits mit Beginn des Kalenderjahres in voller Höhe, während in § 9 Ziff. 3 RTV vorgesehen ist, daß bei einem Ausscheiden des Arbeitnehmers vor dem 1. Mai des Urlaubsjahres für die Zeit vor dem 1. Mai nur ein anteilmäßiger Urlaubsanspruch besteht. Wenn man es auf das gesamte Urlaubsjahr abstellt, ist somit der RTV günstiger; wenn man das Ausscheiden des Arbeitnehmers während des Urlaubsjahres in Betracht zieht, so bleibt die Urlaubsregelung des RTV für acht Monate, nämlich für ein Ausscheiden nach dem 1. Mai, die günstigere, mithin für einen längeren Teil des Jahres, als es die ersten vier Monate des Jahres sind.

Aber auch wenn man nur die ersten vier Monate des Urlaubsjahres betrachtet, ist die gesetzliche Regelung nicht schlechthin günstiger. Es ist noch zu unterscheiden, ob dem Arbeitnehmer in dieser Zeit bereits der Urlaub durch Gewährung bezahlter Freizeit gewährt worden war oder ob es sich nach seinem Ausscheiden in den ersten vier Monaten des Urlaubsjahres nur noch um die Urlaubsabgeltung handelt. Da sowohl in § 9 Ziff. 3 Satz 3 des RTV und § 6 Abs. 2 HUG die möglichst zusammenhängende Gewährung des Urlaubs vorgeschrieben ist, ist davon auszugehen, daß bei Gewährung des Urlaubs in diesen Monaten bereits zusammenhängend der volle Jahresurlaub gewährt worden ist. Dann würde sich der Arbeitnehmer nach dem RTV besser stehen als nach dem HUG, weil er nach diesem Gesetz nur zwölf Tage, nach dem RTV dagegen 15 Tage Urlaub hat. Hat er schon vor seinem Ausscheiden in den ersten vier Monaten des Urlaubsjahres den vollen Jahresurlaub erhalten, so hat er damit sowohl nach dem HUG als auch nach dem RTV eine ihm zustehende Leistung erhalten; er braucht auch nach dem RTV, wie dieser ausdrücklich betont, für diesen Fall nichts zurückzuvergüten. Also auch insoweit ist die Regelung des RTV günstiger als die des Gesetzes.

Hat der Arbeitnehmer bei seinem Ausscheiden vor dem 1. Mai des Urlaubjahres noch keinen oder keinen vollen Urlaub durch Gewährung von Freizeit erhalten, so hat er nach dem RTV einen Anspruch auf Abgeltung der ihm am anteiligen seiner bisher geleisteten Arbeit entsprechenden Urlaub noch fehlenden Tage, nach dem HUG auf Abgeltung von zwölf Tagen (gegebenenfalls nach Abzug bereits gewährter Tage). In diesem Punkt scheint die gesetzliche Regelung günstiger als die tarifliche zu sein. Dieser erste Anschein schwächt sich jedoch ab, wenn man bedenkt, daß der aus dem HUG sich ergebende Anspruch des im Anfang des Jahres ausscheidenden Arbeitnehmers ein subsidiärer ist. Wenn der Arbeitnehmer im Laufe des Urlaubsjahres bei einem neuen Arbeitgeber nach Erfüllung der Wartefrist noch einen Anspruch auf Gewährung von bezahlter Freizeit erwirbt, wie das bei einem im Anfang des Jahres ausscheidenden Arbeitnehmer ohne Schwierigkeiten möglich ist, so geht der Anspruch auf echten Urlaub dem Anspruch auf Urlaubsabgeltung vor, wie der Erste Senat, dem sich der erkennende Senat anschließt, im Urteil vom 5. Dezember 1957 in 1 AZR 603/56 (AP Nr. 21 zu § 611 BGB Urlaubsrecht) entschieden hat.

Berücksichtigt man dies alles, so ist, auch wenn man die Möglichkeit eines Ausscheidens vor Schluß des Urlaubsjahres in die Abwägung einbezieht, die Urlaubsregelung des RTV für einen Arbeitnehmer im fünften Urlaubsjahr günstiger als die des HUG.

Wenn das Arbeitsgericht bei seinem Günstigkeitsvergleich zu einem anderen Ergebnis gekommen ist, so liegt das ersichtlich daran, daß das Arbeitsgericht den gesetzlichen Anspruch auf Urlaubsabgeltung nicht als einen subsidiären angesehen hat. Außerdem hat das Arbeitsgericht es auf die Entlassung abgestellt. Das war insofern unrichtig, als die Tatsache der Entlassung dem Kläger nicht zu einem höheren Urlaubsanspruch oder höheren Urlaubsabgeltungsanspruch verhelfen kann, als er ihn im Augenblick vor der Entlassung hatte. Die Frage nach der günstigeren Urlaubsregelung kann nicht gleitend durch das einheitliche Urlaubsjahr hindurch verschieden je nach dem Zeitpunkt des Ausscheidens beurteilt werden (vgl. Nikisch in AP 50, 275; Dietz, AP 52, 107; Hueck-Nipperdey-Tophoven, § 4 TVG, Anm. 91). Vielmehr muß zu Beginn des Urlaubsjahres als dem für den Erwerb des Urlaubsanspruchs maßgebenden Zeitpunkt (vgl. BAG 3, 27 [29]; AP Nr. 1 zu § 2 UrlG Rheinland-Pfalz) festgestellt werden, welche Urlaubsregelung für den einzelnen Arbeitnehmer die günstigere ist, die gesetzliche oder die tarifliche, wobei in diese Abwägung auch der Fall eines vorzeitigen Ausscheidens mit einbezogen werden muß. Ergibt sich bei einer solchen Abwägung bei Beginn des Urlaubsjahres, daß die tarifliche Regelung günstiger ist, so erwirbt der einzelne Arbeitnehmer für das nunmehr beginnende Urlaubsjahr seine Urlaubsansprüche nach der tariflichen Regelung. Er kann dann nicht durch eine vorzeitige Entlassung einen größeren gesetzlichen Abgeltungsanspruch erwerben, als ihm nach der — insgesamt auch unter Berücksichtigung eines vorzeitigen Ausscheidens günstigeren — tariflichen Regelung zusteht.

10

Die Unterwerfung eines bereits entstandenen Anspruchs unter die Verfallklausel eines erst von einem späteren Zeitpunkt ab geltenden Tarifvertrages setzt, unabhängig von der Frage, inwieweit eine derartige Regelung überhaupt ohne Verstoß gegen rechtsstaatliche Grundsätze getroffen werden kann, jedenfalls zunächst einmal voraus, daß ein solcher Wille der Tarifvertragspartei im Tarifvertrag klar und deutlich seinen Ausdruck findet.

TVG § 1; BGB §§ 133, 157; RTV für Angestellte im genossenschaftlichen Groß- und Außenhandel des Landes Nordrhein-Westfalen vom 5. Mai 1954 § 9; RTV für Angestellte im Groß- und Außenhandel im Bereich der Wirtschaftsvereinigung Groß- und Außenhandel Bezirksvereinigung Münster/Westf. vom 12. August 1952 § 9; RTV für Angestellte im Groß- und Außenhandel im Bereich der Wirtschaftsvereinigung Groß- und Außenhandel Bezirksvereinigung Münster/Westf. vom 5. Oktober 1949 § 9; Tarifordnung für den Großhandel im Wirtschaftsgebiet Westfalen/Niederrhein vom 5. Juni 1939 § 18.

II. Senat. Urteil vom 27. 11. 1958 i. S. R. (Kl.) w. E. (Bekl.) 2 AZR 9/58.

I. Arbeitsgericht Rheine i. W. — II. Landesarbeitsgericht Hamm i. W.

Der Kläger war seit 1937 mit eineinhalbjähriger Unterbrechung durch Kriegsdienst bei der Beklagten, einer Lebensmittelgroßhandlung, als Expedient beschäftigt. Am 4. April 1954 wurde er arbeitsunfähig krank. Am 30. Mai 1956 kündigte die Beklagte das Arbeitsverhältnis zum 30. September 1956. Jedenfalls seit April 1954 war der Kläger gewerkschaftlich nicht organisiert.

Mit der am 6. Februar 1957 beim Arbeitsgericht eingegangenen Klage fordert der Kläger von der Beklagten Schadensersatz wegen Verletzung der Fürsorgepflicht und unerlaubter Handlung. Einmal habe die Beklagte den Arbeitsraum so unzureichend gestaltet, daß er sich durch Zugluft ein Ohrenleiden zugezogen habe bzw. daß ein vorhandenes Ohrenleiden verschlimmert worden sei. Zum anderen habe er sich ein Herzleiden zugezogen, das durch die Aufregung bei zahlreichen Diebstählen in dem seiner Aufsicht unterstellten Lager entstanden sei, ohne daß die Beklagte gegen diese Diebstähle mit ausreichenden Mitteln durchgegriffen habe. Er sei wegen all dem frühzeitig arbeitsunfähig geworden und erhalte jetzt eine Rente, deren Betrag geringer sei als das von ihm bei voller Gesundheit mit Sicherheit verdiente Gehalt. Ihm sei, so behauptet der Kläger, ein Schaden von mindestens 40 000,– DM entstanden, wovon er mit der vorliegenden Klage zuletzt einen Teilbetrag von 10 000,– DM geltend machte.

Das Arbeitsgericht hat die in der ersten Instanz auf Zahlung von 500,– DM gerichtete Klage abgewiesen. Das Landesarbeitsgericht hat die Berufung des Klägers zurückgewiesen und den Streitwert entsprechend dem bei ihm gestellten Antrag auf 10 000,– DM festgesetzt.

Das Landesarbeitsgericht stützt seine Entscheidung auf § 9 Nr. 4 des mit Wirkung vom 1. September 1955 für allgemein verbindlich erklärten (BArbBl. 55, 784) Rahmentarifvertrages (RTV) für Angestellte im genossenschaftlichen Groß- und Außenhandel des Landes Nordrhein-Westfalen vom 5. Mai 1954. Die Klage des Klägers sei am 6. Februar 1957 beim Arbeitsgericht eingegangen. Die von der Beklagten am 30. Mai 1956 ausgesprochene Kündigung sei infolge des Verhaltens des Klägers trotz § 2 des Gesetzes über die Fristen für die Kündigung von Angestellten zu dem Zeitpunkt des 30. September 1956 wirksam geworden.

Unter diesen Umständen sei die dreimonatige Verfallfrist des § 9 Nr. 4 des RTV vom 5. Mai 1954 abgelaufen.

§ 9 Nr. 4 des RTV vom 5. Mai 1954 lautet:
„Fälligkeit und Erlöschen von Ansprüchen.

1. Vergütungen für Mehr-, Nacht-, Sonn- und Feiertagsarbeit sind — soweit nicht eine Pauschalvergütung vereinbart worden ist — spätestens am Schluß des folgenden Monats mit dem Gehalt auszuzahlen.
2. Der Anspruch auf diese Vergütung ist binnen 2 Monaten nach erfolgter Abrechnung für den Monat, in dem die betreffenden Arbeiten geleistet wurden, geltend zu machen.
3. Alle übrigen Ansprüche aus diesem Tarifvertrag sind binnen 3 Monaten nach ihrer Entstehung, mit Ausnahme des Urlaubsanspruchs (vgl. § 7 Ziff. 7), im Falle der Beendigung des Arbeitsvertrages jedoch spätestens binnen 3 Monaten nach Vertragsende, geltend zu machen.
4. Alle sonstigen Ansprüche aus dem Arbeitsvertrag sind binnen 6 Monaten nach ihrer Entstehung, im Falle der Beendigung des Arbeitsvertrages jedoch spätestens binnen 3 Monaten nach Vertragsende, geltend zu machen.
5. Die Geltendmachung hat grundsätzlich innerhalb der in den Ziffern 2 bis 4 gesetzten Fristen schriftlich bei der Firmenleitung zu geschehen. Bleibt dies ergebnislos, so kann sie innerhalb einer weiteren Frist von einem Monat durch Klageerhebung erfolgen.
6. Eine Geltendmachung nach Ablauf der in den Ziffern 2 bis 5 genannten Fristen oder Nichterfüllung der dort genannten Voraussetzungen ist ausgeschlossen."

Die Revision des Klägers führte zur Aufhebung des angefochtenen Urteils und zur Zurückverweisung des Rechtsstreits an das Landesarbeitsgericht.

Aus den Gründen:

I. Die Auffassung des Landesarbeitsgerichts, die vom Kläger behaupteten Ansprüche seien nach § 9 Nr. 4 des RTV vom 5. Mai 1954 verfallen, ist nicht frei von Rechtsirrtum.

Nach der Behauptung des Klägers sind seine Schadensersatzansprüche auf jeden Fall vor der tatsächlichen Beendigung seiner Tätigkeit bei der Beklagten entstanden, also vor dem 4. April 1954. Das Landesarbeitsgericht hat es unterlassen, bei dieser Sachlage zu prüfen, ob der erst am 5. Mai 1954 abgeschlossene und für einen gewerkschaftlich nicht organisierten Arbeitnehmer erst ab 1. September 1955 verbindliche RTV die Ansprüche des Klägers, die, wenn sie überhaupt entstanden waren, eben schon früher vorlagen, überhaupt erfassen konnte. Der Senat verneint diese Frage.

Die Unterwerfung eines Anspruchs, der bereits entstanden ist, unter die Verfallklausel eines erst von einem späteren Zeitpunkt ab geltenden Tarifvertrages bedeutet eine wesentliche inhaltliche Veränderung des Anspruchs; denn der bisher zeitlich nicht beschränkte und nur von einem gewissen Zeitpunkt ab lediglich mit der Verjährungseinrede behaftete Anspruch würde zeitlich begrenzt und nach einer mehr oder weniger kurzen Zeit untergehen. Unabhängig von der Frage, wieweit die Normen setzenden Tarifvertragsparteien einen derart schmälernden Eingriff in bereits entstandene Rechte überhaupt vornehmen können, ohne gegen rechtsstaatliche Grundsätze zu verstoßen, müßte ein solcher Wille der Tarifvertragsparteien jedenfalls zunächst einmal im Tarifvertrag klar und eindeutig seinen Ausdruck finden. Das erfordert der Grundsatz der Rechtsklarheit und Rechtsgewißheit.

In dieser Richtung findet sich im RTV vom 5. Mai 1954 aber noch nicht einmal ein schwacher Anhaltspunkt und erst recht nicht ein klarer und eindeutiger Niederschlag eines Willens der Tarifvertragsparteien, auch bereits bei Inkrafttreten des Tarifvertrages entstandene Ansprüche der Verfallklausel des § 9 zu unterwerfen.

II. Wenn danach im Gegensatz zur Auffassung des Landesarbeitsgerichts die vom Kläger behaupteten Ansprüche nach § 9 des RTV vom 5. Mai 1954 nicht verfallen sind, so ist das Revisionsgericht trotzdem nicht in der Lage, den Rechtsstreit endgültig zu entscheiden.

Das Landesarbeitsgericht hat weder zum Entstehungszeitpunkt des Schadens, seinem Vorliegen und der Kausalität noch zur Verjährung oder Verwirkung tatsächliche Feststellungen getroffen, die es dem Revisionsgericht ermöglichen würden, selbst ein abschließendes Urteil zu fällen. Zur Nachholung dieser Feststellungen muß daher der Rechtsstreit an das Landesarbeitsgericht zur anderweiten Verhandlung und Entscheidung zurückverwiesen werden.

Das Landesarbeitsgericht wird zunächst feststellen müssen, w a n n der vom Kläger behauptete Schaden, sei es der durch das Gehörleiden oder sei es der durch den Herzfehler verursachte, entstanden ist.

Ansprüche des Klägers, die etwa zwischen dem 1. Dezember 1952 und dem 1. September 1955 entstanden sind, sind bereits verfallen, und zwar auf Grund der Verfallklausel des RTV für Angestellte im Groß- und Außenhandel im Bereich der Wirtschaftsvereinigung Groß- und Außenhandel Bezirksvereinigung Münster/Westfalen vom 12. August 1952, der mit Wirkung vom 1. Dezember 1952 für allgemein verbindlich erklärt worden ist (Bundesanzeiger Nr. 246 vom 19. Dezember 1952).

Die Verfallklausel (§ 9) des RTV vom 12. August 1952 hat denselben Wortlaut wie § 9 des RTV vom 5. Mai 1954. War der Kläger vor der Allgemeinverbindlicherklärung des RTV vom 12. August 1952 zur Zeit seiner Herrschaft gewerkschaftlich organisiert — im angefochtenen Urteil fehlt insoweit eine Feststellung —, so galt dieser RTV und damit seine Verfallklausel für das Arbeitsverhältnis des Klägers bereits entsprechend früher. Eine Wirkung der Verfallklausel noch vor dem im einzelnen in Betracht kommenden Zeitpunkt scheidet aus dem oben dargelegten Grunde aus.

Alle früher etwa entstandenen Ansprüche des Klägers sind jedoch nicht verfallen; denn der vorher für das Arbeitsverhältnis entweder kraft Zugehörigkeit des Klägers zu einer der tarifvertragsschließenden Parteien oder kraft Allgemeinverbindlicherklärung geltende RTV für Angestellte im Groß- und Außenhandel im Bereich der Wirtschaftsvereinigung Groß- und Außenhandel Bezirksvereinigung Münster/Westfalen vom 5. Oktober 1949 (gültig ab 1. Oktober 1949; allgemein verbindlich ab 1. Juni 1950) enthält keine Verfallklausel, welche die vom Kläger behaupteten Ansprüche erfaßt. Die Verfallklausel des § 9 des RTV vom 5. Oktober 1949 erfaßt nur Ansprüche wegen Mehr-, Nacht-, Sonn- und Feiertagsarbeit, den Anspruch auf Vergütung und alle übrigen Ansprüche aus dem Tarifvertrage; sie erfaßt jedoch nicht alle sonstigen Ansprüche aus dem Arbeitsverhältnis, wie z. B. die vom Kläger behaupteten Schadensersatzansprüche wegen Verletzung der Fürsorgepflicht oder aus unerlaubter Handlung.

Soweit etwaige Ansprüche des Klägers aus dem Arbeitsverhältnis vor der Verbindlichkeit des RTV vom 5. Oktober 1949 entstanden sind, sind sie ebenfalls nicht verfallen. Vor diesem Zeitpunkt galt für das Arbeitsverhältnis des Klägers die Tarifordnung für den Großhandel im Wirtschaftsgebiet Westfalen-Niederrhein vom 5. Juni 1939 (Tarifregister 2306/3; Reichsarbeitsblatt 1939, Teil VI, S. 1073). Sie enthält, wie sich aus ihrem § 18 ergibt, keine Verfallklausel und verkürzt auch nicht die Verjährungsfrist für die vom Kläger behaupteten Ansprüche.

Nach alledem bisher Gesagten sind insbesondere auch, entgegen der Ansicht des Landesarbeitsgerichts, keine Ansprüche wegen des von dem Kläger geltend gemachten Gehörschadens verfallen, sofern und soweit dieser Schaden schon in den Jahren 1948 bis 1950 aufgetreten sein sollte.

Die Einrede der Verjährung, die die Beklagte erhoben hat, hat gegenüber den vom Kläger behaupteten Ansprüchen keinen Erfolg, weil der Schadensersatzanspruch aus § 618 BGB erst in 30 Jahren verjährt (Staudinger-Nipperdey-Mohnen, BGB § 618 Anm. 48).

Soweit nach den vorstehenden Ausführungen die Ansprüche des Klägers nicht verfallen sind, wird das Landesarbeitsgericht den Sachverhalt allerdings des weiteren unter dem Gesichtspunkt der Verwirkung zu prüfen haben.

Kommt auch eine Verwirkung nicht in Frage, so wird das Landesarbeitsgericht alle Gesichtspunkte zum Grunde des Schadens, der Kausalität usw. berücksichtigen, prüfen und alsdann entscheiden müssen.

11

1. Bei der Prüfung der Frage, ob ein Arbeitnehmer Angestellter oder Arbeiter ist, ist der Verkehrsanschauung ein entscheidendes Gewicht beizumessen.

Ein entscheidendes Anzeichen dafür, wie dieserhalb bestimmte Tätigkeiten nach der Verkehrsanschauung zu werten sind, ist das Ansprechen dieser Tätigkeiten in Tarifverträgen als Arbeiter- oder als Angestelltentätigkeit. Das gilt auf jeden Fall dann, wenn mehrere einschlägige tarifliche Regelungen für einen bestimmten Wirtschaftsbereich in einem bestimmten Wirtschaftsgebiet im Ergebnis ihrer Regelungen eine widerspruchslose Einheit bilden.

2. Enthalten einschlägige tarifliche Regelungen keinen Hinweis auf einen Wechsel der Verkehrsanschauung zur Bewertung einer Tätigkeit als Arbeiter- oder Angestelltentätigkeit, ist zu vermuten, daß die in den Tarifnormen zum Ausdruck kommende Verkehrsanschauung schon seit sehr langer Zeit vor dem Inkrafttreten der Regelungen besteht.

3. Den Bestimmungen über die Berufsgruppen in der Angestelltenversicherung kommt zunächst lediglich versicherungsrechtliche Bedeutung zu, arbeitsrechtliche Bedeutung nur insoweit, als in arbeitsrechtlichen Gesetzen auf diese Berufsgruppenbestimmung Bezug genommen wird. Im übrigen ist in arbeitsrechtlicher Hinsicht für die Bewertung einer Tätigkeit als Angestellten- oder Arbeitertätigkeit allgemein entscheidend, welche Tätigkeit dem Arbeitnehmer nach dem Inhalt seines Arbeitsverhältnisses obliegt.

BGB § 611; HGB § 59; AngVersG § 1.

II. Senat. Urteil vom 29. 11. 1958 i. S. K. (Kl.) w. S. AG. (Bekl.)
2 AZR 245/58.

I. Arbeitsgericht Saarbrücken. — II. Landesarbeitsgericht Saarbrücken.

Der Kläger ist seit 1950 als Telefonist an einem Klappenschrank in der Telefonzentrale der Grube R. der Beklagten beschäftigt. Er hat innerhalb des Saarlandes die aus der Grube herausgehenden Gespräche zu vermitteln und wählt dabei das Amt und legt das Gespräch auf den Anmelder um. Gespräche nach Orten außerhalb des Saarlandes werden von der Grube aus nur in geringem Umfange geführt. Der Fernsprechverkehr innerhalb der Grube wird mit Ausnahme verhältnismäßig weniger Apparate automatisch ohne Mitwirkung des Klägers abgewickelt. Dem Kläger obliegt neben der Bedienung des Klappenschrankes die Führung von drei mit dem Fernsprechbetrieb zusammenhängenden Büchern, nämlich eines Buches über Privatgespräche auf der Grube R., eines Buches über Dienstgespräche der Kokerei R. und schließlich eines Buches über Dienstgespräche auf der Grube R. Die Verrechnung der in diese Bücher eingetragenen Gespräche obliegt dem Kläger nicht.

Der Kläger wird als Arbeiter nach dem Tarifvertrag „Lohnordnung für die Arbeiter der Saarbergwerke" entlohnt. Er gehört jedoch auf Verlangen der Saarknappschaft dieser als Mitglied der Angestelltenversicherung an.

In dem Tarifvertrag für die Angestellten der Saarbergwerke vom 21. September 1955 sind in der Gruppe K 6 kaufmännische Angestellte ohne Kaufmannsgehilfenbrief, die mit einfachen Büroarbeiten beschäftigt sind, aufgeführt. Die ehemaligen „Unteren Angestellten", die bisher in einer diesbezüglichen Sonderkategorie geführt wurden, sowie die Telefonisten der Hauptzentrale Saarbrücken sind den oben erwähnten kaufmännischen Angestellten gleichgestellt. In der Lohnordnung der Arbeiter der Saarbergwerke vom 28. August 1956 in der Fassung vom 4. April 1957 sind Telefonisten aufgeführt, und zwar in Gruppe 2 die unter Tage, in Gruppe 3 die über Tage.

Der Kläger ist der Ansicht, er sei nach der von ihm geleisteten Tätigkeit als Angestellter anzusehen, und er begehrt die Feststellung, daß die Beklagte verpflichtet ist, den Kläger ab 1. Januar 1955 in das Angestelltenverhältnis zu überführen.

Während das Arbeitsgericht nach dem Klageantrag erkannt hat, hat das Landesarbeitsgericht die Klage abgewiesen. Die Revision des Klägers wurde zurückgewiesen.

Aus den Gründen:

Das Landesarbeitsgericht hat es zutreffend bei der Beurteilung der Frage, ob der Kläger als Angestellter oder als Arbeiter anzusehen ist, darauf abgestellt, ob nach der Verkehrsanschauung die von dem Kläger geleisteten Arbeiten als Arbeiten eines Angestellten oder als solche eines Arbeiters anzusehen sind. Wenn das Landesarbeitsgericht insoweit von der Verkehrsanschauung ausgeht und dabei auf die in den Saarbergwerken geltenden tariflichen Regelungen besonderen Wert legt, so folgt es damit der in der Rechtsprechung des Senats vertretenen Ansicht. Der Senat hat bereits in der Entscheidung vom 30. September 1954 (BAG 1, 92 ff.) ausgeführt, daß die Arbeit eines Angestellten sich von der eines gewerblichen Arbeitnehmers dadurch unterscheidet, daß die gedankliche, geistige Arbeit die mechanische, mit der Hand geleistete Arbeit überwiegt. Der Senat hat in dieser Entscheidung ferner ausgeführt, daß für die Bewertung als Arbeiter oder Angestellter der Verkehrsanschauung ein entscheidendes Gewicht beizumessen ist. Die Verkehrsanschauung kommt, wenn es sich um Arbeiten handelt, die innerhalb eines Wirtschaftsgebietes tariflicher Regelung zugänglich geworden sind, insbesondere in den für dieses Wirtschaftsgebiet getroffenen tariflichen Regelungen zum Ausdruck. Die Tarifpartner können zwar nicht einen Arbeitnehmer, der als Arbeiter anzusehen ist, dadurch zum Angestellten im Rechtssinne machen, daß sie ihn tarifvertraglich als Angestellten bezeichnen; ebenso können sie einem Arbeitnehmer, der Angestellter ist, nicht die Stellung eines Arbeiters geben. Ob aber ein Arbeitnehmer Angestellter oder ob er Arbeiter ist, bestimmt sich eben maßgebend nicht zuletzt nach der Verkehrsanschauung. Insoweit ist nun auf die getroffenen tariflichen Regelungen besonderes Gewicht zu legen. Die Tarifpartner stehen den tatsächlichen Verhältnissen, die für die geleistete Arbeit maßgebend und für die Kennzeichnung der Arbeit als Angestellten- oder als Arbeitertätigkeit ausschlaggebend sind, gerade wegen ihrer Tarifaufgaben besonders nahe. Dabei ist es, wenigstens grundsätzlich, gleichgültig, ob die Tarifvertragspartner den wesentlichen Teil der in dem betreffenden Wirtschaftsbereich und Wirtschaftsgebiet tätigen Arbeitnehmer und Arbeitgeber bei sich organisiert haben oder nicht; die in BAG 1, 92 [96] vertretene gegenteilige Auffassung wird aufgegeben. Wenn sonach in tariflichen Regelungen eine bestimmte Tätigkeit als Angestelltentätigkeit, eine andere hingegen als Arbeitertätigkeit gewertet wird, so ist das ein entscheidendes Anzeichen dafür, wie nach der Verkehrsanschauung diese Arbeiten zu werten sind. Dies gilt jedenfalls dann, wenn die verschiedenen, die einschlägigen Begriffsbestimmungen enthaltenden tariflichen Regelungen für einen bestimmten Wirtschaftsbereich in einem bestimmten Wirtschaftsgebiet sich selbst, wie hier der Tarifvertrag für die Angestellten der Saarbergwerke einerseits und die Lohnordnung für die Arbeiter der Saarbergwerke andererseits, ohne Widerspruch im Ergebnis ihrer beiderseitigen Regelungen zusammenfügen und damit ergänzen. Eine solche tarifliche Regelung rechtfertigt den Schluß, daß in dem Wirtschaftsbereich und in dem Wirtschaftsgebiet, auf die sich die tarifliche Regelung bezieht, die von den einzelnen in diesem Wirtschaftsgebiet tätigen Arbeitnehmern geleistete Arbeit nach der dort geltenden Verkehrsanschauung so bewertet wird, wie es die Tarifpartner ausgesprochen haben. Der Senat hatte in dem vorliegenden Fall daher auch keine Veranlassung, zu der Frage Stellung zu nehmen, wie sich die Tatsache, daß in verschiedenen Tarifwerken, die für denselben Wirtschaftsbereich und dasselbe Wirtschaftsgebiet gelten, einander widersprechende Bewertungen finden, auf die Ermittlung der überwiegenden Verkehrsanschauung auswirkt. Hier besteht nämlich zwischen dem Lohntarifvertrag für die Angestellten der Saarbergwerke und der Lohnordnung für die Arbeiter der Saarbergwerke und damit in der Gesamtregelung kein Widerspruch.

Der Tarifvertrag für die Angestellten der Saarbergwerke bezeichnet unter K 6 als Angestellte die kaufmännischen Angestellten ohne Kaufmannsgehilfenbrief, die mit einfachen Büroarbeiten beschäftigt sind, und stellt diesen Angestellten die ehemaligen „Unteren Angestellten", die bisher in der entsprechenden Sonderkategorie geführt wurden, sowie die Telefonisten der Hauptzentrale Saarbrücken gleich. Demgegenüber enthält die Lohnordnung für die Arbeiter der Saarbergwerke in ihrer Lohnstufenordnung die Telefonisten unter Tage und die Telefonisten über Tage. Die Tarifparteien haben also von den Telefonisten nur die in der Hauptverwaltung Saarbrücken Beschäftigten als Angestellte angesehen, während sie die anderen Telefonisten — gleichviel, ob sie über Tage oder unter Tage beschäftigt sind und gleichviel, ob sie in einem Büroraum ihre Arbeit verrichten oder in einer Werkstatt oder einem sonstigen Arbeitsraum arbeiten — als Arbeiter angesehen und sie deshalb in die für Arbeiter geltende Lohnordnung aufgenommen haben. Die Tarifpartner haben auch nicht zum Ausdruck gebracht, daß jeder Telefonist, der eine Zentrale bedient, als Angestellter angesehen werde, als Arbeiter aber nur derjenige Telefonist, der nur einen einzigen Apparat bedient. Ein solcher Ausdruckswille der Tarifpartner folgt nicht daraus, daß die Tätigkeit eines Telefonisten unter Tage mit „Bedienung eines Apparates" umschrieben ist, während bei den Telefonisten über Tage von „Telefonisten" schlechthin gesprochen worden ist. Ob also ein Telefonist einen einzigen Apparat oder einen Klappenschrank bedient, sollte nach der Lohnordnung, die für alle nicht in der Hauptzentrale Saarbrücken beschäftigten Telefonisten gilt, eindeutig keinen Unterschied machen. Der

Tarifvertrag für Angestellte der Saarbergwerke bezeichnet jedenfalls den Kläger, der nicht in der Hauptzentrale Saarbrücken, sondern auf der Grube R. seinen Dienst verrichtet, nicht als Angestellten, die Lohnordnung für die Arbeiter der Saarbergwerke bezeichnet ihn aber dadurch, daß auch sein Arbeitsplatz in dieser Lohnordnung aufgeführt ist, als Arbeiter. In dieser tariflichen Regelung des Tarifvertrages für die Angestellten der Saarbergwerke einerseits und der Lohnordnung der Arbeiter der Saarbergwerke andererseits kommt sonach die Auffassung der Tarifpartner zum Ausdruck, daß von den Telefonisten, die die Beklagte insgesamt beschäftigt, nur diejenigen als Angestellte angesehen werden, die in der Hauptverwaltung Saarbrücken der Beklagten arbeiten, nicht aber auch die Telefonisten, die auf den einzelnen Gruben der Beklagten tätig sind. Es ist also im Hinblick auf diese tarifliche, aus dem Lohntarifvertrag für Angestellte einerseits und der Lohnordnung für Arbeiter andererseits bestehende Gesamtregelung festzustellen, daß nach der Verkehrsanschauung in dem hier fraglichen Wirtschaftsbereich und Wirtschaftsgebiet die Verrichtung des Klägers als Arbeitertätigkeit gewertet wird.

Nun sieht zwar der Tarifvertrag die ehemaligen „Unteren Angestellten", die bisher in der Sonderkategorie geführt wurden, ebenfalls als Angestellte an. Dies ergibt sich daraus, daß diese „Unteren Angestellten" den Angestellten ohne Kaufmannsgehilfenbrief, die mit einfachen Büroarbeiten beschäftigt sind, gleichgestellt sind. Die Revision rügt aber zu Unrecht, daß das Landesarbeitsgericht eine nähere Aufklärung des Begriffs „Untere Angestellte" unterlassen habe. Daß der Kläger vor Inkrafttreten des Tarifvertrages für die Angestellten der Saarbergwerke „Unterer Angestellter" war, hat er selbst nicht vorgetragen. Sofern in den Ausführungen der Revisionsbegründung ein entsprechender Vortrag zu sehen sein sollte, wäre er für die Revisionsinstanz unbeachtlich. Vor allem aber ergibt sich aus der Tatsache, daß Telefonisten sowohl in dem Tarifvertrag für Angestellte wie in der Lohnordnung für Arbeiter ausdrücklich erwähnt sind, der Schluß, daß sie gerade nicht als „Untere Angestellte" zu betrachten sind. Für sie treffen die Tarifwerke besondere Regelungen, sie unterstellen sie damit gerade nicht dem Begriff der „Unteren Angestellten".

Die von den Tarifvertragsparteien vorgenommene Bewertung der Tätigkeit des Klägers als eine Arbeitertätigkeit und damit die von ihnen für ihren Bereich wiedergegebene Verkehrsauffassung widerspricht auch nicht zwingenden gesetzlichen Normen.

Zwar wäre der gesetzlich in § 59 HGB festgelegte Handlungsgehilfenbegriff verkannt, wenn der Kläger tatsächlich überwiegend kaufmännische Tätigkeit zu leisten hätte. Wie der Senat bereits in BAG 1, 92 ff. zum Ausdruck gebracht hat, unterscheidet sich — unbeschadet der Bedeutung, die der Verkehrsanschauung zukommt — die Arbeit eines Angestellten, und also auch die eines kaufmännischen Angestellten mit der ihn kennzeichnenden kaufmännischen Tätigkeit, von der eines gewerblichen Arbeitnehmers dadurch, daß die gedankliche, geistige Arbeit die mechanische, mit der Hand geleistete Arbeit überwiegt. Bei der Tätigkeit eines Telefonisten, die sich auf die Herstellung von Telefonverbindungen beschränkt, überwiegt aber, wie das Landesarbeitsgericht zutreffend angenommen hat, die mechanische, mit der Hand geleistete Arbeit. Denn die Herstellung von Telefonverbindungen ist eine überwiegend mechanische Arbeit (vgl. BAG AP Nr. 3 zu § 59 HGB). Die Arbeit des Klägers wird auch nicht dadurch zu einer überwiegend gedanklichen, geistigen Arbeit, daß er drei einfache Bücher zu führen hat. Insoweit handelt es sich lediglich um eine Nebentätigkeit, die der Kläger neben der ihm hauptsächlich obliegenden Arbeit des Herstellens von Fernsprechverbindungen leistet. Jedenfalls aber überwiegt, wie insbesondere auch in der tariflichen Regelung zum Ausdruck gekommen ist, die mechanische Arbeit so stark, daß diese der gesamten Tätigkeit das Gepräge gibt. Es kann dahingestellt bleiben, ob ein Arbeitnehmer, der als Telefonist beschäftigt ist, dann Angestellteneigenschaft hat, wenn ihm in überwiegendem Umfange neben seiner Telefonistentätigkeit solche Arbeiten anvertraut werden, die eine gedankliche, geistige Leistung voraussetzen. Nach der Lebenserfahrung liegt aber bei einem derart wie dem Kläger beschäftigten Telefonisten das Schwergewicht auf der Vermittlung der Ferngespräche.

Es ist ohne Bedeutung für die Bewertung der Tätigkeit des Klägers, daß die Ferngespräche in dem kaufmännischen Betriebe des Arbeitgebers und unmittelbar für dessen kaufmännische Zwecke geführt werden. Wenn das HGB die besondere Schicht der Handlungsgehilfen erwähnt und für ihre Begriffsbestimmung u. a. wesentlich sein läßt, daß sie selbst kaufmännische Dienste leisten, so können sinnvoll zu den Handlungsgehilfen nur solche Arbeitnehmer gerechnet werden, die selbst in ausgesprochener Weise kaufmännische Dienste leisten. Wenn nur auf die wirtschaftliche Zweckbestimmung der für einen kaufmännischen Betrieb geleisteten Dienste abgestellt würde und diese, obwohl sie selbst nicht kaufmännisch sind, bereits deshalb als kaufmännische Dienste angesehen werden müßten, weil sie für einen kaufmännischen Betrieb geleistet werden, so wäre die Begriffsbestimmung des HGB, die es auf die Art der von dem Arbeitnehmer selbst geleisteten Dienste abstellt, nicht verständlich. Neben dem Erfordernis, daß der Arbeitnehmer selbst kaufmännische Dienste leistet, wird nach der Regelung des § 59 HGB zusätzlich noch die Leistung in einem Handelsgewerbe verlangt.

Die Tarifpartner haben sonach damit, daß sie den Kläger in seiner Tätigkeit als Arbeiter angesehen haben, nicht gegen die zwingende Vorschrift des § 59 HGB verstoßen.

Zutreffend führt das Landesarbeitsgericht auch aus, daß der Kläger nicht etwa deshalb als Angestellter anzusehen ist, weil er auf Verlangen der Knappschaft in der Angestelltenversicherung versichert ist. Es trifft zwar zu, daß in den Bestimmungen von Berufsgruppen der Angestelltenversicherung (Verordnung vom 8. März 1924 in der Fassung der Verordnungen vom 4. Februar und 15. Juli 1927) solche Angestellten zu den Büroangestellten im Sinne des § 1 Abs. 1 Nr. 3 AnVG gerechnet werden, die als Telefonisten tätig sind. Durch die Tätigkeit als Telefonist erhält aber der Arbeitnehmer nicht in allgemeiner Hinsicht die arbeitsrechtliche Rechtsstellung eines Angestellten. Denn die Berufsgruppenbestimmung der Angestelltenversicherung hat lediglich Bedeutung für seine versicherungsrechtliche Stellung dem Versicherungsträger gegenüber, für seine arbeitsrechtliche Stellung aber nur insoweit, wie in arbeitsrechtlichen Gesetzen (vgl. § 616 Abs. 2 BGB, § 1 des Gesetzes über die Fristen für die Kündigung von Angestellten vom 9. Juli 1926; siehe auch Urteil des erkennenden Senats vom 7. November 1958 — 2 AZR 465/55 — AP Nr. 1 zu § 616 BGB Angestellter —) auf den Begriff des Angestellten im Sinne des Angestelltenversicherungsgesetzes Bezug genommen ist, und nur für den Bereich einer solchen Bezugnahme, nicht aber auch für seine sonstige arbeitsrechtliche Stellung dem Arbeitgeber gegenüber. Im übrigen aber ist entscheidend, welche Tätigkeiten dem Arbeitnehmer nach dem Inhalt seines Arbeitsverhältnisses obliegen. Letzteres allein trägt in einer sinnvollen Weise die Schichtung nach Arbeitern und Angestellten, die ein wichtiges Prinzip unseres Arbeitsrechtes ist (siehe Hueck-Nipperdey, Lehrbuch des Arbeitsrechts, 6. Aufl., Bd. I, S. 61; Nikisch, Arbeitsrecht, 2. Aufl., S. 108).

Die Stellung eines Angestellten hat der Kläger auch nicht im Hinblick auf die Vorschrift des § 1 des Tarifvertrages für die Angestellten der Saarbergwerke. Nach § 1 Buchstabe b dieses Tarifvertrages gilt die tarifliche Regelung in persönlicher Hinsicht für alle Angestellten der Saarbergwerke, die unter den Berufsgruppendefinitionen der Anlage 1 dieses Tarifvertrages bezeichnet sind (also nicht für den in dieser Anlage nicht aufgeführten Arbeitsplatz des Klägers) und die eine Angestelltentätigkeit im Sinne des Angestelltenversicherungsgesetzes ausüben. Angestellte nach dem Tarifvertrag und der damit in ihm zum Ausdruck gekommenen Verkehrsauffassung sind sonach nur solche Arbeitnehmer, die sowohl arbeitsrechtlich eine Angestelltentätigkeit zu leisten haben wie aber auch eine Angestelltentätigkeit im Sinne des Angestelltenversicherungsgesetzes ausüben. Beide Voraussetzungen müssen nebeneinander erfüllt sein. Ein Arbeitnehmer der Saarbergwerke ist nur dann Angestellter, wenn er sowohl im Sinne der Berufsgruppendefinition des Tarifvertrages wie auch im Sinne der Bestimmungen von Berufsgruppen der Angestelltenversicherung Angestellter ist. Der Kläger ist aber, wie ausgeführt, im Hinblick auf die von ihm geleistete Tätigkeit bei der Beklagten und damit im Sinne der Berufsgruppendefinition der Anlage 1 des Tarifvertrages für die Angestellten der Saarbergwerke nicht Angestellter, sondern Arbeiter.

12

1. Ob eine Dienststelle am 8. Mai 1945 im Sinne des Regelungsgesetzes in der Bundesrepublik (einschließlich Westberlins) ihren Sitz hatte, richtet sich nicht nach der Lage des Dienstgebäudes, sondern nach dem räumlichen Zuständigkeitsbereich der Dienststelle.

2. Ein dienstordnungsmäßiger Angestellter der früheren AOK Berlin fällt als Einheimischer unter § 63 Abs. 1 Nr. 1 a Regelungsgesetz, auch wenn er seinen Arbeitsplatz im heutigen Ostberlin hatte.

3. Die Bezirksverwaltungsstellen der AOK waren keine Dienststellen im Sinne des Regelungsgesetzes.

Regelungsgesetz § 63 Abs. 1 Nr. 1 a; DO der Krankenversicherungsanstalt Berlin, Nr. 3 Abs. 2 der Übergangsbestimmungen.

III. Senat. Urteil vom 2. 12. 1958 i. S. F. (Kl.) w. AOK B. (Bekl.)
3 AZR 372/56.

I. Arbeitsgericht Berlin. — II. Landesarbeitsgericht Berlin.

Der 1898 geborene Kläger war von 1933 bis 1945 als Angestellter, zuletzt als dienstordnungsmäßiger Verwaltungsinspektor (Gruppe 4 c 2 der RBO) bei der früheren Allgemeinen Ortskrankenkasse Berlin beschäftigt. Diese war eine Körperschaft des öffentlichen Rechts. Ihr Bezirk (§ 226 RVO) umfaßte die Reichshauptstadt Berlin. Sie hatte ihren Sitz in Berlin und bestand aus einer sogenannten Hauptverwaltung, deren Gebäude in der Rungestraße (Ostberlin) lag, und mehreren Bezirksverwaltungen, von denen die Bezirksverwaltung I ebenfalls im Gebäude der Rungestraße untergebracht war. Nach der Besetzung Berlins im Mai 1945 mußte die AOK ihre Tätigkeit einstellen. Es wurde ein Treuhänder für die Verwaltung der Vermögenswerte bestellt. Im Juli 1945 wurde die Versicherungsanstalt Berlin (VAB) gegründet, die nicht nur die Krankenversicherung übernahm, sondern alle Zweige früherer sozialer Leistungen umfaßte. Die Spaltung Berlins im Jahre 1948 hatte zur Folge, daß aus der Verwaltung der VAB ein Teil nach Westberlin übersiedelte und hier auf Grund der in Westberlin nunmehr einsetzenden Wiederangleichung des Sozialversicherungsrechts an das in der Bundesrepublik geltende Recht (Berliner Gesetz vom 3. 12. 1950, GVBl. S. 542) weiter tätig war. Nach § 7 des Rentenversicherungsüberleitungsgesetzes vom 10. Juli 1952 (GVBl. S. 588) blieb die Versicherungsanstalt Berlin Träger der Krankenversicherung und erhielt den Namen „Krankenversicherungsanstalt Berlin" (KVA). Durch weiteres Gesetz vom 24. Januar 1958 (GVBl. Berlin S. 65) erhielt sie mit Wirkung vom 1. Januar 1958 ihren alten Namen als AOK Berlin wieder.

Der Kläger hatte seinen Arbeitsplatz in der Rungestraße. Beim Zusammenbruch verlor er, seit April 1943 als Soldat bei der Wehrmacht, seinen Arbeitsplatz, weil die AOK ihren Betrieb einstellen mußte. Am 1. Juli 1951 trat er als Aushilfsangestellter in den Dienst der VAB (späteren KVA) Berlin (West), die inzwischen die Aufgaben der alten AOK für Westberlin übernommen hatte. Nachdem er zunächst mit Unterbrechungen auf Grund befristeter Arbeitsverträge beschäftigt war und während der Unterbrechungen eine Übergangsvergütung von monatlich 206 DM nach dem Regelungsgesetz erhalten hatte, übernahm ihn die KVA Berlin am 20. August 1954 in ein unbefristetes Arbeitsverhältnis, ohne ihn jedoch dienstordnungsmäßig anzustellen.

Der Kläger, der in Westberlin wohnt, macht geltend, er falle unter die Vorschrift des § 63 Abs. 1 Nr. 1 a Regelungsgesetz und habe gegen die Beklagte einen Anspruch auf Verwendung als dienstordnungsmäßiger Angestellter wie früher bei der AOK. Er verlangt für die Zeit vom 1. Dezember 1953 bis 30. April 1955 500 DM als Teilbetrag des Unterschiedes zwischen dem ihm angeblich zustehenden Gehalt als Verwaltungsinspektor und der ihm tatsächlich gewährten Vergütung. Die Beklagte meint, daß dem Kläger dieser Anspruch nicht zusteht, weil er am 8. Mai 1945 bei der Verwaltung in der Rungestraße in Ostberlin beschäftigt gewesen sei und daher nicht gemäß § 63 Regelungsgesetz als „Einheimischer", sondern nach Kapitel I dieses Gesetzes als „Verdränger" behandelt werden müsse.

Das Arbeitsgericht hat die Klage abgewiesen, das Landesarbeitsgericht die Berufung des Klägers zurückgewiesen. Die Revision des Klägers führte zur Verurteilung der Beklagten.

Aus den Gründen:

Den Anspruch, mit Wirkung vom 1. Dezember 1953 aus seinem Arbeitsverhältnis als Tarifangestellter in das Rechtsverhältnis eines dienstordnungsmäßigen Angestellten (§ 351 RVO) übernommen zu werden, stützt der Kläger auf Nr. 3 Abs. 2 der Übergangsbestimmungen zur Dienstordnung der Beklagten vom 5. November 1953, die rückwirkend am 1. Dezember 1952 in Kraft getreten sind (§ 16 der Dienstordnung). Die Vorschrift lautet:

„Dienstordnungsmäßigen Angestellten, die nach § 63 Abs. 1 Ziffer 1 des Gesetzes zur Regelung der Rechtsverhältnisse der unter Artikel 131 GG fallenden Personen vom 11. Mai 1951 (BGBl. I S. 307; GVBl. S. 1149) an der Unterbringung teilnehmen und zu deren Unterbringung die Krankenversicherungsanstalt Berlin verpflichtet ist, ist, soweit sie am Tage des Inkrafttretens der Dienstordnung nicht bei der Krankenversicherungsanstalt Berlin beschäftigt sind bzw. keine Planstelle innehaben, auf einen innerhalb eines Jahres nach Inkrafttreten der Dienstordnung zu stellenden Antrag spätestens innerhalb eines Jahres eine Planstelle bei der Krankenversicherungsanstalt Berlin zu übertragen, wenn sie vor dem 30. Januar 1933 oder als Laufbahn-Bewerber nach diesem Zeitpunkt in das DO-Verhältnis übernommen worden sind."

Von diesen Voraussetzungen erfüllt der Kläger ohne weiteres die beiden zuletzt genannten, nämlich daß er bei Inkrafttreten der DO am 1. Dezember 1952 keine Planstelle bei der Beklagten innehatte, und daß er als Laufbahn-Bewerber nach dem 30. Januar 1933 in das DO-Verhältnis bei der AOK Berlin übernommen worden ist. Darüber sind die Parteien einig. Es ist auch nicht streitig, daß der Kläger zum Kreis der von Artikel 131 GG und vom Regelungsgesetz erfaßten Personen gehört. Er hat am 8. Mai 1945 als dienstordnungsmäßig angestellter Inspektor der AOK Berlin im öffentlichen Dienst gestanden, seinen Arbeitsplatz aus anderen als tarifrechtlichen Gründen, nämlich wegen des Wegfalls der AOK Berlin verloren, und er ist von der Beklagten nicht seiner früheren Rechtsstellung entsprechend, sondern nur als Tarifangestellter wiederverwendet worden. Der Streit geht nur darum, ob der Kläger die weitere Voraussetzung des in § 3 der Übergangsbestimmungen angezogenen § 63 Abs. 1 Nr. 1 des Regelungsgesetzes erfüllt, daß er Angestellter einer

Körperschaft im Bundesgebiet war, wobei Westberlin zum Bundesgebiet gehört (§ 2 der 5. DVO zum Regelungsgesetz).

Zutreffend geht der Berufungsrichter davon aus, daß es für die Belegenheit der Körperschaft des öffentlichen Rechts im Bundesgebiet im Sinne des § 63 auf die jeweilige Dienststelle ankommt, bei der der Angestellte oder Arbeiter am 8. Mai 1945 beschäftigt war. Denn auch in §§ 1 und 2 des Regelungsgesetzes sowie in § 62 und § 82 wird es ausdrücklich auf die Dienststelle abgestellt. § 63 Abs. 1 steht systematisch in engstem Zusammenhang mit den genannten Bestimmungen: Gegenüber dem in §§ 1 und 2 behandelten Personenkreis der sogenannten Verdrängten fügt § 63 ergänzend den Kreis der sogenannten Einheimischen hinzu und nimmt weiterhin § 62, insbesondere dessen wichtigen Absatz 3 in Bezug. In § 82 werden die Rechtsverhältnisse der „Einheimischen" auf Grund des Gedankens einer Funktionsnachfolge geregelt, so daß auch hier eine enge, schon im Systematischen zum Ausdruck kommende Beziehung besteht. In allen diesen sich ergänzenden Bestimmungen und damit auch im § 63 Abs. 1, obwohl dort das Wort Dienststelle nicht nochmals vorkommt, kann es daher nur auf die Dienststelle ankommen. Bei der Abgrenzung der unter § 63 fallenden Personen ist daher ebenso wie sonst an diesen Begriff anzuknüpfen.

Unrichtig ist es aber, wenn der Berufungsrichter die Hauptverwaltung der AOK einerseits und deren Bezirksverwaltungen jeweils als verschiedene Dienststellen im Sinne des § 63 ansieht und zu einer Ablehnung des Klageanspruchs mit der Feststellung gelangt, daß der Kläger für die in der Rungestraße mit untergebrachten Bezirksverwaltung I überwiegend beschäftigt war. Der Begriff der Dienststelle wird im Regelungsgesetz nicht näher erläutert. Er ist auch nicht einheitlich, sondern aus dem Sinn und Zweck des jeweiligen Gesetzes zu bestimmen, wobei auch der Verkehrsanschauung ein Platz einzuräumen ist. Danach wird für den Begriff der Dienststelle im Gegensatz zu einer bloßen Verwaltungs-Abteilung eine organisatorische und zweckbedingte Geschlossenheit verlangt werden müssen. Diese setzt wiederum ein gewisses Maß von Selbständigkeit voraus. Merkmale einer solchen Selbständigkeit (vgl. neuerdings § 7 des Personalvertretungsgesetzes) sind insbesondere ein eigener Haushalt, ein — wenn auch begrenztes — eigenes Finanzgebaren und eine — zum mindesten begrenzte — eigene Personalhoheit, d. h. das Recht des Behördenleiters, wenigstens Gruppen von Arbeitnehmern selbständig einzustellen und zu entlassen. Die Aufgabe des Regelungsgesetzes, insbesondere des § 63 i. V. m. § 82, ist es, den danach Berechtigten wieder ihren alten oder wenigstens überhaupt einen Dienstherrn zuzuweisen, weil das die natürlichste Form einer Wiedereingliederung in den öffentlichen Dienst ist. Für eine „Dienststelle" muß daher auch deshalb ein gewisses Maß von Personalhoheit gefordert werden, weil in erster Linie die Unterbringung in Rede steht.

Bei den Bezirksverwaltungen der AOK Berlin fehlte es an einer auch nur begrenzten Selbständigkeit. Sie hatten weder einen eigenen Etat, noch eine Personalhoheit, d. h. keine Befugnis, überhaupt Arbeitnehmer einzustellen. Die Bezirksverwaltungen, die nach dem unwidersprochenen Vortrag des Klägers vorwiegend Beiträge und Krankenscheine entgegennahmen sowie Krankengeld auszahlten, können nur als den Melde- und Zahlstellen im Sinne des § 345 Abs. 2 Ziffer 5 RVO gleichstehend angesehen werden. Der Weg, die Aufgaben einer Krankenkasse mit räumlich weit ausgedehnten Bezirken auf selbständige Dienststellen zu verteilen, ist im § 415 a RVO gesetzlich festgelegt, wonach Sektionen gebildet und ihnen Teile der Einnahmen und Ausgaben der AOK zugewiesen werden können. Die Berliner Bezirksverwaltungen der AOK waren streitlos nicht als Sektionen errichtet.

Unter diesen Umständen muß angenommen werden, daß nur die Hauptverwaltung eine Dienststelle im Sinne des Regelungsgesetzes war, die Bezirksverwaltungsstelle I hingegen nicht. Die Dienststelle, in deren Dienst der Kläger am 8. Mai 1945 stand, war also die Hauptverwaltung, gleichviel ob er, wie er es behauptet, überwiegend für sie arbeitete, oder ob er überwiegend bei der unselbständigen Bezirksverwaltungsstelle I tätig war, was die Beklagte behauptet. Entscheidend ist daher, ob die AOK Berlin als solche „im Bundesgebiet", dem das Gebiet von West-Berlin durch § 2 der 5. DVO gleichgestellt wurde, gelegen war.

Der Berufungsrichter lehnt auch das ab, indem er sich auf ein Urteil des Berliner Oberverwaltungsgerichts vom 15. Oktober 1955 sowie auf den Kommentar von Ambrosius-Löns-Rengier beruft. Danach soll es allein darauf ankommen, ob das Gebäude, in dem die Dienststelle am 8. Mai 1945 untergebracht war, im heutigen Ost- oder Westberlin liegt. Diese Auffassung hat der 3. Senat des Oberverwaltungsgerichts in einem weiteren Urteil vom 19. März 1957 (OVG III B 241/56) ausführlich begründet. Er ist der Ansicht, daß diese von ihm als „Dienststellenprinzip" bezeichnete Anknüpfung an die „räumliche Belegenheit" der Dienststelle (oder Versorgungskasse) in einfacher Weise klare Verhältnisse schaffe, aber auch trotz einiger, für den Einzelfall unvermeidbarer Härten zu erträglichen Ergebnissen führe. Der Rechtsauffassung des Oberverwaltungsgerichts kann sich der erkennende Senat aber nicht anschließen.

Zunächst kommt es nach § 63 ebenso wie nach §§ 1, 2, 82 nicht auf den „Sitz" der Dienststelle an, d. h. auf den Ort, der in der Regel dort als gegeben angesehen wird, wo die Verwaltung geführt wird. Dieser Sitz kann durch Satzung oder Statut auch anderswo und rein fiktiv begründet werden. Er kann auch außerhalb jedes örtlichen Zuständigkeitsbereiches einer Behörde liegen, wie das z. B. bei Landratsämtern in kreisfreien Städten der Fall ist. Das Gesetz vermeidet an allen Stellen diesen Ausdruck und stellt es allein auf die Belegenheit der Dienststelle „im Bundesgebiet" ab, weil damit die materielle Belegenheit des Dienstverhältnisses sachlich korrespondiert.

Auch bei einer natürlichen oder juristischen Person bestimmt sich die Ortsbindung nicht nach dem Gebäude oder Grundstück, sondern nach dem rechtlich bestimmten Umkreis, in dem ihre Lebensbeziehungen eingebettet sind. So ist der Wohnsitz einer natürlichen Person oder der Sitz einer juristischen Person nicht ihre Wohnung oder das Gebäude, sondern der Ort, d. h. die Gemeinde, in der die Wohnung oder die Verwaltung liegt. Einen sogenannten doppelten Wohnsitz hat nur, wer Wohnungen in zwei Orten hat, aber nicht auch der, welcher zwei Wohnungen in ein und demselben Ort besitzt (§ 7 Abs. 1 und 2 BGB). Dementsprechend gilt als Sitz eines Vereins der Ort, d. h. die Gemeinde, in der die Verwaltung des Vereins geführt wird (§ 24 BGB). Auf den Umkreis muß es aber erst recht abgestellt werden, wenn es sich um die Belegenheit einer Dienststelle handelt. Für diesen Umkreis bietet sich als das natürliche Kriterium der Bereich an, für den die Dienststelle gebildet ist. Das gilt ganz besonders von einer AOK, die nach § 226 RVO für einen örtlichen Bezirk errichtet wird. Daraus ergibt sich zwanglos, daß die Belegenheit der AOK Berlin in Berlin schlechthin war und damit das Gebiet von Westberlin umfaßte.

Wenn nun, wie bei der Spaltung Berlins im Jahre 1948, von dem Bezirk einer Dienststelle ein Teil abgespalten wird und die Aufgaben nur in dem verbleibenden Teil fortgeführt werden können, so ist die Entscheidung allein dahin möglich, daß die Belegenheit der Dienststelle in demjenigen Teil erhalten bleibt, in dem die Aufgaben fortgeführt werden. So liegt es aber insofern, als die sich aus der RVO ergebenden Aufgaben der AOK nur in Westberlin fortgeführt worden sind. Nun sind allerdings auch im Gebiet von Westberlin die Aufgaben der AOK zunächst zum Erliegen gekommen; denn die alte AOK Berlin wurde auf Befehl der damaligen russischen Besatzungsmacht stillgelegt. Diese Unterbrechung ist jedoch für die Frage, ob es sich um eine Dienststelle im Bundesgebiet bzw. in Westberlin im Sinne des § 63 handelt, ohne Bedeutung. Da die Beklagte für Westberlin die Aufgaben der früheren AOK übernommen hat, ist sie in Westberlin gemäß § 82 Regelungsgesetz jetzt der Dienstherr des Klägers, dessen Unterbringung und Versorgung ihr gemäß § 63 Abs. 1 letzter Satz Regelungsgesetz obliegt, zumal das heutige Westberlin nach seiner Fläche und nach der Zahl seiner Einwohner den überwiegenden Teil von Berlin darstellt.

13

Eine Zurückverweisung des Rechtsstreits seitens des Landesarbeitsgerichts an das Arbeitsgericht wegen eines Mangels im Verfahren ist jedenfalls dann unzulässig, wenn der Mangel vom Berufungsgericht noch beseitigt werden kann (z. B. Nachholung einer vom Arbeitsgericht zu Unrecht unterlassenen Beweisaufnahme).

ArbGG § 68.

II. Senat. Urteil vom 4. 12. 1958 i. S. B. (Kl.) w. Fa. H. (Bekl.)
2 AZR 282/57.

I. Arbeitsgericht Esslingen. — II. Landesarbeitsgericht Baden-Württemberg (Kammer Stuttgart).

Der Kläger war bei der Beklagten als Richtmeister beschäftigt. Mit der Klage begehrte er die Verurteilung der Beklagten zur Zahlung von rückständigem Gehalt. Die Beklagte hat wegen angeblichen schuldhaften zum Schadenersatz verpflichtenden Verhaltens des Klägers Widerklage erhoben mit dem Ziel der Verurteilung des Klägers zur Zahlung von 3225,75 DM.

Das Arbeitsgericht hat der Klage stattgegeben und die Widerklage ohne Beweiserhebung abgewiesen; der Kläger habe den angeblichen Schaden nicht zu vertreten.

Das Landesarbeitsgericht hat auf die nur die Widerklage betreffende Berufung der Beklagten die erstinstanzliche Entscheidung aufgehoben und die Sache zur erneuten Verhandlung und Entscheidung an das Arbeitsgericht zurückverwiesen. Zwar sei nach § 68 ArbGG wegen eines Mangels im Verfahren die Zurückverweisung vom Landesarbeitsgericht an das Arbeitsgericht an sich unzulässig. Diese Bestimmung beruhe aber ganz offenbar darauf, daß der Gesetzgeber bei ihrer Schaffung nur auf die Interessen der Arbeitnehmerseite, die in der Regel klageführend auftrete, bedacht gewesen sei. Auf Grund der „ratio legis" müßte die zu weit gefaßte Gesetzesvorschrift auf das angebrachte Maß zurückgeführt werden. Die Bestimmung des § 68 ArbGG müsse im Wege der Rechtsprechung eine generelle Einengung erfahren, wobei allerdings nur an maßvollsten Gebrauch von seiten des Landesarbeitsgerichts gedacht sein könne. Dem Berufungsgericht obliege in erster Linie die Überprüfung vordergerichtlicher Urteile. Dieser zivilprozessuale Grundsatz erscheine verletzt, wenn der Erstrichter umfangreiche und schwierige Schadenersatzprozesse, die eine eingehende Beweisaufnahme erheischten, unter Berufung auf einen abwegigen Rechtsgrund einfach an die zweite Instanz zur Durchführung abgäbe. Würde ein solches Verfahren der Arbeitsgerichte größere Ausmaße annehmen, so müsse das bei der gegenwärtigen Besetzung der Landesarbeitsgerichte zu ihrer Überlastung führen. Da in dem vorliegenden Schadenersatzprozeß das Arbeitsgericht der Verpflichtung der Sachverhaltsermittlung, wozu die Einziehung der von den Parteien beantragten Beweise gehöre, in keiner Weise nachgekommen sei, müsse die Sache zur neuerlichen Verhandlung und Entscheidung an das Arbeitsgericht zurückverwiesen werden.

Die Revision des Klägers führte zur Aufhebung und Zurückverweisung an das Landesarbeitsgericht.

Aus den Gründen:

1. Da das Landesarbeitsgericht die Revision nicht zugelassen hat, der Beschwerdewert auch die Revisionsgrenze nicht erreicht, ist die Revision nur statthaft, wenn das Urteil des Landesarbeitsgerichts im Sinne von § 72 Abs. 1 Satz 2, 3 ArbGG von einer in der Revisionsbegründung bezeichneten Entscheidung des Bundesarbeitsgerichts oder — solange eine Entscheidung des Bundesarbeitsgerichts in der Rechtsfrage nicht ergangen ist — von der Entscheidung eines anderen Landesarbeitsgerichts oder eines obersten Arbeitsgerichts eines Landes abweicht und auf dieser Abweichung beruht. Der Kläger macht insoweit geltend, daß das angegriffene Urteil von den Urteilen des Landesarbeitsgerichts Frankfurt/Main vom 11. September 1952 (III LA 248/52) und des Landesarbeitsgerichts Heidelberg vom 15. September 1949 (Sa 74/49) (AP 50 Nr. 132) abweiche. Der Revision ist jedenfalls darin zu folgen, daß eine Divergenz des angefochtenen Urteils von der Entscheidung des Landesarbeitsgerichts Frankfurt/Main vom 11. September 1952 vorliegt.

Mit ihren Darlegungen zu einer einengenden Auslegung setzt sich die angefochtene Entscheidung in Widerspruch zu dem erwähnten Urteil des Landesarbeitsgericht Frankfurt/Main. In dieser letzteren Entscheidung wird ausgeführt, daß durch das Landesarbeitsgericht eine Zurückverweisung der Sache wegen Verfahrensmangels im arbeitsgerichtlichen

Verfahren allgemein nicht zulässig sei. Im Interesse der Beschleunigung des Verfahrens habe das Arbeitsgerichtsgesetz den Verlust einer Instanz in Kauf genommen.

Das angefochtene Urteil beruht auch auf der aufgezeigten Abweichung. Denn hätte das Landesarbeitsgericht eine andere rechtliche Auffassung hinsichtlich der Berechtigung zur Zurückverweisung vertreten, hätte es den Rechtsstreit selbst sachlich entscheiden müssen. Der tragende Komplex rechtlicher Erwägungen bei der angefochtenen und der angezogenen Entscheidung, die selbst auf Grund der mit ihr vertretenen Ansicht gerade zu einem Urteil in der Sache kommen mußte, ist also der gleiche. Er hat jedoch eine verschiedene rechtliche Beurteilung erfahren, so daß die gesetzlichen Voraussetzungen des § 72 Abs. 1 Satz 2, 3 ArbGG für die Statthaftigkeit der Revision gegeben sind (vgl. BAG AP Nr. 3 zu § 72 ArbGG 1953).

2. Die Revision ist auch zulässig, weil der Kläger durch die angefochtene Entscheidung beschwert ist. Das Landesarbeitsgericht hat das die Widerklage der Beklagten abweisende Urteil des Arbeitsgerichts aufgehoben und die Sache zur anderweiten Verhandlung und Entscheidung an die erste Instanz zurückverwiesen. Der Kläger ist, wie sich aus dem Tenor des angefochtenen Urteils eindeutig ergibt, somit mit seinem Antrag auf Abweisung der Widerklage, dem das Urteil der ersten Instanz entsprochen hatte, in der zweiten Instanz nicht durchgedrungen. Insofern ist er also durch das Urteil des Landesarbeitsgerichts beschwert, gleichgültig, daß eine ihm ungünstige materiellrechtliche Entscheidung nicht ergangen ist (vgl. Rosenberg, Lehrbuch des Zivilprozeßrechts, 7. Aufl., § 134 II 2 a S. 635).

3. Die Revision ist schließlich auch begründet. Der Senat vermag in Übereinstimmung mit Dersch-Volkmar, ArbGG, 6. Aufl., § 68 Anmerk. 6 ff.; Dietz-Nikisch, ArbGG, § 68 Anm. 11 f.; Grüll, ArbGG Anm. zu § 68; Haberkorn, NJW 1953, 14; Pohle, Anm. zu AP Nr. 1 zu § 68 u. zu AP Nr. 3 zu § 96 ArbGG 1953; Stein-Jonas, ZPO, § 539 Anm. V 1 und Wieczorek, ZPO, § 539 Anm. D der von der Vorinstanz und gelegentlich auch sonst (so LAG Baden-Württemberg vom 13. März 1957, AP Nr. 1 zu § 68 ArbGG 1953, aber mit scharf ablehnender Stellungnahme von Pohle) vertretenen Auffassung nicht zu folgen. § 68 ArbGG bestimmt eindeutig, daß wegen eines Mangels im Verfahren des Arbeitsgerichts eine Zurückverweisung der Sache seitens des Berufungsgerichts an die erste Instanz unzulässig ist. Diese von § 539 ZPO abweichende Regelung findet sich bereits im ArbGG 1926 und ist unverändert in das heutige Arbeitsgerichtsgesetz übernommen worden. Sie ist,

wie sich nicht zuletzt auch aus der Begründung zu § 65 Entw. des ArbGG 1926 ergibt, im Interesse der Beschleunigung des Verfahrens eingeführt worden. Der Verlust eines mangelfreien Verfahrens im ersten Rechtszug sollte durch die Beschleunigung des Verfahrens aufgewogen werden (Drucksache Nr. 2065 Reichstag III. Wahlperiode 1924/26 S. 61). Dasselbe sagen die Materialien zu der heutigen Vorschrift: „Im Hinblick auf den das Verfahren der Arbeitsgerichtsbarkeit beherrschenden Grundsatz der Beschleunigung soll daran festgehalten werden, daß wegen eines Mangels im Verfahren des Arbeitsgerichts die Zurückverweisung unzulässig ist." (Drucksache Nr. 3516 Deutscher Bundestag 1. Wahlperiode 1949 zu § 68 Entw. S. 32).

Die Meinung des Landesarbeitsgerichts, bei § 68 ArbGG sei mit Rücksicht darauf, daß das Zurückverweisungsverbot nur die Interessen der in der Regel klageführend auftretenden Arbeitnehmerseite im Auge habe und eine Einengung auf die von dem Grundgedanken des Gesetzes beabsichtigten Fälle zulässig sei, ist nicht haltbar. Eine solche ratio legis ist weder aus dem Wortlaut des Gesetzes noch aus den Materialien zu entnehmen. Sie steht vielmehr in offensichtlichem Widerspruch zu den vorstehend wiedergegebenen Begründungen. Pohle hat in seiner Besprechung des oben genannten Urteils des Landesarbeitsgerichts Baden-Württemberg vom 13. März 1957 = AP Nr. 1 zu § 68 ArbGG 1953, das den gleichen Standpunkt einnimmt wie das Berufungsurteil, mit vollem Recht darauf hingewiesen, es sei keineswegs „offenbar", daß der Gesetzgeber mit der Bestimmung des § 68 nur Interessen anspruchsberechtigter Arbeitnehmer im Auge gehabt habe. Mit Pohle ist vielmehr zu sagen, daß in der Regel j e d e r ein „unverkennbares Bedürfnis an einer alsbaldigen Anspruchsbefriedigung" hat. Es geht schon bei der allgemein gehaltenen Fassung des § 68 ArbGG nicht an, dem Gesetzgeber ohne weiteres zu unterstellen, daß er die Interessen der Arbeitnehmerseite höher bewertet habe als die der Arbeitgeber. Zwingende Gründe, die die Unterstellung einer so ungleichen Behandlung zweier Parteigruppen durch den Gesetzgeber rechtfertigten, sind nicht zu erkennen. Es muß Pohle ferner darin zugestimmt werden, daß neben den Parteiinteressen an der Beschleunigung des Verfahrens diese Beschleunigung nicht zuletzt im Interesse schlechthin der R e c h t s p f l e g e bei der Arbeitsgerichtsbarkeit erstrebt wird.

Bei der Vorschrift des § 68 ArbGG handelt es sich nicht um einen allgemeinen verfahrensrechtlichen Grundsatz. Es kann dahingestellt bleiben, ob die Vorschrift sich bewährt hat; denn auch wenn dies nicht der Fall sein sollte, ist der Richter trotzdem an sie gebunden und kann ihr keinen anderen Inhalt geben, als ihr nach Wortlaut und Sinn innewohnt. Eine Änderung könnte vielmehr nur durch den Gesetzgeber erfolgen.

Im übrigen verkennt das Landesarbeitsgericht aber auch, daß bei Schadenersatzklagen gegen den Arbeitnehmer dieser als Beklagter ebenfalls regelmäßig ein Interesse an beschleunigter Erledigung des Rechtsstreits hat; denn er muß so rasch wie möglich wissen, ob der gegen ihn erhobene Anspruch begründet ist oder nicht, um gegebenenfalls sich darauf einstellen zu können.

Sofern das Landesarbeitsgericht des weiteren sogar die Auffassung vertritt, daß nicht nur eine fallweise Einschränkung des Verbots der Zurückverweisung, sondern darüber hinaus eine g e n e r e l l e Einengung im Weg der Rechtsprechung zulässig sei, wenn dabei auch nur an maßvollsten Gebrauch von seiten des Landesarbeitsgerichts gedacht werden könne, so stellt auf jeden Fall diese Ansicht einen klaren Verstoß gegen Art. 20 Abs. 3 GG dar, wonach die Rechtsprechung an Gesetz und Recht gebunden ist (vgl. Bonner Kommentar Anm. II 3 e zu Art. 20). Im Hinblick auf den eindeutigen Wortlaut des Gesetzes und den klaren Willen des Gesetzgebers läßt sich die Auffassung des Landesarbeitsgerichts ferner nicht aus dem Gedanken der Fortbildung des Rechts rechtfertigen; sie führt vielmehr zu einer unzulässigen Abänderung des geltenden Rechts. Ebenso wie der Richter in Gesetzen eindeutig getroffene Regelungen nicht ausdehnen darf (BAG 1, 279 = AP Nr. 4 zu § 11 KSchG mit zustimmender Anmerkung von Hueck), ebenso kann er sie grundsätzlich auch nicht beschränken.

Das Landesarbeitsgericht kann sich zur Begründung seines Standpunktes auch nicht auf die Ausführungen von Enneccerus-Nipperdey, Lehrbuch des bürgerlichen Rechts, Allgemeiner Teil, Erster Halbband, 14. Aufl., 1952, und Lehmann, Allgemeiner Teil des Bürgerlichen Gesetzbuches, 11. Aufl., 1958, beziehen. Nach Enneccerus-Nipperdey, § 57 II, S. 207, ist eine b e r i c h t i g e n d e Auslegung zulässig, wenn sich aus überzeugenden Gründen dartun läßt, daß der Wille des Gesetzgebers in der einen oder anderen Beziehung falsch — nämlich zu eng oder zu weit — ausgedrückt ist, aber nur unter der weiteren Voraussetzung, daß das Gesetzeswort als eine wenn auch unvollkommene, so doch bei Berücksichtigung aller in Betracht kommenden Umstände immer noch verständliche Erklärung des Gesetzeswillens angesehen werden darf. Nur wenn der Wille des Gesetzes und dessen Ausdruck in gewisser Beziehung qualitativ verschieden sind, wollen Enneccerus-Nipperdey, wie sich aus den Ausführungen in § 57 III a. a. O. ergibt, auch eine a b ä n d e r n d e Auslegung zulassen: „Wäre mit Sicherheit nachzuweisen, daß der Gesetzgeber etwas ganz anderes wollte, als er gesagt hätte, so wäre das Gesetz zwar nicht nichtig, aber zu restringieren ..." Weder für eine berichtigende noch gar für eine abändernde Auslegung im Sinne von Enneccerus-Nipperdey sind aber, wie vorstehend dargelegt, hier die Voraussetzungen gegeben, so daß ein näheres Eingehen auf den Fragenkomplex nicht erforderlich ist.

Auch die Ausführungen von Lehmann hat das Landesarbeitsgericht offenbar mißverstanden. Was Lehmann mit Restriktion in dem vom Landesarbeitsgericht in Bezug genommenen Vorwort zu seinem Lehrbuch in Wirklichkeit gemeint hat, ergibt sich aus seinen Ausführungen auf S. 58, wo es heißt: „Eine solche Gebotseinschränkung oder Gebotsberichtigung ist dann zulässig und geboten, wenn es sich um eine eigenartige, vom Gesetzgeber bei Erlaß der Vorschrift noch nicht angeschaute Interessenlage handelt und die Annahme berechtigt ist, der Gesetzgeber hätte sie, wenn er zur Bewertung gekommen wäre, vernünftigerweise nicht so, sondern anders angeordnet." Gerade hiervon kann aber im vorliegenden Fall überhaupt keine Rede sein. Der Gesetzgeber hat vielmehr bewußt bereits 1926 die Zurückverweisung eines Rechtsstreits durch das Landesarbeitsgericht wegen eines Mangels im Verfahren des Arbeitsgerichts allgemein für unzulässig erklärt und hat diese Regelung bei Erlaß des Arbeitsgerichtsgesetzes von 1953 ebenso bewußt aufrecht erhalten, und zwar aus dem Gesichtspunkt der Beschleunigung des Verfahrens schlechthin.

Zu Unrecht beruft sich die Beklagte auf den Beschluß des Ersten Senats des Bundesarbeitsgerichts vom 12. Oktober 1955 (BAG 2, 147 ff.), in dem dieser das in § 96 ArbGG enthaltene Verbot der Zurückverweisung jedenfalls dann für unanwendbar erklärt hat, wenn der Antragsteller unter richtiger Beurteilung der Rechtslage alles Erforderliche in einer der Tatsacheninstanzen vorgetragen und unter Beweis gestellt, das Beschwerdegericht aber unter unrichtiger rechtlicher Beurteilung entsprechende Feststellungen zu allen oder einzelnen dieser rechtserheblichen Tatsachen nicht getroffen hat. In einem solchen Falle rechtfertigt der Erste Senat die von ihm vorgenommene Restriktion der Bestimmung des § 96 ArbGG damit, daß vom Gesetzgeber, wenn er für einen solchen Fall die Rechtsfolgen des Verbotes erwogen hätte, das allgemeine Verbot nicht ausgesprochen worden wäre. Gerade diese Voraussetzung ist aber bei § 68 ArbGG nicht gegeben. Im Falle des § 96 ArbGG handelt es sich um die Frage der Zurückverweisung in der Rechtsbeschwerdeinstanz, die zudem, wie der Erste Senat nachdrücklich betont, insofern besonders gelagert ist, als durch das ArbGG

1953 eine weitere Tatsacheninstanz ausdrücklich neu eingeführt worden ist. § 68 ArbGG 1953 trifft hingegen den Fall, daß der Rechtsstreit noch in der Tatsacheninstanz schwebt. Im Falle des § 96 ArbGG mag eine restriktive Auslegung vertretbar sein, wenn sie auch vereinzelt auf Bedenken gestoßen ist (s. Seibertz, SAE Heft 2/3 1956 S. 28 mit Gegenäußerung von Nipperdey a. a. O., Heft 8 1956 S. 163; zustimmend Pohle, Anm. AP Nr. 3 zu § 96 ArbGG 1953, s. ferner den den Rechtsstandpunkt der genannten Entscheidung bestätigenden Beschluß des Ersten Senats vom 1. August 1958, AP Nr. 1 zu § 83 ArbGG 1953, mit zustimmender Anmerkung von Pohle zum Leitsatz 2), vorliegend aber nicht. Mit Recht hat Pohle in der oben angeführten Besprechung des Urteils des Landesarbeitsgerichts Baden-Württemberg vom 13. März 1957 darauf hingewiesen, daß eine Auffassung, wie sie dieses Landesarbeitsgericht vertritt — und das Gleiche muß auch bezüglich des hier in Rede stehenden Urteils des Landesarbeitsgerichts gelten —, in einem erkennbaren und bedenklichen Gegensatz zu der genannten Entscheidung des Bundesarbeitsgerichts stehe, der man fast aus jedem Satz die Sorge des Gerichts anmerke, ob es nicht allzu leicht dem Gesetzesbefehl die Gefolgschaft versage.

Wenn das Landesarbeitsgericht schließlich meint, daß, wenn die Arbeitsgerichte in größerem Maß dazu übergingen, umfangreiche und schwierige Schadenersatzprozesse, die eine eingehende Beweisaufnahme erheischten, „unter Berufung auf einen abwegigen Rechtsgrund einfach an die zweite Instanz zur Durchführung abzugeben", dies zu einer Überlastung der Landesarbeitsgerichte führen müsse, so kann auch ein derartiger Gesichtspunkt nicht rechtfertigen, gegen den klaren Wortlaut des Gesetzes und den eindeutigen Willen des Gesetzgebers zu entscheiden. Im übrigen ist im vorliegenden Falle — und auch im allgemeinen — nicht der geringste Anhaltspunkt dafür gegeben, daß die Arbeitsgerichte eine Beweisaufnahme etwa nicht durchführten, um diese Arbeit dem Landesarbeitsgericht aufzubürden. Im vorliegenden Fall ergibt sich vielmehr aus den eigenen Ausführungen des Landesarbeitsgerichts, daß das Arbeitsgericht lediglich von einer anderen, nach Ansicht des Landesarbeitsgerichts unrichtigen rechtlichen Beurteilung ausgegangen ist.

Ob der Fall etwa anders liegt, wenn der Mangel in der zweiten Instanz überhaupt nicht mehr behoben werden kann (vgl. das Beispiel bei Dietz-Nikisch, ArbGG § 68 Anm. 13; ferner LAG Hessen vom 9. April 1947, NJW 1948, 276, für den Fall, daß das Urteil der ersten Instanz überhaupt nicht mit Gründen versehen ist), kann hier dahin gestellt bleiben, da ein solcher Fall nicht vorliegt. Vielmehr ist das Landesarbeitsgericht durchaus in der Lage, den Mangel zu beheben, hier also die seines Erachtens vom Arbeitsgericht zu Unrecht unterlassene Beweiserhebung selbst durchzuführen.

Da das Landesarbeitsgericht somit eindeutig gegen § 68 ArbGG verstoßen hat, muß seine Entscheidung aufgehoben und die Sache zur anderweiten Verhandlung und Entscheidung an die Berufungsinstanz zurückverwiesen werden (Dersch-Volkmar, ArbGG, 6. Aufl., § 68 Anm. 9).

14

1. Durch Tarifvertrag kann bestimmt werden, daß ein neu zu gewährender Lohnzuschlag von dem Arbeitgeber an eine durch die Tarifvertragsparteien gebildete Lohnausgleichskasse abgeführt wird und daß diese Lohnausgleichskasse das alleinige, unmittelbare Forderungsrecht hinsichtlich dieses Lohnzuschlages hat.

2. Eine solche tarifliche Regelung kann für allgemeinverbindlich erklärt werden, sofern die Außenseiter dadurch nicht zu Mitgliedern der Lohnausgleichskasse werden und auch nicht mit Mitgliedspflichten belastet werden. Daraus, daß die Außenseiter keine Mitgliedschaftsrechte erwerben, sind Bedenken nicht herzuleiten, sofern der Grundsatz der gleichmäßigen Behandlung von Organisierten und Außenseitern gewahrt ist.

3. Die Regelung der Lohnausgleichskasse stellt keinen Akt der öffentlichen Fürsorge dar, die Abführung der Lohnzuschläge nicht die Erhebung einer — unzulässigen — Steuer. Auch eine grundgesetzwidrige Enteignung liegt nicht vor.

4. Durch Vereinbarung zwischen Arbeitgeber und Arbeitnehmer kann das Forderungsrecht der Lohnausgleichskasse nicht beeinträchtigt werden.

TVG §§ 1, 4, 5.

I. Senat. Urteil vom 5. 12. 1958 i. S. W. (Kl.) w. L. f. A. (Bekl.) 1 AZR 89/57.

I. Arbeitsgericht Gelsenkirchen. — II. Landesarbeitsgericht Hamm i. W.

Der Kläger ist bei der Firma St. in G. als Maurer-Vorarbeiter beschäftigt. Er ist gewerkschaftlich nicht organisiert.

In dem Tarifvertrag zur Neuregelung der Löhne, Ausbildungsbeihilfen und Ortsklassenspannen für die im Baugewerbe im Gebiet der Bundesrepublik Deutschland beschäftigten gewerblichen Arbeitnehmer, Lehrlinge und Anlernlinge vom 6. Februar 1955 in der Fassung vom

26. Mai 1955 (abgeschlossen zwischen dem Zentralverband des Deutschen Baugewerbes, dem Hauptverband der Deutschen Bauindustrie einerseits und der Industriegewerkschaft Bau, Steine, Erden im Gebiet der Bundesrepublik Deutschland andererseits) ist in § 2 Ziff. 2 bestimmt:

„Der bisherige Bundesecklohn von 2,– DM wird mit Wirkung vom 1. April 1955 um 6 v. H. erhöht und beträgt somit 2,12 DM. Mit Wirkung vom 1. Juli 1955 erhöht sich der Bundesecklohn um 0,04 DM auf 2,16 DM für jede Stunde, für die ein Lohnanspruch des Arbeitnehmers besteht. Der Betrag von 0,04 DM stellt den Ausgleich für witterungsbedingte Arbeitsausfälle in der Winterperiode dar. Er wird nicht an den Arbeitnehmer ausgezahlt, sondern ist vom Arbeitgeber an eine zu diesem Zweck gebildete Kasse abzuführen. Er bleibt bei der Errechnung von Akkordverdiensten, der Zuschläge für Mehrarbeit, Nachtarbeit, Sonn- und Feiertagsarbeit, Erschwernisarbeit, Auslösungen, Wegezeitentschädigungen und des Urlaubsgeldes außer Ansatz."

Dieselben Tarifpartner haben in dem Tarifvertrag über den Lohnausgleich für Arbeitsausfälle in der Winterperiode vom 25. April 1955 in der Fassung vom 26. Mai 1955 folgende Bestimmungen getroffen:

„§ 2

Lohnausgleichskasse für Arbeitsausfälle in der Winterperiode.

Als gemeinsame Einrichtung der Tarifvertragsparteien wird aus Gründen der Solidarität innerhalb des Baugewerbes eine Lohnausgleichskasse für Arbeitsausfälle in der Winterperiode gebildet.

§ 3

Aufgabe der Lohnausgleichskasse.

Die Kasse hat die Aufgabe, Arbeitnehmern in der Winterperiode eine Unterstützung zu gewähren aus Mitteln, die durch Beiträge in eigener Vorsorge aufgebracht werden.

§ 4

Anspruch auf Unterstützung.

Anspruch auf Unterstützung gegenüber der Kasse hat jeder Arbeitnehmer,

1. der in der Zeit vom 1. November bis 15. März (Winterperiode) durch Entlassung oder eigene Kündigung aus wichtigem Grund aus einem Baubetrieb ausscheidet und nachweislich arbeitslos wird und

2. für den in dem Kalenderjahr, in das der Beginn der Winterperiode fällt, für mindestens 20 Wochen Beiträge in Höhe von mindestens 36,— DM zur Kasse zu leisten waren.

§ 5

Gegenstand des Unterstützungsanspruchs.

Die Unterstützung wird für jeden Wochentag — außer Sonntag —, für den ein Anspruch nach § 4 besteht, gewährt.

Die Höhe der Unterstützung beträgt 2,50 DM, für jugendliche Arbeitnehmer 1,50 DM täglich.

Die Unterstützung wird bis zu einer Höchstzahl von 30 Wochentagen gewährt.

§ 6

Rückvergütung.

Arbeitnehmer, für die gemäß § 4 Ziff. 2 in dem Kalenderjahr, in das der Beginn der Winterperiode fällt, für mindestens 20 Wochen Beiträge in Höhe von mindestens 36,— DM zur Kasse zu leisten waren und die bis zum 10. April keinen Anspruch auf Unterstützung geltend gemacht haben, können aus ihren Beiträgen eine Rückvergütung, deren Höhe nach dem jeweiligen Ablauf einer Winterperiode von der Kasse unter Berücksichtigung ihrer Leistungsfähigkeit und der notwendigen Rücklagen festgelegt wird, erhalten. Der Beschluß darüber ist bis zum 31. Juli eines jeden Jahres zu fassen und bekanntzugeben.

§ 7

Aufbringung der Mittel.

Der Arbeitgeber hat für jede Stunde, für die ein Lohnanspruch des Arbeitnehmers besteht, einen Betrag von 0,04 DM (Beitrag) einzubehalten und an die Kasse abzuführen. Die Kasse hat das unmittelbare und ausschließliche Recht, den Beitrag zu fordern."

Durch Vertrag vom 14. Juni 1955 haben die Tarifpartner die Lohnausgleichskasse für Arbeitsausfälle in den Winterperioden gegründet. In dem Gründungsvertrag ist vorgesehen, daß die Lohnausgleichskasse ein wirtschaftlicher Verein gemäß § 22 BGB sein soll, der durch staatliche Verleihung rechtsfähig wird. In der Satzung, die sich der Verein gegeben hat, ist bestimmt:

„§ 3

Mitgliedschaft.

Mitglieder der Lohnausgleichskasse sind:

der Zentralverband des Deutschen Baugewerbes, Bonn, Koblenzer Straße 93,
der Hauptverband der Deutschen Bauindustrie, Frankfurt am Main, Platz der Republik 38,
die Industriegewerkschaft Bau, Steine, Erden, Frankfurt am Main, Goetheplatz 5,
dergestalt, daß die Einzelmitglieder der Vorgenannten korporativ Mitglied der Lohnausgleichskasse sind.
Ihre Rechte in der Lohnausgleichskasse werden durch Abgeordnete wahrgenommen. Die Abgeordneten sind Einzelmitglieder der Lohnausgleichskasse.
Die Einzelmitglieder (Abgeordnete) der Lohnausgleichskasse haben die gleichen Rechte und Pflichten.

§ 5
Organe.

Die Organe der Lohnausgleichskasse sind die Mitgliederversammlung und der Vorstand.
Die Mitgliederversammlung setzt sich nach § 6 aus den Einzelmitgliedern zusammen. Sie besteht insgesamt aus 60 Mitgliedern, von denen je 15 Abgeordnete (Einzelmitglieder) des Zentralverbandes des Deutschen Baugewerbes und des Hauptverbandes der Deutschen Bauindustrie und 30 Abgeordnete (Einzelmitglieder) der Industriegewerkschaft Bau, Steine, Erden sind."
Nach § 7 beschließt die Mitgliederversammlung u. a. über die Verwendung der anfallenden Beträge, insbesondere Rückvergütung.

Unter dem 28. Juni 1955 — III b 3043/55 — (BABl. 55, S. 599) hat der Bundesminister für Arbeit sowohl den Tarifvertrag über Löhne, Ausbildungsbeihilfen und Ortsklassenspannen vom 6. Februar 1955 in der Fassung von 26. Mai 1955 wie den Tarifvertrag über den Lohnausgleich für Arbeitsausfälle in der Winterperiode vom 25. April 1955 in der Fassung vom 26. Mai 1955 für allgemeinverbindlich erklärt.

Die Lohnausgleichskasse hat die Rechtsfähigkeit kraft staatlicher Verleihung erlangt.

In dem vorliegenden Rechtsstreit streiten die Parteien über die Frage, ob auch für den Kläger als gewerkschaftlich nicht organisierten Arbeitnehmer der Stundenzuschlag von 0,04 DM von seinem Arbeitgeber an die Lohnausgleichskasse abzuführen ist. Nach dem Inkrafttreten der Tarifverträge hat der Kläger so viel Stunden gearbeitet, daß für ihn ein Betrag von 82,94 DM in Frage kommt.

Der Kläger ist der Ansicht, daß durch den Tarifvertrag nicht die Zahlung eines Teiles des Stundenlohnes an die Lohnausgleichskasse bestimmt werden könne; jedenfalls aber könne eine solche Regelung nicht im Wege der Allgemeinverbindlicherklärung auch auf gewerkschaftlich nicht organisierte Arbeitnehmer ausgedehnt werden.

Er hat vor dem Arbeitsgericht seine Arbeitgeberin, die Firma St., auf Auszahlung des Betrages von 82,94 DM in Anspruch genommen.

Die Firma St. hat zunächst Abweisung der Klage beantragt und ausgeführt, sie sei nur dann bereit, an den Kläger den von ihm geforderten Betrag auszuzahlen, wenn sie den gleichen Betrag nicht noch einmal an die Lohnausgleichskasse zahlen müsse.

Die Lohnausgleichskasse ist dem Rechtsstreit auf Seiten der Beklagten beigetreten und hat ausgeführt, der Kläger habe nicht den Anspruch auf Auszahlung des von ihm geforderten Betrages. Dieser sei vielmehr an die ordnungsgemäß und rechtswirksam errichtete Lohnausgleichskasse zu zahlen.

Das Arbeitsgericht hat durch Urteil vom 14. August 1958 unter Zulassung der Berufung die Klage abgewiesen.

Nachdem der Kläger Berufung eingelegt hatte, hat die beklagte Firma St. den Betrag von 82,94 DM zuzüglich 1,19 DM Zinsen unter Verzicht auf Rücknahme hinterlegt. Die Lohnausgleichskasse ist daraufhin als Partei in den Rechtsstreit eingetreten. Die Firma St. ist durch Urteil des Landesarbeitsgerichts aus dem Rechtsstreit entlassen worden.

Der Kläger hat nunmehr vor dem Landesarbeitsgericht beantragt,

> unter Abänderung des angefochtenen Urteils festzustellen, daß ihm der von der Beklagten beim Amtsgericht G. unter dem 19. September 1956 hinterlegte Betrag von 82,94 DM einschließlich der hinterlegten Zinsen in Höhe von 1,19 DM zustehe.

Die Lohnausgleichskasse hat beantragt,

> festzustellen, daß ihr der von der Beklagten beim Amtsgericht G. hinterlegte Betrag zustehe.

Durch das angefochtene Urteil hat das Landesarbeitsgericht unter Zulassung der Revision dahin erkannt, daß festgestellt wird, der Streitverkündeten (der Lohnausgleichskasse) stehe der von der Beklagten hinterlegte Betrag zu.

Die Revision des Klägers ist zurückgewiesen worden.

Aus den Gründen:

Die Lohnausgleichskasse für Arbeitsausfälle in der Winterperiode ist von den Tarifpartnern als „gemeinsame Einrichtung“ im Sinne des § 4

Abs. 2 TVG gegründet worden. Die Tarifpartner haben durch Tarifvertrag nicht nur bestimmt, daß ein Zuschlag zu dem Stundenlohn des einzelnen Arbeitnehmers von 0,04 DM mit Wirkung vom 1. Juli 1955 eingeführt wird, sondern haben ausdrücklich vorgesehen, daß dieser Betrag einen Ausgleich für witterungsbedingte Arbeitsausfälle in der Winterperiode darstelle. Er soll und darf nach der tariflichen Regelung nicht an den Arbeitnehmer ausgezahlt, sondern muß vom Arbeitgeber als Beitrag an die Lohnausgleichskasse abgeführt werden (§ 2 des Tarifvertrages vom 6. Februar 1955 in der Fassung vom 26. Mai 1955). Die Kasse hat nach dem Tarifvertrag vom 25. April 1955 in der Fassung vom 26. Mai 1955 das unmittelbare und ausschließliche Recht, den Beitrag zu fordern (§ 7).

Der Kläger zieht angesichts dieser tariflichen Regelung in Zweifel, ob ein Tarifvertrag, der den Arbeitnehmern einen nicht an den Arbeitnehmer selbst, sondern an eine Lohnausgleichskasse zu zahlenden Zuschlag auf den Stundenlohn gewährt und den Arbeitgeber verpflichtet, diesen Zuschlag an die Lohnausgleichskasse abzuführen, rechtswirksam ist und ob er durch Allgemeinverbindlicherklärung auch auf Außenseiter erstreckt werden kann.

Die Bedenken des Klägers sind jedoch nicht begründet.

1. Nach § 1 TVG haben die Tarifpartner das Recht, Rechtsnormen zu setzen, die den Inhalt, den Abschluß und die Beendigung von Arbeitsverhältnissen sowie betriebliche und betriebsverfassungsrechtliche Fragen ordnen können. Nach § 4 Abs. 1 TVG gelten die so gesetzten Rechtsnormen unmittelbar und zwingend zwischen den beiderseits Tarifgebundenen, die unter den Geltungsbereich des Tarifvertrages fallen. Nach § 4 Abs. 2 TVG können die Tarifparteien im Tarifvertrag gemeinsame Einrichtungen der Tarifvertragsparteien vorsehen und regeln (Lohnausgleichskassen, Urlaubsmarkenregelung usw.). Diese Regelungen gelten auch unmittelbar und zwingend für die Satzung dieser Einrichtung und das Verhältnis der Einrichtung zu den tarifgebundenen Arbeitgebern und Arbeitnehmern. Wenn also in einem Tarifvertrag eine Bestimmung getroffen wird, nach der ein Zuschlag zum Stundenlohn an eine so gemäß § 4 Abs. 2 TVG gebildete Lohnausgleichskasse zu zahlen ist, und wenn andererseits die Arbeitnehmer einen tariflichen Anspruch gegen ihren Arbeitgeber auf Leistungen an diese Lohnausgleichskasse haben und schließlich die Lohnausgleichskasse ihrerseits einen Anspruch gegen den Arbeitgeber auf Einbehaltung und Abführung bestimmter Beträge hat, so handelt es sich um echte, das Arbeitsverhältnis beherrschende Normen.

Um eine solche echte Rechtsnorm handelt es sich auch bei der im Tarifvertrag über den Lohnausgleich für Arbeitsausfälle in der Winterperiode vom 25. April/26. Mai 1955 enthaltenen Bestimmung, nach der der Arbeitnehmer gegen die Lohnausgleichskasse im Falle der Arbeitslosigkeit im Winter einen Rechtsanspruch auf Zahlung einer den Voraussetzungen, der Höhe und der Dauer nach festgelegten Unterstützung hat. An der Rechtsgültigkeit einer solchen tarifvertraglichen Vereinbarung, die für die Arbeitsverhältnisse der beiderseitigen Mitglieder der Verbände gilt, ist nach den angeführten Gesetzesbestimmungen nicht zu zweifeln. Die Mitgliedschaft allein des Arbeitgebers würde allerdings nicht genügen. Denn es handelt sich nicht um eine Rechtsnorm des Tarifvertrages über betriebliche und betriebsverfassungsrechtliche Fragen im Sinne des § 3 Abs. 2, sondern um die Einzelarbeitsverhältnisse beherrschende Inhaltsnormen des Tarifvertrages (vgl. Hueck-Nipperdey, Lehrbuch II, S. 190[47]).

2. Entgegen der Ansicht des Klägers ist der Senat in Übereinstimmung mit dem Landesarbeitsgericht aber auch zu dem Ergebnis gekommen, daß die hier getroffenen Bestimmungen über den zweckbestimmten Stundenzuschlag und die Abführung dieses Stundenzuschlages an die Lohnausgleichskasse für allgemeinverbindlich erklärt werden können. Diese Allgemeinverbindlicherklärung hat zur Folge, daß die Rechtsnormen des Tarifvertrages in seinem Geltungsbereich auch die bisher nicht tarifgebundenen Arbeitgeber und Arbeitnehmer erfassen (§ 5 Abs. 4 TVG).

Es ist allgemein anerkannt, daß eine tarifliche Bestimmung, die Lohnabzüge und Zahlungen an eine im Interesse der Arbeitnehmer für bestimmte Fälle errichtete Lohnausgleichskasse festlegt, im Hinblick auf § 5 TVG auch für allgemeinverbindlich erklärt werden kann (vgl. Hueck-Nipperdey, Lehrbuch II, S. 190[47] (s. a. auch S. 482 Anm. 36 am Ende); Kraegeloh, BB 1952, S. 92, 94; Hueck-Nipperdey-Tophoven, TVG 3. Aufl., § 5 Anm. 28; RAG, ARS 4, 170). Die Bestimmung, daß bei Gewährung eines Zuschlages zum Stundenlohn des Arbeitnehmers die Zahlung an eine Lohnausgleichskasse erfolgt, ist echte Arbeitsnorm, denn sie gibt dem Arbeitnehmer einen Anspruch gegen seinen Arbeitgeber auf Abführung dieses Betrages an die Lohnausgleichskasse (Vertrag zugunsten Dritter). Als eine solche echte Arbeitsnorm kann sie für allgemeinverbindlich erklärt werden. Bestritten ist allerdings im Schrifttum die Frage, ob die nach § 4 Abs. 2 des Tarifvertrages erfolgte gemeinsame Einrichtung der Tarifparteien und die über die Regelung der gemeinsamen Einrichtungen getroffenen Tarifnormen als solche durch die Allgemeinverbindlicherklärung auch auf Außenseiter ausgedehnt werden können (ablehnend Hueck-Nipperdey, a. a. O., S. 190/191 Anm. 47, S. 482; Hueck-Nipperdey-Tophoven, § 5 Anm. 28; Maus, TVG § 5 Anm. 27). Der Senat hält jedoch diese ablehnende Stellungnahme jedenfalls dann nicht für überzeugend und auch nicht für folgerichtig, wenn die Inhaltsnormen über die Abführungspflicht des Arbeitgebers mit den Normen über die Errichtung der gemeinsamen Einrichtung eine geschlossene Einheit bilden und die Konstruktion einer Zwangsmitgliedschaft vermieden wird. Denn für diejenigen, die die Zulässigkeit der Allgemeinverbindlicherklärung verneinen, war offenbar in erster Linie der Gedanke maßgebend, daß dadurch eine unzulässige, der Koalitionsfreiheit widersprechende Zwangsmitgliedschaft an der gemeinsamen Einrichtung geschaffen würde. Um einen solchen Fall handelt es sich hier aber nicht. Die Arbeitnehmer, die kraft Allgemeinverbindlicherklärung tarifgebunden werden, werden dadurch nicht zwangsweise Mitglied der Lohnausgleichskasse. Dies ergibt sich eindeutig aus § 3 der in dem Gründungsvertrag vom 14. Juni 1955 festgelegten Satzung der Lohnausgleichskasse. Mitglieder der Lohnausgleichskasse sind die Tarifpartner selbst dergestalt, daß die Einzelmitglieder der Tarifpartner „korporativ" Mitglied der Lohnausgleichskasse sind. Die Rechte in der Mitgliederversammlung der Lohnausgleichskasse werden durch Abgeordnete wahrgenommen. Diese Abgeordneten sind „Einzelmitglieder" der Lohnausgleichskasse. Die gewerkschaftlich nicht organisierten Arbeitnehmer werden also auch durch die Allgemeinverbindlicherklärung nicht zu Mitgliedern der Lohnausgleichskasse, und zwar weder zu „korporativen" Mitgliedern noch zu „Einzelmitgliedern"; sie werden daher auch nicht mit Mitgliedspflichten belastet. Insbesondere handelt es sich bei der Abführung des Stundenzuschlages nicht um eine sich aus einer Mitgliedschaft zur Lohnausgleichskasse ergebende Verpflichtung des Arbeitnehmers, sondern um die Durchführung einer das Arbeitsverhältnis beherrschenden Tarifnorm, nach der der zweckgebunden gewährte Zuschlag zum Stundenlohn an die Lohnausgleichskasse als die nach dem Tarifvertrag allein forderungsberechtigte Stelle abzuführen ist.

Der Senat hat auch erwogen, ob nicht etwa Bedenken gegen die Allgemeinverbindlicherklärung daraus herzuleiten sind, daß die nur kraft Allgemeinverbindlicherklärung tarifgebundenen Arbeitnehmer und Arbeitgeber keine Mitgliedschafts r e c h t e im Sinne körperschaftlicher Rechte nach dem Gründungsvertrag und der in ihm enthaltenen Satzung der Lohnausgleichskasse erwerben.

Derartige Bedenken könnten allerdings dann begründet sein, wenn die Lohnausgleichskasse in ihren Leistungen einen Unterschied zwischen den kraft Mitgliedschaft und den kraft Allgemeinverbindlicherklärung tarifgebundenen Arbeitnehmern machen würde. Aus der Regelung über die Lohnausgleichkasse in dem Tarifvertrag vom 25. April 1955 in der Fassung vom 26. Mai 1955 ergibt sich jedoch, daß alle tarifgebundenen Arbeitnehmer, gleichgültig ob sie gewerkschaftlich organisiert sind oder ob sie Außenseiter sind, sofern nur für sie Beiträge — diese sind für Organisierte wie für Außenseiter gleich hoch — an die Lohnausgleichskasse abgeführt wurden, hinsichtlich ihrer Rechtslage gegenüber der Lohnausgleichskasse völlig gleichgestellt sind. § 4 der Satzung gewährt den Anspruch auf Unterstützung allen Arbeitnehmern ohne Rücksicht auf gewerkschaftliche Zugehörigkeit, sofern sie nur in der Winterperiode durch Entlassung oder eigene Kündigung aus wichtigem Grund aus einem Baubetrieb ausscheiden und nachweislich arbeitslos werden und sofern für sie für mindestens 20 Wochen Beiträge in Höhe von mindestens 36,— DM zur Kasse zu leisten waren. Der Unterstützungsbeitrag und die Dauer der Unterstützungszahlung ist nach § 5 der Satzung für Mitglieder der Arbeitnehmerorganisationen ebenso geregelt wie für Außenseiter.

Es ist zwar nicht zu verkennen, daß nach der Satzung der Lohnausgleichskasse nur die Mitglieder der tarifschließenden Verbände eine (allerdings auch nur sehr mittelbare) Möglichkeit haben, auf die Geschäftsführung der Lohnausgleichskasse einzuwirken, nämlich dadurch, daß sie an der Wahl der Organe ihrer Verbände beteiligt sind, deren Abgeordnete die Mitgliederversammlung bilden. Es erscheint allerdings auch praktisch nach der Struktur der Lohnausgleichskasse kaum möglich, solchen Arbeitnehmern, für die nur kraft Allgemeinverbindlicherklärung Beiträge an die Lohnausgleichskasse abgeführt werden und die nur kraft Allgemeinverbindlicherklärung Ansprüche gegen die Lohnausgleichkasse haben, Mitwirkungsbefugnisse in der Mitgliederversammlung der Lohnausgleichskasse zu gewähren. Der Senat ist bei der Prüfung zu dem Ergebnis gekommen, daß die Einräumung solcher Mitwirkungsrechte für die nur kraft Allgemeinverbindlicherklärung tarifgebundenen Arbeitnehmer nicht notwendig ist, sofern, worauf allerdings mit besonderem Nachdruck hinzuweisen ist, die Tarifpartner und die Lohnausgleichskasse den Grundsatz gleichmäßiger Behandlung nicht nur bei der Gewährung der Unterstützungen während der witterungsbedingten Arbeitslosigkeit, sondern auch bei der etwaigen Rückvergütung nach § 6 des Tarifvertrages vom 25. April 1955 in der Fassung vom 26. Mai 1955 streng durchführen. Unter dieser Voraussetzung bestehen keine Bedenken, daß die nur kraft Allgemeinverbindlicherklärung tarifgebundenen Arbeitnehmer und Arbeitgeber in der Mitgliederversammlung der Lohnausgleichskasse nicht vertreten sind.

3. Den Einwand des Klägers, daß die tarifvertragliche Regelung und insbesondere deren Allgemeinverbindlicherklärung eine unzulässige, gegen Art. 14 des Grundgesetzes verstoßende Enteignung darstelle, hält der Senat nicht für zutreffend.

Ein Anspruch der Arbeitnehmer auf den Stundenzuschlag von 4 Pfennig im Sinne eines Zahlungsanspruchs an sie selbst besteht aus dem Tarifvertrag nicht. Die tarifliche Regelung gibt den Anspruch vielmehr von vornherein als einen Anspruch auf einen zweckgebunden abzuführenden Lohnzuschlag nur der Lohnausgleichskasse und nicht dem einzelnen Arbeitnehmer. Dieser hat einen Anspruch nur auf Zahlung an die Lohnausgleichskasse, nicht auf Zahlung an sich selbst (§ 335 BGB). Ein solcher Anspruch auf Auszahlung der 4 Pfennig an den Kläger selbst besteht für diesen auch nicht im Hinblick auf die von ihm behauptete arbeitsvertragliche Vereinbarung mit seinem Arbeitgeber. Der Kläger trägt insoweit vor, sein Arbeitgeber habe ihm die Auszahlung des Zuschlages zugesichert, sofern er nicht an die Lohnausgleichkasse zahlen müsse. Diese Zusage des Arbeitgebers steht also unter der ausdrücklichen Bedingung der Unzulässigkeit der tariflichen Regelung oder der Allgemeinverbindlicherklärung, d. h. unter der Bedingung, daß nicht an die Lohnausgleichskasse gezahlt zu werden braucht. Ist aber die tarifliche Regelung und die Allgemeinverbindlicherklärung, nach der der Zuschlag an die Lohnausgleichskasse abzuführen ist, zulässig und muß deshalb der Arbeitgeber den Zuschlag an die Lohnausgleichskasse abführen, so besteht kein einzelvertraglicher Anspruch des Arbeitnehmers auf Leistung an sich selbst, der ihm durch die Allgemeinverbindlicherklärung des Tarifvertrages entzogen sein könnte. Hinzu kommt, daß es sich bei der getroffenen Regelung um eine durchaus gleichmäßige Regelung für einen gesamten Gewerbezweig im Wege der nach dem Gesetz (§ 5 TVG) zulässigen Erstreckung der Tarifautonomie durch Allgemeinverbindlicherklärung auf alle in Frage kommenden Arbeitgeber und Arbeitnehmer handelt und daß deshalb von einer ungleichmäßigen Behandlung, von einem sogenannten Sonderopfer, das nach der Rechtsprechung des Bundesgerichtshofes (vgl. BGH — Großer Senat — BGHZ 6, 270 = LM Nr. 7 zu Art. 14 GG) das Charakteristikum der Enteignung ist, keine Rede sein kann. Gesetzliche Grundlage sowohl des Tarifvertrages wie der Allgemeinverbindlicherklärung ist das Tarifvertragsgesetz. Ein Widerspruch dieses Gesetzes zum Grundgesetz ist nicht ersichtlich.

4. Auch für den rechtlich nicht weiter charakterisierten Einwand, daß ein Mißverhältnis zwischen den abzuführenden Beträgen und den Auszahlungen bestehe, ist nichts erbracht.

5. Die von der Revision zur Erörterung gestellten Fragen, ob die Lohnausgleichskasse Aufgaben der der Gesetzgebung vorbehaltenen öffentlichen Fürsorge übernehme und ob die Regelung über die Aufbringung der von der Lohnausgleichskasse zur Erfüllung ihrer Aufgaben benötigten Mittel die — unzulässige — Erhebung einer Steuer darstelle, hat der Senat verneint. Bei der Unterstützungsregelung für witterungsbedingte Arbeitsausfälle handelt es sich, wie § 2 des Tarifvertrages vom 25. April 1955 in der Fassung vom 26. Mai 1955 hervorhebt, um eine aus Gründen der Solidarität innerhalb des Baugewerbes getroffene Maßnahme. Es handelt sich somit gerade nicht um öffentliche Fürsorge, sondern um eine echte Selbsthilfemaßnahme des Baugewerbes. Abwegig ist es auch, die Aufbringung der Mittel für diese Einrichtung als die Erhebung einer Steuer anzusehen.

6. Der Kläger bezweifelt die Rechtsgültigkeit der Errichtung der Lohnausgleichskasse auch insofern, als er der Ansicht ist, die Lohnausgleichskasse stelle eine Versicherung dar, die nicht ordnungsgemäß gegründet und nicht zum Geschäftsbetrieb zugelassen worden sei. Gegen die Annahme einer Versicherung bestehen rechtliche Bedenken. Zum Wesen der Versicherung gehört, daß das Ereignis, an das die Leistung des Versicherers anknüpft, ungewiß ist. Auch wenn man den Arbeits- und Lohnausfall wegen schlechten Wetters mindestens hinsichtlich seines Umfangs als ungewiß ansieht, so ist doch zu beachten, daß die Lohnausgleichskasse auf jeden Fall leisten soll, d. h. soweit sie nicht für winterliche Lohnausfälle in Anspruch genommen wird, im Wege der Rückvergütung. Im Ergebnis ist also die Leistung in jedem einzelnen Jahr nicht an ein ungewisses Ereignis geknüpft. Zu der Frage brauchte der Senat jedoch nicht abschließend Stellung zu nehmen. Denn auch wenn das der Fall ist, würde das an der Rechtsgültigkeit der getroffenen Regelung nichts ändern (vgl. RAG in ARS 4, 170, 173). Es wäre dann Aufgabe der mit der Aufsicht über Versicherungsunternehmen betrauten Stellen, diese Aufsicht für sich in Anspruch zu nehmen. Die Bestimmungen des Tarifvertrages und die Allgemeinverbindlicherklärung würden aber nicht nichtig sein.

7. Schließlich geht auch die Ansicht des Klägers fehl, er sei deshalb nicht an die Lohnausgleichsregelung gebunden, weil er mit seinem Arbeitgeber günstigere Abmachungen getroffen habe (§ 4 Abs. 3 TVG). Diese günstigeren Abmachnugen sieht der Kläger darin, daß sein Arbeitgeber zugesagt habe, ihm einen Zuschlag in der gleichen Höhe von 4 Pfennig zu dem Stundenlohn unmittelbar auszuzahlen, wenn er diesen Betrag nicht an die Lohnausgleichskasse zahlen müsse. Es kann dahingestellt bleiben, ob eine solche Vereinbarung zwischen dem Kläger und seinem Arbeitgeber tatsächlich getroffen ist. Wäre sie getroffen, so wäre sie nicht rechtswirksam. Denn durch Vereinbarung zwischen Arbeitgeber und Arbeitnehmer kann nicht das in den tarifvertraglichen Regelungen begründete unmittelbare Forderungsrecht der Lohnausgleichskasse vernichtet oder beeinträchtigt werden. Die von dem Kläger behauptete Vereinbarung mit seinem Arbeitgeber wäre ein Vertrag zu Lasten der Lohnausgleichskasse und als solcher unwirksam. Auch das Günstigkeitsprinzip des § 4 Abs. 3 TVG rechtfertigt eine solche Vereinbarung nicht.

8. Hat der Senat somit festgestellt, daß die Allgemeinverbindlicherklärung des rechtswirksam zustande gekommenen Tarifvertrages zulässig war, so bestand kein Anlaß, zu der Frage der Rechtsnatur der Allgemeinverbindlicherklärung eines Tarifvertrages hier Stellung zu nehmen. Der Senat hat Bedenken gegen die vom Bundesverwaltungsgericht in der Entscheidung vom 6. Juni 1958 (AP Nr. 6 zu § 5 TVG) geäußerte Rechtsansicht, die Allgemeinverbindlicherklärung sei eine Rechtsverordnung. Einer Entscheidung dieser Frage bedarf es jedoch im vorliegenden Falle nicht. Denn wenn, wie das Bundesverwaltungsgericht annimmt, die Allgemeinverbindlicherklärung eine Rechtsverordnung ist, so ist sie von den Gerichten für Arbeitssachen in vollem Umfange auf ihre Gesetzmäßigkeit nachzuprüfen. Diese Nachprüfung ergibt aber nach den vorstehenden Ausführungen, daß rechtliche Bedenken gegen die Allgemeinverbindlicherklärung der Tarifverträge vom 6. Februar/26. Mai 1955 und vom 25. April/26. Mai 1955 nicht bestehen. Ist die Allgemeinverbindlicherklärung hingegen ein Verwaltungsakt, so ist sie — insoweit sind die Gerichte für Arbeitssachen zur Nachprüfung berechtigt — jedenfalls nicht nichtig. Ob sie als Verwaltungsakt anfechtbar wäre, könnte von den Gerichten für Arbeitssachen nicht nachgeprüft werden. Diese Gerichte, und damit auch der Senat, müssen vielmehr, da eine Anfechtung der Allgemeinverbindlicherklärung im vorliegenden Fall nicht erfolgt ist und insbesondere ein auf Anfechtung ergangenes rechtskräftiges Urteil der Verwaltungsgerichte, das die Anfechtung für begründet erklärt hat, nicht vorliegt, von dem Bestand und der Rechtswirksamkeit des Verwaltungs-

aktes ausgehen und diesen Verwaltungsakt ihrer Entscheidung zugrunde legen.

Nach alledem ist festzustellen, daß sowohl die Tarifverträge über die Lohnausgleichskassen wie auch die Allgemeinverbindlicherklärung dieser Tarifverträge rechtswirksam sind. Daraus folgt, daß der von dem Arbeitgeber des Klägers hinterlegte Betrag der Lohnausgleichskasse gebührt. Der Entscheidung des Landesarbeitsgerichts ist sonach beizutreten.

15

1. Von Fällen der gefahrengeneigten Arbeit abgesehen haftet ein Arbeitnehmer wegen jeder fahrlässigen Verletzung seiner Arbeitspflichten dem Arbeitgeber für den diesem daraus entstandenen Schaden.

2. Für die Frage, ob eine gefahrengeneigte Arbeit vorliegt, ist darauf abzustellen, ob der konkrete Sachverhalt, der zu einem Schaden geführt hat, gefahrengeneigt ist.

BGB § 276.

II. Senat. Urteil vom 8. 12. 1958 i. S. G. (Kl.) w. B. (Bekl.)
2 AZR 524/57.

I. Arbeitsgericht Hannover. — II. Landesarbeitsgericht Hannover.

Der Kläger war beim Beklagten, der ein Fernverkehrsunternehmen in Hannover betreibt, längere Zeit als Interzonenfernfahrer für Fahrten nach Berlin tätig. Sein Arbeitsverhältnis endigte im November 1955.

Gelegentlich einer Interzonenfahrt von Berlin nach Hannover mit einem Lastwagen des Beklagten im November 1955 hatte der Kläger sieben Kollis mehr geladen, als in dem entsprechenden Warenbegleitschein eingetragen waren. Wegen dieser Unstimmigkeit verhängten die sowjetzonalen Behörden eine Strafe von 1050,— DM, die von der Firma Sch. bezahlt wurde und die der Beklagte an diese zu erstatten verurteilt worden ist.

Im Zuge einer nicht in die Revisionsinstanz gediehenen Lohnzahlungsklage des Klägers hat der Beklagte widerklagend vom Kläger Zahlung des Betrages von 1050,— DM verlangt. Er hat behauptet, er habe den Kläger laufend darauf hingewiesen, daß zur Vermeidung von Maßnahmen der sowjetzonalen Behörden Ladung und Papiere genau übereinstimmen müßten und der Kläger daher die Ladungen genau auf ihre Übereinstimmung mit den Begleitpapieren überprüfen müsse. Der Kläger habe diese Prüfung aber unterlassen, wodurch es zu der Strafe gekommen sei. Der Kläger hat zu seinem Klageabweisungsantrag behauptet, der Beklagte habe ihn nicht in der behaupteten Weise zur Nachprüfung der Übereinstimmung zwischen Ladung und Begleitpapieren angewiesen, sondern im Gegenteil erklärt, daß seine Fahrer eine solche Verantwortung nicht hätten. Er hat weiter behauptet, eine solche Nachprüfung sei ihm praktisch nicht möglich gewesen, weil er allein den Wagen habe laden müssen und sein Beifahrer unzuverlässig gewesen sei.

Das Arbeitsgericht hat die Widerklage abgewiesen; das Landesarbeitsgericht hat ihr entsprochen. Die Revision des Klägers ist zurückgewiesen worden.

Aus den Gründen:

I. Was die Statthaftigkeit der auf Divergenz gestützten Revision angeht, so weicht das angefochtene Urteil von dem Urteil des Landesarbeitsgerichts Stuttgart vom 17. September 1954 — AP Nr. 2 zu § 611 BGB Haftung des Arbeitnehmers — ab. Dort hat das Landesarbeitsgericht ganz allgemein und nicht beschränkt auf gefahrengeneigte Arbeit den seine Entscheidung tragenden Grundsatz ausgesprochen, daß der Arbeitnehmer dem Arbeitgeber nur für Vorsatz und grobe Fahrlässigkeit hafte. Das angefochtene Urteil nimmt dagegen an, daß der Arbeitnehmer dem Arbeitgeber für jede Fahrlässigkeit hafte, ohne dabei von einer gefahrengeneigten Arbeit auszugehen und ohne ausdrücklich oder erkennbar eine grobe Fahrlässigkeit des Klägers in Betracht zu ziehen. Auf dieser Abweichung beruht das angefochtene Urteil, weil der von ihm vertretene Rechtssatz, der auch in seiner Allgemeinheit für die Entscheidung tragend ist, dem maßgeblich enger gefaßten Rechtssatz des angezogenen Urteils widerspricht, so daß damit eine Belastung des Rechtslebens durch divergierende Entscheidungen zweier Landesarbeitsgerichte eintritt. Da das Bundesarbeitsgericht die in Rede stehende Frage selbst noch nicht entschieden hat, liegt somit eine Divergenz im Sinne von § 72 Abs. 1 Satz 3 ArbGG vor.

II. In der Sache selbst ist das Landesarbeitsgericht zutreffend davon ausgegangen, daß die Berechtigung des Schadenersatzbegehrens des Beklagten davon abhängt, ob der Kläger eine schuldhafte Vertragsverletzung begangen und dadurch den Schaden des Beklagten verursacht hat.

1. Soweit das Landesarbeitsgericht hierzu angenommen hat, nach den Grundsätzen von Treu und Glauben, die in der Verkehrsauffassung der beteiligten Kreise ihre Bestätigung finde, gehöre es zu den Pflichten eines Interzonenfernfahrers, Ladung und Begleitpapiere auf ihre Über-

einstimmung zu prüfen, stellt sich das als eine Auslegung des Leistungsinhaltes des zwischen den Parteien bestehenden Arbeitsvertrages dar. An diese Auslegung des Arbeitsvertrages der Parteien, gegen die prozessuale Rügen im Sinne der §§ 561 Abs. 1 Satz 2, 554 Abs. 3 Nr. 2 ZPO seitens der Revision nicht erhoben worden sind, ist das Revisionsgericht gebunden, sofern sie nicht gegen Denkgesetze, allgemeine Erfahrungssätze oder gesetzliche oder allgemein anerkannte Auslegungsregeln verstößt. Das ist nicht der Fall. Auch der Umstand, daß das Landesarbeitsgericht bei der Auslegung auf Grund der Auskunft der Bundesanstalt für Fernverkehr eine Verkehrsauffassung der beteiligten Kreise mit herangezogen hat, gibt keine Handhabe, seine Auslegung nach anderen Maßstäben als den soeben erwähnten durch das Revisionsgericht zu überprüfen. Die Verwertung dieser Feststellung ist ohne Verstoß gegen die eben genannten Sätze und Regeln vorgenommen worden, und eine Verfahrensrüge wurde in diesem Zusammenhang nicht geltend gemacht. Vom Landesarbeitsgericht festgestellte Verkehrsauffassungen bestimmter Berufskreise, die als solche selbst Tatsachen sind, können vom Revisionsgericht im übrigen ebenfalls nur daraufhin überprüft werden, ob gegen die Feststellung verfahrensrechtliche Rügen erhoben worden sind und ob das Landesarbeitsgericht die Feststellung unter Verletzung von Denkgesetzen, Erfahrungssätzen oder anerkannten Auslegungsregeln getroffen hat (vgl. Urteil des Zweiten Senates des Bundesarbeitsgerichts vom 7. November 1958 — 2 AZR 465/55 — AP Nr. 1 zu § 616 BGB Angestellter). Auch das ist nicht ersichtlich.

Demnach ergibt sich, daß das Landesarbeitsgericht, für die Revisionsinstanz bindend, angenommen hat, es habe eine von vornherein zu beachtende vertragliche Verpflichtung des Klägers bestanden, Ladung und Begleitpapiere auf ihre Übereinstimmung zu überprüfen.

2. In tatsächlicher Hinsicht hat das Landesarbeitsgericht ferner festgestellt, daß der Beklagte den Kläger aus Anlaß des hier in Rede stehenden Transportes ausdrücklich aufgefordert hat, Ladung und Begleitpapiere auf ihre Übereinstimmung zu überprüfen, daß der Kläger diesem Verlangen aber nicht entsprochen hat, sondern eine Zählung der ihm übergebenen Kollis überhaupt unterlassen hat, und daß ihm schließlich die Erfüllung des an ihn gestellten Verlangens weder technisch noch nach den Gesamtumständen unmöglich war, wie er behauptet hatte. Zu diesen tatsächlichen Feststellungen ist das Landesarbeitsgericht auf Grund des Ergebnisses der Beweisaufnahme gekommen, gegen die ebenso wie gegen deren Würdigung die Revision keine prozessualen Rügen im Sinne der §§ 561 Abs. 1 Satz 2, 554 Abs. 3 Nr. 2 ZPO erhoben hat. An diese

tatsächlichen Feststellungen des Landesarbeitsgerichts ist daher das Revisionsgericht gemäß § 561 Abs. 1 Satz 1 ZPO ebenfalls gebunden. Aus diesen tatsächlichen Feststellungen ergibt sich dann aber, was das Landesarbeitsgericht auch zutreffend angenommen hat, daß der Kläger durch die Nichtbeachtung der ihm zulässig im Rahmen seines Arbeitsvertrages von dem Beklagten erteilten Weisung seine arbeitsvertraglichen Pflichten verletzt hat.

3. Für die Schuldseite hat das Landesarbeitsgericht angenommen, der Kläger habe seine Vertragspflichten fahrlässig verletzt.

a) Hierzu macht die Revision geltend, nach allgemeinen Grundsätzen, zumindest aber nach den Grundsätzen über die Haftung des Arbeitnehmers bei sogenannter gefahrengeneigter Arbeit, die bei der hier in Rede stehenden Tätigkeit des Klägers anzunehmen sei, könne der Kläger aus dem Gesichtspunkt der schuldhaften Vertragsverletzung für einen dadurch verursachten Schaden nur dann in Anspruch genommen werden, wenn er grobfahrlässig gehandelt hätte, was aber vom Landesarbeitsgericht nicht festgestellt sei und auch nicht angenommen werden könne.

Hierin geht die Revision in mehrfacher Beziehung fehl.

b) Es kann zunächst keine Rede davon sein, daß ein Arbeitnehmer wegen Verletzung arbeitsvertraglicher Pflichten für den dadurch entstandenen Schaden generell und immer nur dann hafte, wenn ihm g r o b e Fahrlässigkeit vorgeworfen werden kann. Aus § 276 Abs. 1 Satz 1 BGB ergibt sich, daß der Schuldner grundsätzlich Vorsatz und Fahrlässigkeit schlechthin zu vertreten hat, sofern nichts anderes bestimmt ist. An einer ausdrücklichen Vorschrift darüber, daß für arbeitsvertragliche Pflichten von Arbeitnehmern etwas anderes gelte, fehlt es. Ein anderer als der in § 276 Abs. 1 Satz 1 BGB geregelte Verschuldensmaßstab ergibt sich auch nicht schlechthin aus der besonderen personalen Struktur des Arbeitsvertrages. Diese spricht vielmehr für das Gegenteil. Der wirtschaftliche Gesamtsinn eines Arbeitsverhältnisses, in dem Arbeitnehmer und Arbeitgeber in personeller Verbundenheit zueinander stehen, macht es dem Arbeitnehmer generell zur Pflicht, in jeder Hinsicht sorgfältig und damit ohne j e d e Fahrlässigkeit zu arbeiten. Es muß auch in Betracht gezogen werden, daß der Arbeit g e b e r dem Arbeitnehmer weitgehende Fürsorgepflichten schuldet, bei deren bereits fahrlässigen Verletzungen der Arbeitgeber vom Arbeitnehmer aus dem Gesichtspunkt der schuldhaften Vertragsverletzung auf Ersatz des ihm dadurch entstandenen Schadens in Anspruch genommen werden kann (vgl. statt aller: Hueck-

Nipperdey, Lehrbuch des Arbeitsrechts, 6. Aufl., § 48 II 5 c, cc S. 365; § 48 III 4 S. 376; Bundesarbeitsgericht, 2. Senat, Urteil vom 27. März 1958 — 2 AZR 188/56 — und 2 AZR 291/57 — AP Nr. 1 und 2 zu § 670 BGB; Meinert, Der Betrieb 1958, 1328). Es würde eine Wertverfälschung der Beziehungen, in denen Arbeitnehmer und Arbeitgeber wechselseitig stehen, bedeuten, wollte man verneinen, daß auch der Arbeitnehmer, dem im übrigen in immer mehr zunehmendem Maße wertvolle Vermögensteile seines Arbeitgebers anvertraut werden, nach besten Kräften bemüht sein muß, seine Arbeitspflichten zu erfüllen. Mit einer solchen Auffassung ist es unvereinbar, generell eine Haftungsmilderung in der Weise in Betracht zu ziehen, daß der Arbeitnehmer für Vertragsverletzungen nur bei grober Fahrlässigkeit haftet. Soweit Denecke (RdA 1952, 209 und RGRK Vorm. III 4 a zu § 611) sowie das Landesarbeitsgericht Stuttgart (AP Nr. 2 zu § 611 BGB Haftung des Arbeitnehmers) für derartige Fälle die auf Vorsatz und grobe Fahrlässigkeit beschränkte Haftung des Arbeitnehmers insbesondere aus einer Analogie zu Art. 34 GG mit seiner Haftungsregelung im Falle der Ausübung eines anvertrauten öffentlichen Amtes herleiten wollen, wird damit ein Sachverhalt herangezogen, der auf die mit ihm gegebenen Eigenarten abstellt und mit dem Wesen des Arbeitsverhältnisses nicht verglichen werden kann. Deshalb ist der weitaus überwiegenden Meinung beizutreten, die es ablehnt, generell einen Arbeitnehmer milder als in § 276 Abs. 1 Satz 1 BGB vorgesehen und nur beschränkt auf grobe Fahrlässigkeit haften zu lassen (vgl. statt aller die Nachweise bei Hueck-Nipperdey, a. a. O., Bd. I, § 35 II 3 S. 209 zu Fußnote 27).

c) Soweit die Revision geltend macht, der Kläger hafte nur deshalb für grobe Fahrlässigkeit, weil es sich bei der ihm übertragenen Tätigkeit um sogenannte „gefahrengeneigte Tätigkeit“ gehandelt habe, so ist an sich zutreffend, daß bei Schadenverursachung durch den Arbeitnehmer im Zusammenhang mit sogenannter gefahrengeneigter Arbeit dieser in der Regel bei leichter Fahrlässigkeit nicht und nur bei grober Fahrlässigkeit haftet. Insoweit kann zur Begründung auf den ausführlichen Beschluß des Großen Senats des Bundesarbeitsgerichts vom 25. September 1957 — GS 4/56 — BAG 5, 1 ff., [7—9] mit seinen umfangreichen Nachweisen verwiesen werden. Hieraus kann die Revision jedoch nicht herleiten, daß dieser rechtliche Gesichtspunkt auch auf den Kläger Anwendung findet. Von einer gefahrengeneigten Arbeit kann nur gesprochen werden, wenn die Eigenart der vom Arbeitnehmer zu leistenden Arbeit es mit großer Wahrscheinlichkeit mit sich bringt, daß auch dem sorgfältigen Arbeitnehmer gelegentliche Fehler unterlaufen, die zwar —

für sich betrachtet — jedesmal vermeidbar waren, also fahrlässig herbeigeführt worden sind, mit denen aber angesichts der menschlichen Unzulänglichkeit als mit einem typischen Abirren der Dienstleistung erfahrungsgemäß zu rechnen ist (vgl. Großer Senat des Bundesarbeitsgerichts, Beschluß vom 25. September 1957 — GS 4/56 —, BAG 5, 1 [5]).

Die Frage, ob im vorliegenden Fall eine gefahrengeneigte Arbeit des Klägers gegeben war, ist, entgegen der Ansicht der Revision, nicht dahin zu stellen, ob die Tätigkeit eines Interzonenfernfahrers in ihrer Gesamtheit der konkret zu erbringenden einzelnen Leistungen dem entspricht, was in der oben gekennzeichneten Weise als gefahrengeneigte Arbeit angesprochen wird. Gefahrengeneigte Arbeit ist die Voraussetzung dafür, daß eine Haftungsmilderung oder ein Haftungsausschluß zugunsten des Arbeitnehmers Platz greifen kann. Gerade weil es sich aber dabei nur um die Frage handelt, ob eine Haftungsmilderung oder ein Haftungsausschluß wegen der besonderen Art der Arbeit in Betracht zu ziehen ist, muß die Gefahrengeneigtheit der Arbeit für den Sachverhalt gegeben sein, der im konkreten Fall zu einem Schaden geführt hat und bei dem ohne das Vorliegen gefahrengeneigter Umstände sonst eine volle Haftung des Arbeitnehmers nach allgemeinen Grundsätzen die Folge wäre. Es ist daher im vorliegenden Fall lediglich zu erörtern, ob der Umstand, der hier zu einem Schaden des Beklagten geführt hat, eine gefahrengeneigte Arbeit darstellte, ob es also eine gefahrengeneigte Arbeit darstellte, wenn der Kläger bei der hier in Rede stehenden Arbeit die genaue Übereinstimmung zwischen Ladung und Begleitpapieren zu überwachen hatte. Davon kann aber keine Rede sein. Wie das Landesarbeitsgericht festgestellt hat, wußte der Kläger auf Grund der ausdrücklichen Anweisung des Beklagten, daß er die Zahl der verladenen Kollis auf ihre Übereinstimmung mit dem Inhalt der Begleitpapiere genau zu überprüfen hatte, weil andernfalls Schwierigkeiten und unberechenbare Maßnahmen der sowjetzonalen Behörden zu befürchten waren. Nach den weiteren Feststellungen des Landesarbeitsgerichts lautete der Warenbegleitschein für die hier in Betracht kommenden Kollis über 126 Stück. Demnach oblag dem Kläger lediglich die Aufgabe, darauf zu achten, daß er nicht mehr oder weniger als 126 Kollis lud. Es wurde von ihm somit nur verlangt, daß er bis 126 zählen kann und daß er seine Ladung daraufhin überprüfte, ob sie 126 Kollis umfaßte, daß er sie also genau zählte. Bei einem solchen Sachverhalt, bei dem jemand ausdrücklich darauf hingewiesen wird, daß Ladung und Begleitpapiere genau übereinstimmen müssen, weil andernfalls Unannehmlichkeiten von sowjetzonalen Instanzen drohen — dieser Hinweis ist hier für den Sachverhalt selbst, unter dem die Arbeit verrichtet wird, mit kennzeichnend — und er vor allem die Verladung von nur 126 Kollis zu überwachen hat, ist es nicht typisch, daß dabei auch einem gewissenhaften Arbeitnehmer gelegentlich Fehler unterlaufen, mit denen wegen der menschlichen Unzulänglichkeit als mit einem typischen Abirren der Dienstleistung erfahrungsgemäß zu rechnen ist. Soweit die Revision als besonderen Umstand anführt, der Kläger habe etwa 2000 Kollis zählen müssen, ist das ein neues und für die Revisionsinstanz gemäß § 561 ZPO unbeachtliches Vorbringen, das bei der Würdigung, ob hier eine gefahrengeneigte Arbeit in Betracht kommt, außer Betracht bleiben muß.

d) Scheidet somit die Annahme aus, daß im vorliegenden Fall der Schaden auf einem Sachverhalt beruhe, den der Kläger im Rahmen einer gefahrengeneigten Arbeit gesetzt habe, so genügte es nach dem oben zu Ziffer II 3 b dieser Entscheidungsgründe Ausgeführten für die Bejahung seiner Haftungspflicht, wenn der Kläger fahrlässig gegen seine Vertragspflichten verstieß, und es brauchte nicht erörtert zu werden, ob seine Fahrlässigkeit leicht oder grob war. Daß der Kläger aber tatsächlich fahrlässig gehandelt hat, liegt offen zutage. Eine Fahrlässigkeit liegt vor, wenn die im Arbeitsleben erforderliche Sorgfalt außer Acht gelassen wird (§ 276 Abs. 1 Satz 2 BGB). Nach der dem Kläger ausdrücklich erteilten Weisung, Ladung und Begleitpapiere auf ihre Übereinstimmung zu prüfen, mußte er versuchen, dieser Weisung nach Kräften zu entsprechen, zumal er sich bewußt war, welche Schwierigkeiten bei Nichtübereinstimmung von Ladung und Papieren an der Zonengrenze entstehen konnten. Wenn er unter diesen Umständen die Kollis überhaupt nicht nachzählte, handelte er eindeutig fahrlässig, und zwar deshalb, weil er die erforderliche Sorgfalt außer Acht ließ, wenn er etwas unterließ, was leicht zu bewerkstelligen war und wenn er andererseits die aus der Unterlassung sich ergebenden großen Gefahren in Kauf nahm (vgl. auch BGH vom 3. Februar 1953 — I ZR 61/52 — NJW 1953, 541 [542]).

4. Das Landesarbeitsgericht hat schließlich auch die adäquate Kausalität zwischen der vom Kläger zu vertretenden Vertragsverletzung und dem Schaden des Beklagten festgestellt, ohne daß hiergegen rechtliche Bedenken bestehen und von der Revision Rügen erhoben werden (vgl. BGH vom 3. Februar 1953 — I ZR 61/52 — NJW 1953, 541 [542]).

16

1. Wird ein Arbeitsverhältnis nicht von der TO.A als Tarifordnung, also nicht mit normativer Wirkung erfaßt, so sind die Vertragspartner in der Gestaltung ihrer Vertragsbeziehungen frei. Eine abweichende Vergütungsregelung verstößt dann nicht schon deshalb gegen die guten Sitten, weil die vereinbarte Vergütung erheblich unter der tariflichen liegt oder nicht angemessen erscheint.

2. Ist allerdings die Tarifordnung im ganzen zum Vertragsinhalt gemacht und daneben zugleich eine Einstufung in eine bestimmte Vergütungsgruppe vorgenommen, wird der Parteiwille, wenn etwas anderes nicht deutlich zum Ausdruck kommt, in der Regel auf die Gewährung der tariflich richtigen Vergütungsgruppe gerichtet sein (vgl. BAG AP Nr. 7 zu § 1 TO.A).

3. Die in Betracht kommenden Tätigkeitsmerkmale der VergGr. III TO.A, 1. Alternative der ersten Fallgruppe, erfordern einen wissenschaftlichen oder technischen Angestellten mit abgeschlossener Hochschulbildung und entsprechender Tätigkeit. Der Angestellte muß also eine abgeschlossene Hochschulbildung aufweisen und außerdem eine entsprechende Tätigkeit ausüben, d. h. eine Tätigkeit, die ein Wissen und Können erfordert, wie es normalerweise gerade durch diese von dem Angestellten erworbene Hochschulbildung vermittelt wird.

4. Die Rechtsprechung des Bundesfinanzhofes zum Begriff der wissenschaftlichen Tätigkeit im Sinne des § 34 Abs. 5 (jetzt 4) EStG ist in diesem Zusammenhang nicht ohne weiteres verwertbar.

5. Die genannten Tätigkeitsmerkmale aus der VergGr. III TO.A, 1. Alternative der ersten Fallgruppe, können auch erfüllt sein, wenn die von der Wissenschaft gefundenen Erkenntnisse praktisch anzuwenden sind.

6. Die TO.A unterscheidet in der Fallgruppe 1 der VergGr. III nicht zwischen Anfängern und länger bewährten Kräften. Sie kann nicht in diesem Sinne als sog. Eingangsstufe für Akademiker angesehen werden.

7. Die Anschauung der beteiligten Berufskreise ist nur eine Erkenntnisquelle für die Anwendung der in den Tätigkeitsmerkmalen der TO.A enthaltenen allgemeinen Rechtsbegriffe. Sind diese Tätigkeitsmerkmale aber erfüllt, so kommt es auf etwaige tarifwidrige Gepflogenheiten nicht an.

TO.A § 3; Anlage 1, VergGr. III (erste Alternative der ersten Fallgruppe).

IV. Senat. Urteil vom 10. 12. 1958 i. S. D. B. (Bekl.) w. K. (Kl.)
4 AZR 528/55.

I. Arbeitsgericht Berlin. — II. Landesarbeitsgericht Berlin.

Der Kläger legte 1953 an der Freien Universität Berlin die Diplomprüfung als Volkswirt ab. Ab 1. Juni 1953 trat er zunächst als sog. freier Mitarbeiter gegen Honorar in die Dienste der Berliner Zentralbank. Im Mai 1954 wurde er mit Wirkung vom 1. Januar 1954 in das Angestelltenverhältnis übernommen und in die VergGr. V b der Anlage 1 zur TO.A eingestuft. Mit dem Inhalt des Schreibens der Zentralbank, in dem ihm seine Einstufung in die VergGr. V b TO.A mitgeteilt wurde, erklärte sich der Kläger in einem Bestätigungsschreiben uneingeschränkt einverstanden. Zum 31. März 1955 schied der Kläger aus den Diensten der Zentralbank aus. Er hatte während der gesamten Dauer seines Arbeitsverhältnisses in der volkswirtschaftlichen und statistischen Abteilung gearbeitet.

Der Kläger hat behauptet, ihm seien folgende Arbeiten übertragen worden:

1. Forschungsarbeiten über Zusammenhänge zwischen der Geld- und der Gütersphäre der Volkswirtschaft,
2. Entwicklung von Schätzungsmethoden für die Führung statistischer Reihen,
3. Entwürfe für Gutachten und Veröffentlichungen,
4. wissenschaftliches Lektorat auf dem Gebiete der Volkswirtschaftslehre und Politik,
5. Korreferat für Berichte und Gutachten anderer wissenschaftlicher Assistenten der Abteilung,
6. Endkontrolle der Übersetzung wirtschaftlicher Berichte ins Englische.

Der Kläger ist der Ansicht, seine Tätigkeit habe den Merkmalen der VergGr. III der Anlage 1 zur TO.A entsprochen. Er hat gegen die Berliner Zentralbank Klage erhoben auf Zahlung eines Teilbetrages von 500,— DM von dem Gehaltsunterschied zwischen den VergGr. V b und III für die Zeit vom 1. Januar 1954 bis 31. März 1955.

Die Beklagte hat Klageabweisung beantragt. Sie hat bestritten, daß der Kläger überwiegend eine wissenschaftliche Tätigkeit im Sinne der Tätigkeitsmerkmale der VergGr. III TO.A ausgeübt habe. Seiner Tätigkeit habe die Selbständigkeit und Eigenverantwortlichkeit gefehlt. Der Kläger habe als Anfänger wie ein Referendar nur „Zuarbeit" für den Abteilungsleiter geleistet, die im wesentlichen nur die Zusammentragung von Tatsachenmaterial zum Gegenstand gehabt habe. Das Schreiben des Klägers vom 21. Mai 1954 bedeute die rechtsgeschäftliche Annahme des Angebots der Beklagten, ihn nach Gruppe V b zu bezahlen. Die TO.A sei zwar zum Inhalt des Arbeitsverhältnisses gemacht worden. Da die

Beklagte aber nicht Partner eines Tarifvertrages sei, könnten auch die tariflichen Grundsätze der Unabdingbarkeit und Unverzichtbarkeit keine Anwendung finden. Schließlich meint die Beklagte, die Arbeitsgerichte könnten die Eingruppierung nicht nachprüfen, zumal die Beklagte an ihren Etat gebunden sei.

Arbeitsgericht und Landesarbeitsgericht haben nach dem Klagantrage erkannt.

Nachdem die Berliner Zentralbank nebst den anderen Landeszentralbanken durch das Gesetz über die Deutsche Bundesbank vom 26. Juli 1957 (BGBl. I S. 745), in Berlin übernommen durch Gesetz vom 17. September 1957 (GVBl. S. 1273), mit der Bank Deutscher Länder zur Deutschen Bundesbank verschmolzen worden war, hat der Kläger seine Klage gegen die Deutsche Bundesbank, vertreten durch den Vorstand der Landeszentralbank Berlin, Hauptverwaltung der Deutschen Bundesbank, gerichtet, die nunmehr auch als Beklagte aufgetreten ist. Die Revision der Beklagten führte zur Aufhebung und Zurückverweisung.

Aus den Gründen:

I. Das Landesarbeitsgericht gelangt zu dem Ergebnis, daß der Kläger Anspruch auf die Bezüge derjenigen Vergütungsgruppe der Anlage 1 zur TO.A habe, der seine Tätigkeit entsprochen habe. Es führt zunächst unter Hinweis auf die Rechtsprechung des Bundesarbeitsgerichts aus, daß die Eingruppierung nach dieser Tarifordnung gerichtlich nachprüfbar sei. Diese Rechtsprechung betrifft jedoch solche Arbeitsverhältnisse, die von der Tarifordnung normativ erfaßt werden. Darüber, ob das bei dem Arbeitsverhältnis des Klägers der Fall war, sagt das angefochtene Urteil ausdrücklich nichts; es hält vielmehr einen vertraglichen Anspruch des Klägers auf tarifgerechte Vergütung für gegeben.

Das Landesarbeitsgericht geht also offenbar davon aus, daß das Arbeitsverhältnis des Klägers nicht unmittelbar in den Geltungsbereich der TO.A fiel. Das ist zutreffend. Denn die Berliner Landeszentralbank fiel nicht unter die in § 1 Abs. 1 TO.A aufgeführten Verwaltungen und Betriebe. Sie war als selbständige Körperschaft des öffentlichen Rechts (vgl. Art. I der Errichtungsverordnung vom 20. März 1949, VOBl. für Groß-Berlin, Teil I, S. 88) weder mit der früheren Reichsbank oder Preußischen Staatsbank identisch, noch war sie ein Betrieb oder ein Teil der Verwaltung der Gemeinde oder des Landes Berlin.

Zu der vertraglichen Anspruchsgrundlage führt das Berufungsgericht aus: Die gesamten arbeitsvertraglichen Bindungen der Parteien seien unstreitig nach der TO.A gestaltet worden. Werde aber die TO.A zum Inhalt des Einzelarbeitsvertrages gemacht, so seien beide Parteien an die TO.A im ganzen gebunden, sofern nicht in echter freier Vereinbarung eine abweichende Regelung festgelegt werde. Eine solche wirksame Willensübereinstimmung könne aber dort nicht unterstellt werden, wo der Arbeitgeber in Ausnutzung seiner wirtschaftlichen Macht eine Minderbezahlung festlegen lasse, die der tariflichen Vergütungsordnung gröblich widerspreche. Eine solche Regelung sei sittenwidrig und daher gemäß § 138 BGB unwirksam. Es verstoße auch gegen Treu und Glauben, sich auf die Abdingung tariflicher Rechte zu berufen, obwohl eigentlich das Tarifwerk ohne jede Einschränkung zum Vertragsinhalt habe gemacht werden sollen; dann dadurch werde gerade die wichtigste Schutzfunktion der Tarifnormen, ihre bindende Vergütungsskala, beiseite geschoben. Aus der Erklärung des Klägers, er sei mit einer Bezahlung nach der VergGr. V b TO.A einverstanden, könne nicht der Schluß gezogen werden, daß der Kläger auf etwaige Rechte habe verzichten wollen; der Kläger habe damals noch nicht gewußt, daß seine Arbeit den Merkmalen der VergrGr. III entsprechen werde und der Arbeitgeber ihn dennoch aus besonderen Gründen nach Gruppe V b bezahlen wolle; er habe bei der Abgabe seiner Erklärung darauf vertrauen dürfen, daß die Beklagte ihn richtig einstufe.

Diese Ausführungen sind nicht frei von Rechtsirrtum und inneren Widersprüchen. Wird ein Arbeitsverhältnis nicht von der TO.A als Tarifordnung, also nicht mit normativer Wirkung erfaßt, so sind die Vertragspartner in der Gestaltung ihrer Vertragsbeziehungen frei. Eine abweichende Vergütungsregelung verstößt dann nicht schon deshalb gegen die guten Sitten, weil die vereinbarte Vergütung erheblich unter der tariflichen liegt oder nicht angemessen erscheint. Es steht den Vertragspartnern auch frei, die Bestimmungen einer Tarifordnung zum Inhalt des Arbeitsvertrages zu machen, hiervon aber gerade und allein die Vergütungsregelung auszunehmen. Ist insoweit eine solche abweichende Vereinbarung getroffen, so verstößt die Berufung auf diese Vereinbarung nicht deshalb gegen Treu und Glauben, weil sie die Bindung an die tarifliche Vergütungsordnung und damit die wichtigste Schutzfunktion der Tarifnormen beiseite schiebe; denn eine solche Bindung besteht ja gerade nicht. Es kann daher bei einer von der tariflichen Regelung abweichenden einzelnen Abrede auch nicht von einem Verzicht auf Rechte gesprochen werden. Es kommt vielmehr allein darauf an, den Inhalt des Vertrages durch Erforschung des zum Ausdruck gekommenen wirklichen Willens der Vertragsparteien zu ermitteln. Dieser kann dahin gehen, daß die Vergütung unabhängig von der Tätigkeit nach einer bestimmten

Vergütungsgruppe der TO.A gewährt werden soll und nur im übrigen die Bestimmungen der Tarifordnung Anwendung finden sollen. Ist allerdings die Tarifordnung im ganzen zum Vertragsinhalt gemacht und daneben zugleich eine Einstufung in eine bestimmte Vergütungsgruppe vorgenommen, wird der Parteiwille, wenn etwas anderes nicht deutlich zum Ausdruck kommt, in der Regel auf die Gewährung der tariflich richtigen Vergütungsgruppe gerichtet sein (vgl. BAG 4, 340 [345]). Das festzustellen, ist Sache der Tatsacheninstanz. Ob das Berufungsgericht dies hier auch unabhängig von seinen irrigen rechtlichen Erwägungen feststellen wollte, ist dem angefochtenen Urteil nicht deutlich zu entnehmen.

Sollte das Berufungsgericht nach erneuter Prüfung einen vertraglichen Anspruch des Klägers auf die richtige, d. h. seiner Tätigkeit entsprechende Vergütungsgruppe für die Zeit seit dem 1. Januar 1954 verneinen, so wird es weiter zu prüfen haben, ob der Kläger einen solchen Anspruch jedenfalls seit dem Inkrafttreten des Personalstatuts der Berliner Zentralbank (1. Januar 1955) hat.

II. Auch die Ausführungen des Berufungsgerichts darüber, daß die Tätigkeit des Klägers die Merkmale der VergGr. III TO.A erfüllt habe, sind nicht frei von Rechtsirrtum. In Betracht kommt — wovon das Landesarbeitsgericht auch ausgeht — allein die erste Alternative der ersten Fallgruppe: „wissenschaftliche und technische Angestellte mit abgeschlossener Hochschulbildung mit entsprechender Tätigkeit". Denn der Kläger hat als Diplomvolkswirt eine abgeschlossene Hochschulbildung und behauptet, auch entsprechend dieser Vorbildung beschäftigt worden zu sein.

Das Berufungsgericht geht nun von dem Begriff der „wissenschaftlichen Tätigkeit" aus, wie er in der Rechtsprechung des Bundesfinanzhofs zu § 34 Abs. 5 (jetzt 4) des Einkommensteuergesetzes entwickelt worden ist. Danach sei nicht nur derjenige wissenschaftlich tätig, der schöpferische Arbeit leiste, d. h. methodisch neue Ziele, Mittel und Wege weise (Forschung), sondern auch der, der das aus der Forschertätigkeit hervorgehende Wissen und Erkennen auf abstrakte oder konkrete Vorgänge anwende. Gegenüber jeder sonstigen Betätigung könne von wissenschaftlichen Arbeiten nur gesprochen werden, wenn grundsätzliche Fragen oder konkrete Fälle systematisch in ihren Ursachen erforscht, begründet und in einen Verständniszusammenhang gebracht würden. Einer lediglich auf Tatsachendarstellung beschränkten Tätigkeit könne der Charakter wissenschaftlichen Arbeitens regelmäßig nicht zugesprochen werden.

Nach diesen Maßstäben sieht das Landesarbeitsgericht die Tätigkeit des Klägers als eine wissenschaftliche und die Merkmale der VergGr. III TO.A als erfüllt an. Es übersieht dabei oder bringt jedenfalls nicht deutlich zum Ausdruck, daß die in Betracht kommenden Tätigkeitsmerkmale der VergGr. III TO.A einen wissenschaftlichen oder technischen Angestellten mit abgeschlossener Hochschulbildung und entsprechender Tätigkeit erfordern. Der Angestellte muß also eine abgeschlossene Hochschulbildung aufweisen und außerdem eine entsprechende Tätigkeit ausüben, d. h. eine Tätigkeit, die ein Wissen und Können erfordert, wie es normalerweise gerade durch diese von dem Angestellten erworbene Hochschulbildung vermittelt wird. Im Gegensatz hierzu spricht § 34 Abs. 5 (bzw. 4) EStG nur allgemein von wissenschaftlicher, künstlerischer und schriftstellerischer Tätigkeit, ganz abgesehen davon, daß für den Gesetzgeber bei der Gewährung einer Steuervergünstigung für eine Tätigkeit andere Gesichtspunkte maßgebend sind als bei ihrer Bewertung in einer tariflichen Vergütungsordnung. Der Bundesfinanzhof hat denn auch in einer Entscheidung vom 13. November 1952 (BStBl. 53, Teil III, S. 35 = NJW 53, 958) ausdrücklich betont, auch Nichtakademiker könnten wissenschaftlich arbeiten. Indem das Berufungsgericht sich schlechthin der Rechtsprechung des Bundesfinanzhofes anschließt, verkennt oder berücksichtigt es jedenfalls nicht genügend, daß gerade eine Tätigkeit verlangt wird, die auch der abgeschlossenen Hochschulbildung entspricht. Es mag sein, daß das Landesarbeitsgericht diesen Maßstab hat anlegen wollen; einzelne Wendungen des angefochtenen Urteils deuten darauf hin. Das Berufungsgericht hat aber jedenfalls unterlassen, die Tätigkeit des Klägers unter diesen Gesichtspunkten zu würdigen. Es stellt lediglich fest, der Kläger habe überwiegend eine wissenschaftliche Tätigkeit im Sinne der oben wiedergegebenen Begriffsbestimmung des Bundesfinanzhofs ausgeübt. Die im einzelnen angeführten Arbeiten des Klägers auf dem Gebiet der Volkswirtschaft legen zwar die Annahme nahe, daß diese Tätigkeit ein Wissen und Können erfordert, wie es normalerweise durch ein abgeschlossenes Studium der Volkswirtschaft vermittelt wird. Die vom Berufungsgericht unterlassenen Feststellungen hierüber kann aber nicht das Revisionsgericht treffen, zumal es gegenüber dem Bestreiten der Beklagten insbesondere auch der Feststellung bedarf, ob die überwiegende Tätigkeit des Klägers seiner abgeschlossenen Hochschulbildung entsprach.

Zu den von der Revision zum Teil bekämpften sonstigen rechtlichen Ausführungen des angefochtenen Urteils ist noch folgendes zu bemerken:

Ein wissenschaftlicher Angestellter übt nicht nur dann eine seiner abgeschlossenen Hochschulbildung entsprechende Tätigkeit aus, wenn er sich auf dem Gebiet wissenschaftlicher Forschung betätigt. Insofern trifft hier das zu, was das Berufungsgericht für den Begriff der „wissenschaftlichen Tätigkeit" ausgeführt hat. Die genannten Tätigkeitsmerkmale aus der VergGr. III TO.A können vielmehr auch erfüllt sein, wenn die von der Wissenschaft gefundenen Erkenntnisse praktisch anzuwenden sind. So fällt beispielsweise die Tätigkeit des Arztes sowohl bei der Erstellung medizinischer Gutachten wie bei der Krankenbehandlung unter diese Merkmale.

Mit Recht hat es das Landesarbeitsgericht für unerheblich bezeichnet, ob es sich bei dem Angestellten um einen Anfänger handelt, der sich nach dem Hochschulexamen noch keine praktischen Erfahrungen angeeignet hat. Die TO.A unterscheidet in der Fallgruppe 1 der VergGr. III nicht zwischen Anfängern und länger bewährten Kräften. Ob das zweckmäßig ist, kann dahinstehen. In jedem Falle kommt es für die Eingruppierung allein auf die Erfüllung der Tätigkeitsmerkmale an. Insofern ist es andererseits schief, die VergGr. III TO.A als Eingangsstufe für Akademiker zu bezeichnen; denn in die höheren Vergütungsgruppen gelangt der Angestellte mit abgeschlossener Hochschulbildung nicht schon dadurch, daß er sich in einer der VergGr. III TO.A entsprechenden Tätigkeit längere Zeit bewährt, sondern erst dann, wenn ihm eine Tätigkeit übertragen wird, die den Merkmalen der höheren Vergütungsgruppen entspricht, es sei denn, er solle übertariflich bezahlt werden.

Wenn die Tätigkeit des Klägers teilweise (z. B. verkürzte Wiedergabe von Aufsätzen aus Zeitschriften, Berichte über Tagungen) nicht die Merkmale der VergGr. III TO.A erfüllte, so steht dem Kläger diese Vergütungsgruppe nur zu, wenn die höherwertige Tätigkeit die überwiegende war. Ob das der Fall war, kann freilich nicht allein nach dem Zeitaufwand beurteilt werden. Vielmehr kommt es darauf an, welche Art von Arbeit seiner Tätigkeit das Gepräge gab (vgl. auch BAG 1, 92). Daher kann nicht etwa, wie die Beklagte will, so verfahren werden, daß der Zeitaufwand für Vorarbeiten geringer bewertet wird, wenn der Kläger solche Vorarbeiten für die ihm übertragene Erarbeitung eines Ergebnisses leisten mußte und die Auswertung seiner Vorarbeiten eine Tätigkeit darstellte, die seiner abgeschlossenen Hochschulbildung entsprach. Aber auch Vorarbeiten, die der Kläger nicht selbst auswertete, können bereits ein der abgeschlossenen Hochschulbildung entsprechendes Wissen erfordern, z. B. wenn schon die dem Kläger überlassene Auswahl des zu sammelnden Materials ein solches Wissen voraussetzte.

Ob bei der Bank Deutscher Länder und bei dem Statistischen Bundesamt Diplomvolkswirte mit gleicher Tätigkeit, wie sie der Kläger ausübte, auch nur die Vergütung nach der Gruppe V b TO.A erhielten, wie die Beklagte behauptet, hält das Berufungsgericht mit Recht für unerheblich. Die Anschauung der beteiligten Berufskreise ist nur eine Erkenntnisquelle für die Anwendung der in den Tätigkeitsmerkmalen der TO.A enthaltenen allgemeinen Rechtsbegriffe. Sind diese Tätigkeitsmerkmale aber erfüllt, so kommt es auf etwaige tarifwidrige Gepflogenheiten nicht an.

17

Die in § 4 Abs. 3 der Ruhegeldrichtlinien der Berliner Verkehrsbetriebe i. d. F. vom 7. Mai 1952 vorgesehene Anrechnung von Sozialversicherungsrenten erfaßt auch denjenigen Rentenanteil, der auf Beiträgen aus der Zeit vor der Betriebszugehörigkeit der Versorgungsberechtigten beruht.

BGB §§ 138, 242; Richtlinien für die vorläufige Ruhegeldeinrichtung der Berliner Verkehrsbetriebe i. d. F. vom 7. Mai 1952, § 4.

IV. Senat. Urteil vom 17. 12. 1958 i. S. Sch. (Kl.) w. B. (Bekl.)
4 AZR 378/57.

I. Arbeitsgericht Berlin. — II. Landesarbeitsgericht Berlin.

Der Kläger, der vorher bei anderen Arbeitgebern beschäftigt war, trat 1925 in die Dienste der Rechtsvorgängerin der Berliner Verkehrsbetriebe (BVG), eines Eigenbetriebes der Beklagten. Während der ganzen Zeit seiner Berufstätigkeit leistete er die gesetzlichen Pflichtbeiträge zur Invalidenversicherung. Am 21. November 1952 wurde der Kläger in den Ruhestand versetzt. Zu dieser Zeit galten für die Versorgung der Betriebsangehörigen der BVG die in Form einer Betriebsvereinbarung festgelegten „Richtlinien für die vorläufige Ruhegeldeinrichtung" in der Fassung vom 7. Mai 1952 (RR 1952), die am 1. Juni 1952 in Kraft getreten waren. Deren § 4 Abs. 3 bestimmt folgendes:

„Auf die Ruhegeldbezüge sind Leistungen und Renten einschließlich Rentenzulagen bzw. Rentenzuschläge (jedoch ausschließlich Pflegezulagen) aus der Sozialversicherung, der Unfallversicherung, Arbeitslosenversicherung, der Kriegsversorgung und aus sonstigen öffentlichen Mitteln, sowie bei Barleistungen aus der Sozialversicherung die Hälfte des Grundlohnes pro Kalendertag anzurechnen mit der Maßgabe, daß dem Ruhelohnempfänger von den anzurechnenden

Bezügen bis zum vollendeten 29. Dienstjahr 15 %, bei vollendetem 30. Dienstjahr 14 % und vom 31. Dienstjahr ab 13 % des berechnungsfähigen Einkommens verbleiben. Übersteigen die nach dieser Anrechnung verbleibenden Gesamtversorgungsbezüge 93 % des Berechnungseinkommens, so wird das Ruhegeld abermals um den übersteigenden Betrag gekürzt. In jedem Falle müssen dem Ruhegeldempfänger jedoch 15 % des Berechnungseinkommens als Ruhegeld verbleiben."

Dieser Regelung entsprechend rechnet die Beklagte auf das von ihr gewährte Ruhegeld die Sozialversicherungsrente an, die der Kläger bezieht.

Dagegen wendet sich der Kläger und meint, die Anrechnung sei insoweit unzulässig, als sie denjenigen Teil seiner Invalidenrente betreffe, der auf Beitragsleistungen aus der Zeit vor seiner Tätigkeit bei der Beklagten beruhe. Dieser belaufe sich auf 36,40 DM monatlich. Der Kläger verlangt von der Beklagten Zahlung des Differenzbetrages für das Jahr 1954.

Die Klage blieb in allen drei Instanzen ohne Erfolg.

Aus den Gründen:

In Übereinstimmung mit den in der Entscheidung des Großen Senats vom 16. März 1956 (BAG 3, 1) entwickelten Grundsätzen geht das angefochtene Urteil davon aus, daß die als Betriebsvereinbarung ergangenen Ruhegeldrichtlinien i. d. F. vom 7. Mai 1952 auf den Kläger Anwendung finden. Denn sie sind zu einem Zeitpunkt vereinbart worden, als das Arbeitsverhältnis des Klägers, der erst am 21. November 1952 in den Ruhestand getreten ist, noch bestand.

Entgegen der Ansicht der Revision ist kein Anlaß zu rechtlichen Bedenken gegeben, wenn das Berufungsgericht es für zulässig hält, daß die Beklagte bei der in § 4 Abs. 3 der Richtlinien vorgesehenen Anrechnung der Sozialrenten nicht nur den auf Beitragsleistungen aus der Zeit der Zugehörigkeit des Klägers zum Betriebe der BVG beruhenden Rententeil, sondern auch denjenigen Teilbetrag berücksichtigt, der dem Kläger aus vorbetrieblichen Beiträgen erwachsen ist.

Daß im Rahmen der Ruhegeldrichtlinien der BVG grundsätzlich Sozialrenten auf die betrieblichen Bezüge der Versorgungsberechtigten angerechnet werden können, hat das Bundesarbeitsgericht bereits zum Ausdruck gebracht (vgl. BAG 2, 23). Dagegen wendet sich die Revision auch nicht. Sie greift die vom Berufungsgericht vertretene Auffassung an, § 4 Abs. 3 der RR 1952 gestatte — abgesehen von den dort vorgesehenen Einschränkungen — die Anrechnung der vollen Sozialrente des Klägers. Der Revision ist zwar zuzugeben, daß trotz einheitlicher Berechnung und Festsetzung durch die Versicherungsbehörden eine rechnerische Aufspaltung dieser Rente in Beträge möglich ist, die auf vorbetrieblichen Beiträgen beruhen, und in solche, die sich aus Beitragsleistungen während der Betriebszugehörigkeit der Versorgungsberechtigten herleiten. Diese Unterscheidung hat auch Eingang in die Gesetzgebung gefunden. Gemäß § 52 Regelungsgesetz in Verbindung mit § 4 der 3. Durchführungsverordnung hierzu vom 7. April 1952 (BGBl. I, S. 230) sind nämlich auf die Versorgungsbezüge der von diesen Vorschriften erfaßten Personen Renten aus Rentenversicherungen nur insoweit anzurechnen, als sie auf ruhegehaltsfähigen Dienstzeiten beruhen. Die sogenannten vorbetrieblichen Rententeile werden demnach nicht berücksichtigt (vgl. dazu Anders, Gesetz zu Art. 131, 3. Aufl., § 52 Anm. 3). Darauf kann aber die Revision ihre Ansicht nicht stützen. Denn es handelt sich um eine gesetzliche Sonderregelung und nicht um den Niederschlag eines allgemeinen Rechtsgedankens, der bei dem Verständnis des § 4 Abs. 3 der RR 1952 zu beachten wäre.

Daß bei einer Rentenanrechnung im vorliegenden Falle die Versorgungsleistungen aus der Sozialversicherung nur insoweit Berücksichtigung finden dürften, als Beiträge aus der Zeit der Betriebszugehörigkeit ihre Grundlage bilden, versteht sich auch nicht von selbst. Ebensowenig läßt sich das aus der Entwicklung der Ruhegeldbestimmung der BVG herleiten, selbst wenn es richtig ist, daß dort eine Rentenanrechnung die Ausnahme gewesen ist, wie die Revision geltend macht. Vielmehr hätte eine solche Einschränkung, wenn sie bei der Vereinbarung der RR 1952 im Willen der Betriebspartner gelegen hätte, auch in § 4 Abs. 3 a. a. O. deutlich erkennbar zum Ausdruck gebracht werden müssen. In dieser Vorschrift ist aber in weitestem Umfang die Anrechnung von „Leistungen und Renten einschließlich Rentenzulagen, bzw. Rentenzuschlägen .... aus der Sozialversicherung" bestimmt. Es erscheint daher nicht als fehlerhaft, insbesondere nicht als ein Verstoß gegen § 157 BGB, wenn das Berufungsgericht zu dem Ergebnis kommt, daß § 4 Abs. 3 a. a. O. auch die sogenannten vorbetrieblichen Rententeile einer Anrechnung unterwirft, zumal deren Einzelheiten im übrigen in dieser Vorschrift genauestens geregelt sind.

Der Revision kann auch nicht beigepflichtet werden, wenn sie die Zulässigkeit einer solchen Anrechnung mit dem Hinweis bezweifelt, eine Betriebsvereinbarung, wie sie die Ruhegeldrichtlinien darstellten, könne zu Lasten eines Arbeitnehmers allenfalls über die betrieblichen, nicht aber die vorbetrieblichen Teile einer Sozialrente verfügen. Dieser Einwand liegt neben der Sache. Denn die Revision übersieht, daß die Regelung des § 4 Abs. 3 a. a. O. die Versorgung der im Ruhestand befindlichen früheren Betriebsangehörigen aus der Sozialversicherung völlig unberührt läßt. In Wirklichkeit führt nämlich die vorgesehene Anrechnung nicht zu einer Kürzung dieser Renten, sondern infolge von deren unterschiedlicher Höhe bei den einzelnen Versorgungsempfängern zu einer entsprechenden Staffelung des von der Beklagten gewährten betrieblichen Ruhegeldes. Dagegen bestehen aber auch keine grundsätzlichen Bedenken. Denn wie das Bundesarbeitsgericht bereits ausgeführt hat (BAG 2, 23 [25]), entspricht es gerade bei betrieblichen Wohlfahrtseinrichtungen oftmals der Billigkeit sowie dem Gemeinschafts- und Gleichheitsgedanken, daß nicht so sehr an alle gleich hohe Beträge ausgezahlt werden, als daß vielmehr durch die zusätzlichen Betriebsleistungen sonst bestehende Ungleichheiten ausgeglichen werden.

Ebensowenig steht die Anrechnung vorbetrieblicher Rententeile in Widerspruch zu den Grundsätzen der §§ 138, 242 BGB. Ein Verstoß gegen diese Vorschriften ist entgegen der Ansicht der Revision insbesondere auch nicht darin zu erblicken, daß auf Grund des § 4 Abs. 3 der RR 1952 eine solche Anrechnung erfolgt, ohne daß in den Richtlinien gleichzeitig die Berücksichtigung der vorbetrieblichen Dienstzeiten bei der Ruhegeldbemessung vorgesehen ist. Sollen betriebliche Ruhegeldvorschriften, die auf einer Betriebsvereinbarung beruhen, in bezug auf Inhalt und Umfang der zu gewährenden Leistungen durch Betriebsvereinbarung geändert werden, wie es durch die RR 1952 geschehen ist, so unterliegt es nämlich grundsätzlich der freien Vereinbarung der Betriebspartner zu bestimmen, was in Zukunft hinsichtlich der Voraussetzungen und der Höhe der Zuwendungen gelten soll. Wenn nun in den RR 1952 die Anrechnung der sogenannten vorbetrieblichen Rententeile ohne gleichzeitige Berücksichtigung der vorbetrieblichen Dienstzeiten festgelegt ist, so bedeutet eine solche Vereinbarung umso weniger eine Überschreitung der ihr durch die §§ 138, 242 BGB gezogenen Grenzen, als § 4 Abs. 3 a. a. O. gleichzeitig wesentliche Teile der Sozialrente, nämlich je nach Dauer der Betriebszugehörigkeit 15—13 % des ruhegeldfähigen Einkommens von der Anrechnung freistellt und damit in gewissem Umfang einen Ausgleich bringt. Diese Regelung führt, wie die Beklagte nach den Feststellungen des Berufungsurteils unwidersprochen vorgetragen hat, beim Kläger dazu, daß der diesem zustehende monatliche Freibetrag höher ist als der Rententeil, dessen zusätzliche Berücksichtigung er fordert. Sie hat weiter zur Folge, daß das Einkommen des Klägers, obwohl er sich im Ruhestand befindet, etwa die Höhe der Vergütung eines noch tätigen, vergleichbaren Betriebsangehörigen erreicht. Es ist daher aus Rechtsgründen nicht zu beanstanden, wenn das Berufungsgericht in der in Rede stehenden Regelung der RR 1952 nicht eine sittenwidrige oder mit den Anforderungen des § 242 BGB unvereinbare Benachteiligung des Klägers erblickt.

Schließlich kann die Revision auch keine Zustimmung finden, wenn sie meint, der auf vorbetrieblichen Beitragsleistungen beruhende Rententeil sei ebenso zu behandeln wie eine außerhalb des Arbeitsverhältnisses und des Betriebes der Beklagten auf Grund einer freiwilligen Versicherung des Versorgungsberechtigten erworbene Rente, weil die Beklagte insoweit nichts beigetragen habe und durch die Anrechnung dieses Rententeiles in den Genuß eines Vorteils kommen würde, für den andere Zahlungen geleistet hätten. Damit läßt sich aber die vom Kläger gewollte Gleichstellung nicht rechtfertigen. Wenn der Zweite und Dritte Senat des erkennenden Gerichts die dem Versorgungsberechtigten aus einer freiwilligen Versicherung zufließende Rente von einer Anrechnung ausgenommen haben (vgl. BAG 2, 23 [26] und AP Nr. 2 zu § 57 BetrVG), so liegt dem die auf der Grundlage eines allgemeinen Rechtsgedankens gewonnene Erkenntnis zugrunde, daß ihre Heranziehung einen unzulässigen Eingriff in die private Sphäre des Versorgungsberechtigten bedeuten würde, weil es sich um eine durch ausschließlich eigene Leistungen und freiwillige Opfer erlangte zusätzliche Versorgung handelt. Hier steht aber eine Pflichtversicherung in Frage, bei der diese Erwägungen nicht durchgreifen können. Denn zu dieser hatte der Kläger kraft Gesetzes beizutragen, gleichviel bei welchem Arbeitgeber er tätig war. Kann aber eine solche Sozialrente, wie bereits gesagt, grundsätzlich angerechnet werden, dann ist es unerheblich, ob zufällig die Beklagte allein oder vor ihr ein oder mehrere Arbeitgeber für kürzere oder längere Zeit die Arbeitgeberanteile getragen haben.

18

Der Zuschuß des Arbeitgebers nach dem ArbKrankhG ist nach Kalendertagen zu berechnen (ebenso auch das Ergebnis des Urteils des Gerichts vom 13. Mai 1958 — 2 AZR 47/58 — BAG 5, 291 ff.).

ArbKrankhG § 1, § 2.

II. Senat. Urteil vom 18. 12. 1958 i. S. M. (Kl.) w. Sch. (Bekl.)
2 AZR 37/58.

I. Arbeitsgericht Ulm. — II. Landesarbeitsgericht Baden-Württemberg.

Der Kläger ist seit mehreren Jahren bei der Beklagten als Schlosser beschäftigt. Er arbeitet in der Woche von Montag bis Freitag; sein Lohn wird monatlich abgerechnet. Im Monat Juni 1957 erzielte der Kläger bei 20 tatsächlichen Arbeitstagen und fünf arbeitsfreien Samstagen einen Nettoverdienst von 378,14 DM. In diesem Monat erlitt der Kläger einen unverschuldeten Betriebsunfall und war deshalb von Dienstag, dem 9. Juli bis Sonntag, den 21. Juli 1957 einschließlich arbeitsunfähig krank. Dieser Zeitraum umfaßt 13 Kalendertage, und zwar im einzelnen 9 Arbeitstage, zwei arbeitsfreie Samstage und zwei Sonntage.

Die Allgemeine Ortskrankenkasse zahlte dem Kläger für 13 Tage ein Krankengeld von je 10,71 DM, zusammen 139,23 DM.

Die Beklagte gewährte dem Kläger für 13 Kalendertage einen Zuschuß zu diesem Krankengeld in Höhe von täglich 0,63 DM, zusammen 8,19 DM.

Der Kläger verlangt mit der vorliegenden Klage einen Betrag von 5,67 DM von der Beklagten mit der Begründung, sie habe den Zuschuß zum Krankengeld zu gering berechnet. Der Kläger stellt seine Berechnung einmal auf den *arbeitstägigen* Nettoverdienst des Vormonats Juni 1957 ab und zum anderen auf die Anzahl der in der Krankheitszeit ausgefallenen *Arbeitstage*. Danach müsse der Krankengeldzuschuß wie folgt berechnet werden:

Nettoverdienst im Juni 1957	378,14 DM
bei 20 *tatsächlichen Arbeitstagen*	
somit arbeitstägiger Nettoverdienst: 378,14 : 20	18,90 DM
in der Zeit vom 9. 7. bis 21. 7. 1957 9 *Arbeitstage* Ausfall ergibt 18,90 × 9	170,10 DM
90 % hiervon	153,09 DM
gezahltes Krankengeld	139,23 DM
von der Beklagten mithin zu zahlender Zuschuß	13,86 DM
bereits gezahlter Zuschuß	8,19 DM
ergibt die Klageforderung von	5,67 DM.

Die Beklagte geht demgegenüber von dem Nettoverdienst der *Kalendertage* des Vormonats Juni 1957 und der Anzahl der *Krankengeldtage* aus. Nach ihrer Auffassung berechnet sich der Krankengeldzuschuß folgendermaßen:

Nettoverdienst im Juni 1957	378,14 DM
kalendertägiger Nettoverdienst bei 30 Kalendertagen: 378,14 : 30	12,60 DM

90 % davon	11,34 DM
gezahltes Krankengeld pro Kalendertag	10,71 DM
zu zahlender Zuschuß pro Kalendertag mithin	0,63 DM
für 13 Kalendertage: 0,63 × 13	8,19 DM.

Den Betrag von 8,19 DM habe der Kläger aber bereits erhalten.

Das Arbeitsgericht hat die Berechnungsweise der Beklagten für richtig gehalten und die Klage abgewiesen. Auf die Berufung des Klägers hat das Landesarbeitsgericht der Klage unter Zurückweisung der Berufung im übrigen in Höhe von 2,26 DM stattgegeben.

Das Landesarbeitsgericht geht von den Arbeitstagen des Vormonats Juni 1957 aus, wobei nach seiner Auffassung die arbeitsfreien Samstage des Klägers ebenfalls als Arbeitstage gelten. Danach habe der Kläger im Juni 1957 25 Arbeitstage geleistet. In der Krankheitszeit des Klägers seien ihm neun tatsächliche Arbeitstage und zwei arbeitsfreie Samstage ausgefallen. Nur auf diese 25 bzw. 11 Arbeitstage sei es nach dem ArbKrankhG abzustellen. Mangels gesetzlich vorgeschriebener Berechnungsweise müsse nämlich die Berechnung des Zuschusses zum Krankengeld nach dem Lohnausfallprinzip erfolgen. Danach sei der Krankengeldzuschuß des Klägers so zu ermitteln:

Nettoarbeitsverdienst im Juni 1957	378,14 DM
durchschnittliches Arbeitsentgelt pro Arbeitstag bei 25 Arbeitstagen im Juni 1957: 378,14 : 25	15,12 DM
durch Krankheit ausgefallenes Nettoarbeitsentgelt bei 11 Arbeitstagen 15,12 × 11	166,32 DM
90 % hiervon	149,68 DM
erhaltenes Krankengeld	139,23 DM
Unterschiedsbetrag = Zuschuß	10,45 DM
an Zuschuß bereits erhalten	8,19 DM
restlicher Zuschußbetrag	2,26 DM.

Die Revision des Klägers ist zurückgewiesen worden, die Anschlußrevision des Beklagten hatte Erfolg.

Aus den Gründen:

I. Nach § 1 Abs. 1 Satz 4 ArbKrankhG hat der Arbeitgeber den Zuschuß zum Krankengeld für die Tage zu zahlen, für die der Arbeiter Krankengeld erhält. Die Zuschußzahlung ist damit eindeutig auf die Tage der Krankengeldzahlung abgestellt. Das Krankengeld wird nach der zur Zeit geltenden gesetzlichen Regelung gemäß § 182 Abs. 1 Nr. 2 RVO für jeden Kalendertag der Arbeitsunfähigkeit gewährt. Daraus folgt zwingend, daß der Zuschuß zum Krankengeld nicht nur für die in der Krankheitszeit tatsächlich ausgefallenen Arbeitstage oder Werktage zu zahlen ist, sondern für jeden Krankengeld- und damit Kalendertag, auch wenn der Arbeiter bei Gesundheit an einem dieser Tage keinen Verdienst gehabt haben würde. Der Zuschuß des Arbeitgebers zum Krankengeld ist nach dem eindeutigen Wortlaut des Gesetzes auch für Sonntage und arbeitsfreie Samstage zu gewähren, sofern nur, wie es nach der bestehenden Regelung aber nun einmal der Fall ist, auch für diese Tage Krankengeld gezahlt wird. Deshalb sind die Berechnungsweisen des Klägers und des Landesarbeitsgerichts schon insoweit rechtsirrig, als sie eine Zuschußzahlung der Beklagten nur für neun bzw. elf ausgefallene Arbeitstage vorsehen.

§ 1 Abs. 1 Satz 4 ArbKrankhG kann nicht, wie Gift (Betrieb 57, 921) es will, dahin ausgelegt werden, diese Bestimmung stelle lediglich auf die Identität des Unterstützungs*zeitraumes* ab, weil es im Gesetz nicht heiße „für jeden Tag" der Krankengeldgewährung. Die Formulierung der Bestimmung, daß der Zuschuß für die Tage zu zahlen ist, für die der Arbeiter Kranken- oder Hausgeld erhält, läßt sprachlich jedoch keine andere Deutung zu, als daß für jeden einzelnen Tag der Kranken- oder Hausgeldzahlung auch ein Zuschuß zu zahlen ist. Jede andere Auslegung, insbesondere eine Auslegung, die es auf das bessere oder schlechtere Ergebnis für den Arbeiter abstellt, ist mit dem eindeutigen Wortlaut des Gesetzes nicht zu vereinbaren.

Daraus folgt auch, daß der Zuschuß zum Krankengeld im *Ergebnis* für jeden einzelnen Krankengeldtag und damit für jeden einzelnen Kalendertag zu ermitteln und zu zahlen ist. Die Tage, für die Krankengeld gewährt wird, sind der Ausgangs- und Markierungspunkt für die Zahlung des Zuschusses. Damit scheiden alle Berechnungen als rechtsirrig aus, die summarisch oder „pauschal" — wie es Höhne (Betrieblicher Krankengeldzuschuß für Arbeiter, Sonderveröffentlichung des Betriebsberaters 1958, S. 25) nennt — den Krankengeldzuschuß berechnen, indem sie die Summe des in der Krankheitszeit erhaltenen Krankengeldes der Summe von 90 Prozent des ausgefallenen Nettoarbeitsentgelts gegenüberstellen. Erst wenn der Zuschuß für jeden Krankengeldtag und damit Kalendertag in Höhe des auf jeden dieser Tage entfallenen Geldbetrages ermittelt ist, kann der Arbeitgeber durch Addition der einzelnen kalendertägigen Beträge den Gesamtbetrag des Zuschusses während der Krankheitszeit ermitteln. Das ist insbesondere wichtig bei schwankender Höhe der Krankengeldzahlung (Veränderung des Personenstandes und ähnliches).

II. Die Höhe des kalendertägig zu zahlenden Zuschusses zum Krankengeld wird nach § 1 Abs. 1 Satz 2 ArbKrankhG durch Subtraktion des Krankengeldes von einem Betrag von 90 Prozent des Nettoarbeitsentgelts ermittelt. Das Nettoarbeitsentgelt ist in § 1 Abs. 1 Satz 2 ArbKrankhG genannt und in § 2 ArbKrankhG definiert. Beide Vorschriften können daher nur im Zusammenhang und in ihrer Wechselbeziehung zueinander erfaßt werden. Es stellt sich nun die Frage, auf welche Weise das tatsächliche Arbeitsentgelt für den dem Krankheitszeitraum vorausgehenden Arbeitszeitraum, das § 2 ArbKrankhG in Bezug nimmt, des näheren aufzuteilen ist, um das Nettoarbeitsentgelt zur Bestimmung des für den einzelnen Krankengeldtag zu zahlenden Zuschusses zu ermitteln.

Es ist zu prüfen, ob das ArbKrankhG für die vorzunehmende Aufteilung des tatsächlichen Arbeitsentgelts in dem der Krankheit vorausgehenden Zeitraum einen eindeutigen Anhaltspunkt gibt. Diese Frage bejaht der Senat, und zwar in Übereinstimmung mit dem Ergebnis seiner Entscheidung vom 13. Mai 1958 — 2 AZR 47/58 — BAG 5,291.

§ 2 Satz 2 ArbKrankhG legt der Berechnung das durchschnittliche Arbeitsentgelt während eines der Krankheitszeit vorausgehenden und im einzelnen näher bestimmten Zeitraumes zugrunde. Das Wort „durchschnittlich" steht in Verbindung mit einer nach vier Wochen, einem Kalendermonat oder einem Teilmonat bemessenen Zeitraum; es steht nicht im Zusammenhang mit einer Anzahl der in diesen Zeitraum fallenden Arbeitstage oder Werktage.

Diese Verbindung des Wortes „durchschnittlich" mit einem nach vier Wochen, einem Kalendermonat oder einem Teilmonat bemessenen Zeitraum ist gerade sinnvoll im Hinblick auf den Willen des Gesetzes, daß der Zuschuß zum Krankengeld für die Tage zu gewähren ist, für die Krankengeld gezahlt wird, also nach der bestehenden Regelung für Kalendertage. Nur wenn das Arbeitsentgelt des der Krankheitszeit vorausgehenden Berechnungszeitraumes durch die Anzahl der Krankengeldtage dieses Zeitraumes geteilt wird, ist auch die Subtraktion des Krankengeldes von dem Betrag von 90 Prozent des Nettoarbeitsentgeltes ohne einen erneuten Umrechnungsvorgang möglich. Würde bei der Zahlung des Krankengeldes für Kalendertage das Arbeitsentgelt der Vorkrankheitszeit durch die Anzahl der in dieser Zeit tatsächlich geleisteten Arbeitstage oder die Anzahl der Werktage geteilt, so ergäbe das eine arbeitstägige oder werktägige Berechnungsgröße des Nettoarbeitsentgelts. Um diese dann der, wie ausgeführt, kalendertägigen Größe des Krankengeldes gegenüber zu stellen, wäre ein erneuter Umrechnungsvorgang notwendig, der die arbeitstägige oder werktätige Berechnungsgröße des Nettoarbeitsentgelts in eine entsprechende und damit die erforderliche Subtraktion erst ermöglichende kalendertägige Größe umwandeln würde. Dafür, daß das Gesetz einen solchen Umrechnungsvorgang gewollt hat, ergibt sich kein Anhalt. Vielmehr bezweckt und erreicht bereits das Wort „durchschnittliches Arbeitsentgelt" in § 2 Satz 2 ArbKrankhG das notwendige Zurechtrücken des Nettoarbeitsentgelts im Hinblick auf die für jeden Kalendertag gewährte Krankengeldzahlung.

Die im Schrifttum vertretene Ansicht, das Arbeitsentgelt der Vorkrankheitszeit sei durch die Anzahl der in diesem Zeitraum fallenden Arbeitstage oder Werktage zu teilen (Höhne, Betrieblicher Krankengeldzuschuß für Arbeiter, Sonderveröffentlichung des Betriebsberaters 1958 S. 24; ders. BB 57, 1146; Gift, Betrieb 57, 633 und 921; Stahl, Soz. Sicherheit 57, 226; a. A. allerdings Frey, BB 57, 755; Trieschmann, Betrieb 57, 532 u. 1128; Schmatz-Fischwasser, ArbKrankhG § 2 Anm. III 1; Rewolle, Die Betriebsverfassung 57, 166; Schelp-Trieschmann, Das Arbeitsverhältnis im Krankheitsfalle S. 136 u. die dort unter Anm. 53 auf Seite 137 zitierten Fundstellen), beruft sich im wesentlichen auf — zugunsten oder zu ungunsten des Arbeitnehmers — unterschiedliche Ergebnisse, die sich bei der Teilung des Arbeitsentgelts der Vorkrankheitszeit durch die Anzahl der Kalendertage dieses Zeitraums ergeben. Diese Auffassung des Schrifttums (insbesondere bei Höhne a. a. O. und Gift a. a. O.) hat ihre Ursache in der irrigen Ansicht, das ArbKrankhG wolle das Lohnausfallprinzip verwirklichen. Das ist jedoch nicht der Fall.

Gegen diese Auffassung spricht zunächst die Entwicklungsgeschichte des Gesetzes. Die frühere Ausschußfassung des Gesetzesentwurfs (Bundestagsdrucksache 3504 der zweiten Wahlperiode 1953) definierte das Nettoarbeitsentgelt dahin, daß es das um die gesetzlichen Lohnabzüge verminderte Arbeitsentgelt sei, das der Arbeiter erhalten haben würde, wenn er während der Dauer der Arbeitsunfähigkeit gearbeitet hätte. Diese Fassung stellte auf das echte Lohnausfallprinzip ab. Bei der Gesetz gewordenen Fassung ist aber nicht das Arbeitsentgelt maßgebend, das der Arbeiter bei Gesundheit verdient haben würde, sondern das Arbeitsentgelt, das er in einem vor der Krankheitszeit liegenden Zeitraum verdient hat.

Ferner spricht gegen das Lohnausfallprinzip die Anknüpfung des Zuschusses an das Krankengeld, das kein echtes Lohnausfallprinzip verwirklicht. Das zeigt sich klar in dem Falle, daß der Arbeiter am Freitag

Abend bei fünftägiger Arbeit in der Woche einen Betriebsunfall hat, der ihn für Samstag und Sonntag arbeitsunfähig macht. Der Arbeiter erhält für diese zwei Tage Krankengeld, obwohl er bei Gesundheit aus diesen Tagen keinen Verdienst gehabt hätte. Solche Ergebnisse hat der Gesetzgeber, ebenso wie auch in der Sozialversicherung, beim ArbKrankhG in Kauf genommen.

Auch die Abstellung des ArbKrankhG auf das Nettoarbeitsentgelt ist zu beachten; denn dadurch wird die Höhe des Krankengeldzuschusses bei gleichem Bruttolohn und gleicher Leistung von der individuellen und beeinflußbaren Steuerbelastung des einzelnen Arbeiters abhängig, also einem Umstand, der außerhalb des Arbeitsverhältnisses liegt.

III. Die in § 2 Satz 2 ArbKrankhG angeführten Zeiträume der Berechnungsgrundlage des Nettoarbeitsentgelts (die letzten vier den Lohnperioden des Betriebes entsprechenden Wochen, der letzte Kalendermonat oder Teilmonat) umfassen 28 bzw. 30 Tage oder bei einem Teilmonat die entsprechende Anzahl Tage (½ Monat = 15 Tage; ⅓ Monat = 10 Tage). Dies ist allgemeiner Grundsatz der Fristenberechnung, der durch § 2 Satz 2 ArbKrankhG nicht durchbrochen wird.

IV. Der Zuschuß des Arbeitgebers zum Krankengeld des Klägers ist daher im vorliegenden Falle wie folgt zu berechnen:

Nettoarbeitsentgelt des letzten Kalendermonats Juni 1957	378,14 DM
Nettoarbeitsentgelt im Juni 1957 378,14 : 30	12,60 DM
90 % davon	11,34 DM
gezahltes Krankengeld	10,71 DM
Zuschuß zum Krankengeld	0,63 DM

Den Zuschußbetrag von 0,63 DM für jeden Tag, für den der Kläger Krankengeld erhalten hat, hat die Beklagte an den Kläger gezahlt. Dessen Klage ist daher in vollem Umfange unbegründet.

19

1. Der Begriff der Arbeitsunfähigkeit im Sinne des § 1 ArbkrankhG und des § 182 RVO ist sachlich identisch.

2. Der Begriff „aus der gesetzlichen Krankenversicherung" des § 1 ArbKrankhG ist im Falle der Durchführung eines Heilverfahrens zugunsten des Arbeitnehmers wenigstens dann, wenn Heilbehandlung und Krankenhilfe zusammentreffen und der Träger der Rentenversicherung

Leistungen gemäß § 1239 RVO gewährt, so auszulegen, daß allein auf die wirtschaftliche Belastung der Krankenversicherung abgestellt wird.

ArbKrankhG § 1; RVO § 182.

II. Senat. Urteil vom 18. 12. 1958 i. S. B. (Kl.) w. Fa. K.-Werke (Bekl.) 2 AZR 166/58.

I. Arbeitsgericht Berlin. — II. Landesarbeitsgericht Berlin.

Der Kläger ist seit 1949 bei der Beklagten als Spachtelschleifer tätig. Vom 24. Juni 1957 bis zum 22. Juli 1957 wurde er von der Landesversicherungsanstalt (LVA) Berlin als Trägerin der Rentenversicherung der Arbeiter (ArV) zur Durchführung eines Heilverfahrens nach Bad Hersfeld verschickt. Für diese Zeit zahlte die LVA Berlin ihm gemäß § 1241 RVO ein Übergangsgeld. Vom 23. Juli bis 4. August 1957 wurde dem Kläger Schonzeit gewährt. Während der Zeit vom 23. Juli bis 4. August 1957 zahlte die Krankenversicherungsanstalt (KVA) Berlin als Trägerin der Krankenversicherung (KrV) dem Kläger Krankengeld, und die Beklagte erkannte für den letzteren Zeitraum einen Anspruch des Klägers gegen sie auf Zahlung von Krankengeldzuschuß nach dem Gesetz zur Verbesserung der wirtschaftlichen Sicherung der Arbeiter im Krankheitsfalle (ArbKrankhG) an.

Die KVA Berlin erstattete, wie eine bei ihr eingeholte Auskunft ergibt, deren Richtigkeit von den Parteien in den Vorinstanzen nicht bestritten ist, der LVA Berlin entsprechend § 1239 letzter Satz RVO [in der damals — und auch heute — geltenden Fassung (siehe BGBl. 1957, I, 45 ff.)] im Hinblick auf die Zahlung des Übergangsgeldes ein dem Kläger sonst zustehendes Krankengeld.

Der Kläger verlangt mit der vorliegenden Klage von der Beklagten Krankengeldzuschuß auch für die Dauer des Heilverfahrens.

Das Arbeitsgericht hat die Klage abgewiesen. Das Landesarbeitsgericht hat die Berufung des Klägers zurückgewiesen und die Revision zugelassen. Es ist der Auffassung, es fehle an der Voraussetzung, daß der Kläger Leistungen *aus* der gesetzlichen Kranken- oder Unfallversicherung erhalten habe. Denn der Kläger habe während der Dauer des Heilverfahrens *Übergangsgeld* von der *LVA* erhalten. Daß diese den Betrag letzlich von der KVA erstattet bekommen habe, ändere daran nichts.

Auf die Revision des Klägers hat das Bundesarbeitsgericht unter Aufhebung der beiden vorinstanzlichen Urteile die Beklagte zur Zahlung eines Krankengeldzuschusses in der unstreitigen Höhe von 22,05 DM verurteilt.

Aus den Gründen:

I. Das Landesarbeitsgericht hat im Tatbestand des angefochtenen Urteils auf die gemäß Beschluß des Arbeitsgerichts vom 8. November 1957 eingeholte Auskunft der KVA Berlin vom 22. November 1957 Bezug genommen. Den Inhalt und die Richtigkeit der Auskunft haben die Parteien nicht bestritten, wie die vom Landesarbeitsgericht ebenfalls in Bezug genommenen Schriftsätze ergeben. Danach steht nicht nur die im Tatbestand erwähnte Erstattung von Krankengeld durch die KVA an die LVA fest, vielmehr unterstellt die KVA für die Feststellung der Leistungsansprüche aus der Krankenversicherung auch die Arbeitsunfähigkeit des Klägers vom Beginn des Heilverfahrens an. Zwar nennt die Auskunft der KVA Berlin als Beginn des Heilverfahrens den 22. Juli 1957. Das ist aber ein offensichtlicher Schreibfehler. Aus dem gesamten Sinn und Zusammenhang des Schreibens ist eindeutig erkennbar, daß gerade der Beginn des Heilverfahrens gemeint ist. Es ist also davon auszugehen, daß beide Parteien die Arbeitsunfähigkeit des Klägers, wie sie im Schreiben der KVA Berlin unterstellt wird, angenommen haben. Für die Revisionsinstanz steht daher bindend fest, daß der Kläger vom Beginn des Heilverfahrens, d. h. vom 24. Juni 1957 an im Sinne des Krankenversicherungsrechts arbeitsunfähig war. Damit war der Kläger aber auch im Sinne des § 1 ArbKrankhG arbeitsunfähig; denn der Begriff der Arbeitsunfähigkeit ist dort kein neuer und anderer (§ 182 Abs. 1 Nr. 2 RVO; Schmatz-Fischwasser, ArbKrankhG, S. 31; wohl auch Schelp-Trieschmann, Das Arbeitsverhältnis im Krankheitsfalle, S. 3). Das erfordert die in § 1 ArbKrankhG zum Ausdruck kommende Akzessorietät des Arbeitgeberzuschusses zum Krankengeld. Voraussetzung des Krankengeldzuschusses ist nämlich, daß der Arbeiter Kranken- oder Hausgeld aus der gesetzlichen Krankenversicherung erhält. Das setzt aber wiederum voraus, daß der Arbeiter im Sinne des Krankenversicherungsrechts arbeitsunfähig krank ist. Daß im Sinne des ArbKrankhG zuzüglich noch eine weitere Voraussetzung erforderlich wäre, kann deswegen nicht angenommen werden, weil der Begriff der Arbeitsunfähigkeit als Voraussetzung für die jeweiligen Leistungen im § 1 Abs. 1 ArbKrankhG und in der grundlegenden krankenversicherungsrechtlichen Vorschrift des § 182 RVO inhaltlich gleichartig definiert ist. Letzterer Umstand ergibt auch schon allein für sich die sachliche Identität der hier und dort gebrauchten Formulierung.

II. Das Landesarbeitsgericht ist der Auffassung, die Zahlung von Übergangsgeld durch die Rentenversicherung während der Dauer des

FSC
www.fsc.org
MIX
Papier | Fördert gute Waldnutzung
FSC® C083411

Kolibri 360 GmbH
Ferdinand-Jühlke-Straße 7
99095 Erfurt, Deutschland
produktsicherheit@kolibri360.de